# UML 2.5

## Iniciación, ejemplos y ejercicios corregidos

5ª edición

ISBN: 978-2-409-02794-9
Edición original: 978-2-409-02408-5



**Ediciones ENI**

P° Ferrocarriles Catalanes, 97-117, 2a pl. of. 18
08940 - Cornellà de Llobregat (Barcelona)

Tel: 934 246 401
Fax: 934 231 576

e-mail: info@ediciones-eni.com
http://www.ediciones-eni.com

Autores: Laurent DEBRAUWER - Fien VAN DER HEYDE
Edición española: Andrea GARCÍA VEGA y
Javier Francisco PIQUERES JUAN
Con la colaboración de Alejandro CASTAÑO FERNANDEZ
Colección **Recursos Informáticos** dirigida por Émilie VILLETORTE

# Contenido

Podrá descargar algunos elementos de este libro en la página web de Ediciones ENI: **http://www.ediciones-eni.com**.
Escriba la referencia ENI del libro **RIT525UML** en la zona de búsqueda y valide. Haga clic en el título y después en el botón de descarga.

## Capítulo 4
## Modelado de los requisitos

## Capítulo 5
# Modelado de la dinámica

**Capítulo 6**
## Modelado de objetos

## Capítulo 7
## Estructuración de los elementos de modelado

## Capítulo 8
## Modelado del ciclo de vida de los objetos

## Capítulo 9
## Modelado de las actividades



## Capítulo 10
## Modelado de la arquitectura del sistema

## Capítulo 11
## El Metamodelo

## Anexo 1: Arquitectura MDA: la herramienta DB-MAIN



## Anexo 2: Corrección de los ejercicios

# Capítulo 1
# Introducción

## 1. Motivaciones de la obra

UML (*Unified Modeling Language* o lenguaje unificado de modelación) es un lenguaje gráfico destinado al modelado de sistemas y procesos. Está basado en la orientación a objetos que condujo, en primer lugar, a la creación de lenguajes de programación como Java, C++, C# o Smalltalk.

UML está unificado, ya que deriva de varias notaciones precedentes. En la actualidad UML es promovido por el OMG (*Object Management Group*), un consorcio de más de 800 sociedades y universidades activas en el campo de las tecnologías orientadas a objetos.

UML se ha convertido, en la actualidad, en un lenguaje de modelación muy extendido, sobre todo gracias a su riqueza semántica, que lo abstrae de numerosos aspectos técnicos. El objetivo principal de la presente obra es divulgar el lenguaje UML. El libro, por tanto, va dirigido a un amplio abanico de público: informáticos, jefes de proyecto, directores, o cualquier otra persona que desee disponer de una visión de conjunto de un sistema a partir de varios esquemas.

Para lograr dicho objetivo hemos adoptado la estrategia siguiente:

- Explicar todos los conceptos de la manera más simple y completa posible;
- Introducir un gran número de ejemplos con el fin de conferir la mayor claridad posible a las explicaciones;
- No dar explicaciones basadas en código C++, Java o derivado de otros lenguajes de programación;
- Evitar los ejemplos clásicos y decantarse por un mundo rico y escasas veces abordado: el de los caballos;
- Proponer ejercicios cuyas soluciones podrán encontrarse al final de la obra.

UML es un lenguaje semánticamente rico y, por tanto, resulta bastante difícil retener todos los conceptos en los que se basa. Esta guía le resultará útil para comprenderlos y memorizarlos, y le servirá de referencia a la hora de modelar con UML.

El título del libro es *UML 2.5: Iniciación, ejemplos y ejercicios corregidos*. En el segundo capítulo, A propósito de UML, descubrirá la historia de UML. Aprenderá que la versión actual es precisamente la 2.5.

## 2. El mundo de los caballos

Todos los ejemplos incluidos en la obra pertenecen al mundo equino. No ocultaremos por más tiempo que Fien, uno de los autores, es una gran apasionada del mundo de los caballos. Fien es propietaria de una yegua de cabeza acarnerada que responde al nombre de Jorgelina, y cuya fotografía puede observarse en la figura 1.1.

Mientras lee la obra imagine que se encuentra al frente de una granja de cría de caballos. Podríamos situar el escenario en Kentucky. En ese caso su rancho estaría compuesto por una manada de quarter horses. No obstante, si se decanta por un ambiente más distinguido, entonces su papel sería el de director de un picadero en Andalucía formado por purasangres ingleses destinados a la cría de yearlings. Sea cual fuere la elección, deberá llevar a cabo un seguimiento riguroso y gestionar una gran cantidad de datos con vínculos específicos entre sí y ciclos propios.

No cabe duda de que se le plantearán a diario preguntas como estas:

- La yegua Jorgelina: ¿Es hoy cuando tiene que parir?
- El caballo Travieso: ¿Qué cantidad de avena debo darle?
- El caballo Quincy: ¿Cuándo debo vacunarlo?

*Figura 1.1 - Jorgelina de Gisors*

## 3. Contenido de la obra

La obra se organiza en once capítulos cuyo contenido describimos brevemente a continuación.

**Capítulo 1**

La presente introducción.

**Capítulo 2 - A propósito de UML**

Capítulo dedicado, por un lado, al origen del UML y, por otro, al Proceso Unificado y a MDA.

El Proceso Unificado es un proceso de desarrollo y evolución de software. La arquitectura MDA se destina a la realización de programas, independientemente de la plataforma y del lenguaje de programación.

**Capítulo 3 - Conceptos de la orientación a objetos**

El capítulo 3 describe los diferentes conceptos y principios de la orientación a objetos en que se basa el lenguaje UML. Conocerlos resulta indispensable para comprender los elementos utilizados en los diagramas UML.

**Capítulo 4 - Modelado de los requisitos**

El objetivo del capítulo 4 es mostrar los casos de uso empleados para describir los requisitos funcionales perseguidos a la hora de redactar el pliego de condiciones de un sistema o las funcionalidades de un sistema existente.

**Capítulo 5 - Modelado de la dinámica**

El capítulo 5 explica la manera en que UML representa las interacciones entre objetos. La descripción de las interacciones se utiliza también para ver qué objetos componen un sistema. La vista está basada en las interacciones que intervienen en los casos de uso del sistema.

**Capítulo 6 - Modelado de objetos**

El capítulo 6 es primordial. Está dedicado al modelado estático de objetos, es decir, sin descripción de las interacciones o del ciclo de vida de los objetos. Los métodos se introducen desde un punto de vista estático, sin describir su encadenamiento.

El capítulo incluye un estudio del diagrama de clases. Dicho diagrama contiene los atributos, métodos y asociaciones de los objetos. Es básico a la hora de modelar un sistema mediante objetos. De todos los diagramas UML, es el único obligatorio en tales modelados.

El capítulo 6 integra la implementación del diagrama de estructura compuesta cuyo objetivo es describir con detalle los objetos compuestos.

**Capítulo 7 - Estructuración de los elementos de modelado**

El capítulo 7 está dedicado a los empaquetados. UML 2 describe los empaquetados con ayuda de un diagrama específico. Un empaquetado es un agrupamiento de elementos de modelado: clases, componentes, otros empaquetados, etc.

**Capítulo 8 - Modelado del ciclo de vida de los objetos**

El capítulo 8 estudia el ciclo de vida de los objetos. El ciclo de vida de un objeto está constituido por las diferentes etapas o estados por los que pasa para participar, dentro del sistema, en la realización de un objetivo. Un estado corresponde a un momento de actividad o de inactividad (espera) del objeto. Este capítulo introduce el diagrama de estados-transiciones que describe el ciclo de vida de un objeto.

**Capítulo 9 - Modelado de las actividades**

El capítulo 9 está dedicado al diagrama de actividades. Se trata de una forma específica del diagrama de estados-transiciones en el cual todos los estados se asocian a una actividad y todas las transiciones son automáticas. En este diagrama las transiciones reciben el nombre de encadenamientos.

**Capítulo 10 - Modelado de la arquitectura del sistema**

El capítulo 10 está dedicado al modelado de la arquitectura del sistema. Dicho modelado presenta dos aspectos:

- El modelado de la arquitectura de programas y su estructuración en componentes.
- El modelado de la arquitectura material y la repartición física de los programas.

## Capítulo 11 - El Metamodelado

El capítulo 11 introduce, al principio, la noción de perfil, destinado a enriquecer las capacidades de modelado de UML. Un perfil define clases, tipos de datos, tipos primitivos, restricciones y estereotipos. Los estereotipos se utilizan para extender las metaclases del metamodelo de UML.

Más adelante, este capítulo presentará el metamodelo de UML, sus propiedades y sus aplicaciones, sobre todo en lo referente a UML y en el MOF (*Meta-Object Facility*) del OMG.

## Anexo 1 - Arquitectura MDA: la herramienta DB-MAIN

El anexo 1 presenta la herramienta DB-MAIN en el marco de la arquitectura MDA aplicada a la realización de esquemas de bases de datos relacionales.

## Anexo 2 - Corrección de los ejercicios

El anexo 2 desglosa una posible corrección de los ejercicios incorporados al final de algunos capítulos.

## Anexo 3 - Glosario

El anexo 3 es un glosario de los diferentes términos empleados en la obra.

## Anexo 4 - Léxico

El anexo 4 presenta un léxico español-inglés e inglés-español con los diferentes términos empleados en la obra.

## Anexo 5 - Notación gráfica

El anexo 5 es un resumen de la notación gráfica de los principales elementos de UML.

## Anexo 6 - Bibliografía

El anexo 6 es una bibliografía de las principales obras de referencia de la notación UML.

# Capítulo 2
# A propósito de UML

## 1. Introducción

El presente capítulo está dedicado, por un lado, al origen del UML y, por otro, a dos elementos vinculados a UML:

- El Proceso Unificado, un proceso de desarrollo y evolución de programas;
- La arquitectura MDA (*Model-Driven Architecture* o arquitectura guiada por modelos), destinada a la realización de sistemas, independientemente de la plataforma física y de los aspectos tecnológicos.

## 2. El origen de UML

UML está basado en la orientación a objetos, sistema que vio la luz mucho antes que el UML en el campo de los lenguajes de programación. Simula, el primer lenguaje orientado a objetos, nació en los años 1960 y conoció numerosos sucesores: Smalltalk, C++, Java o, más recientemente, C#.

En un lenguaje de programación la descripción de los objetos se realiza de manera formal utilizando una sintaxis rigurosa. Dicha sintaxis resulta ilegible para los no programadores y difícil de descifrar para los programadores. A diferencia de las máquinas, los humanos prefieren utilizar lenguajes gráficos para representar abstracciones, ya que dominan este tipo de lenguaje con mayor facilidad y obtienen una visión de conjunto de los sistemas en mucho menos tiempo.

En los años 80 y principios de los 90, las notaciones gráficas se multiplican y, muy a menudo, cada uno utiliza su propia notación. En 1994, James Rumbaugh y Grady Booch deciden unirse para unificar sus notaciones, procedentes de sus respectivos métodos: OMT para James Rumbaugh y el método Booch para Grady Booch. En 1995, Yvar Jacobson decide unirse al equipo de los "tres amigos". El equipo trabaja entonces dentro de Rational Software.

La versión 1.0 de UML se publica en 1997. El trabajo de evolución de la notación empieza a hacerse demasiado voluminoso para sólo tres personas y los tres amigos solicitan la ayuda del Object Management Group (OMG), un consorcio de más de 800 sociedades y universidades que trabajan en el campo de las tecnologías del objeto. La OMG adopta la notación UML en noviembre de 1997 en su versión 1.1 y crea una Task Force encargada de la evolución del UML.

Esta Task Force ha actualizado UML en varias ocasiones. En marzo de 2003, la versión 1.5 incorpora la posibilidad de describir acciones gracias a una extensión de UML llamada *Action Semantics* o semántica de acciones.

La versión 2.0 se publicó en julio de 2005. Constituye la primera evolución importante desde la aparición del UML en 1997. A ella se han ido añadidendo numerosos diagramas y los ya existentes se han enriquecido con nuevas construcciones. Desde julio de 2005 esta versión 2.0 ha sido mejorada. En febrero 2009, la versión 2.2 se publicó incluyendo la taxonomía oficial de los perfiles UML. La última versión es la 2.5.1, Diciembre de 2017.

La figura 2.1 ilustra la evolución de UML y traza su origen y sus principales versiones con ayuda de un diagrama de actividades.

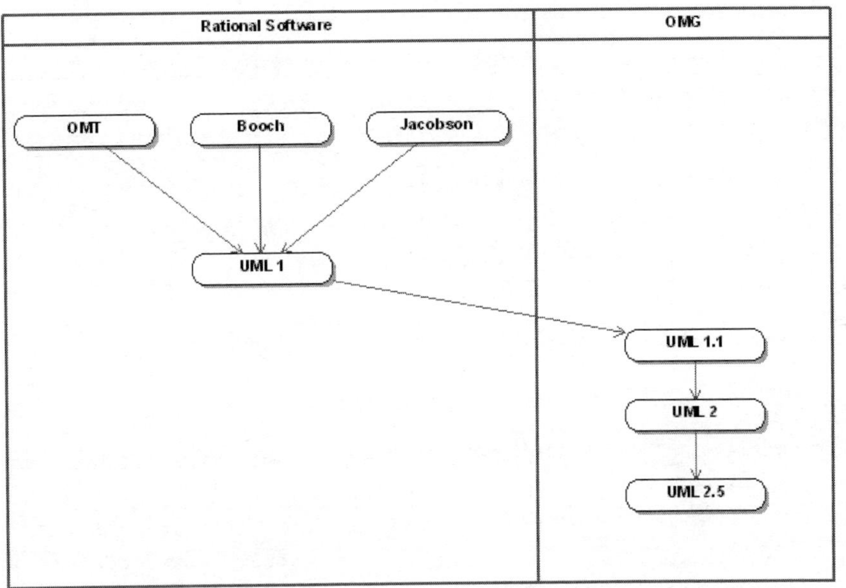


*Figura 2.1 - Origen y principales versiones de UML*

Recordemos que UML es una notación destinada al modelado de sistemas y de procesos mediante objetos. UML no contiene una guía metodológica sino que constituye un soporte de modelado.

## 3. El Proceso Unificado

El Proceso Unificado es un proceso de realización o de evolución de software enteramente basado en UML, de ahí el interés de presentarlo en esta obra. Está constituido por un conjunto de directivas que permiten producir software a partir del pliego de condiciones (requisitos). Cada directiva define *quién* hace qué y en *qué momento*. Un proceso permite, por tanto, estructurar las diferentes etapas de un proyecto informático.

Los tres autores del Proceso Unificado son los mismos que los del UML. No obstante, el uso de UML no exige la utilización del Proceso Unificado. Un proyecto que emplee UML puede utilizar otro proceso diferente del Proceso Unificado o no emplear ninguno.

El Proceso Unificado es conducido por los casos de uso. Éstos se utilizan para describir los requisitos del proyecto y se describen con ayuda de una representación específica del Proceso Unificado más rica que la contenida en UML.

El Proceso Unificado es incremental. Los proyectos se dividen en una serie de subproyectos. Cada subproyecto es un ladrillo que se añade al subproyecto precedente que, por tanto, debe haberse realizado con antelación. Cuando se ha llevado a cabo el último subproyecto se concluye la totalidad del proyecto.

El Proceso Unificado es iterativo. Todos los subproyectos se efectúan con las mismas actividades. Al concluir cada subproyecto se evalúa una entrega parcial.

Los creadores del Proceso Unificado proponen el desarrollo incremental e iterativo para evitar tener que tratar en su totalidad los proyectos importantes con entregas muy posteriores a la redacción del pliego de condiciones. En efecto, en casos semejantes, es probable que las necesidades del cliente hayan evolucionado desde entonces y que no recuerde con exactitud aquello que había solicitado en el pliego de condiciones. De ser así, podrían llegar a producirse conflictos fácilmente evitables con un desarrollo incremental e iterativo.

El ciclo de desarrollo se divide en cuatro fases:

1. La fase de inicio (*inception*) consiste en evaluar el proyecto. Se decide llevar adelante o no el proyecto en función de los imperativos económicos, se determinan los principales casos de uso y se hace un primer esbozo de arquitectura. También se elaboran una o dos maquetas.
2. El objetivo de la fase de elaboración es construir la arquitectura del sistema. Una vez concluida la elaboración, se conocen definitivamente las exigencias del proyecto y su arquitectura.
3. La fase de construcción corresponde al desarrollo de software de la arquitectura, determinado durante la fase de elaboración.

4. La fase de transición comprende la instalación del software en los equipos del cliente y la formación de los usuarios.

En el Proceso Unificado, cada fase está detallada por un conjunto de actividades. Una actividad es un conjunto de acciones descrito por un diagrama de actividades. Con el Proceso Unificado se suministra también un diccionario muy completo constituido por modelos de actividades y casos de uso adaptados a sectores de actividad específicos.

Las principales actividades del Proceso Unificado son las siguientes:

- Modelado de los procesos de negocio;
- Gestión de los requisitos;
- Análisis y diseño;
- Implantación y test;
- Despliegue.

En la fase de *inception* las actividades utilizadas con mayor frecuencia son el modelado de procesos de *negocio* y la gestión de requisitos.

Durante la elaboración, las actividades empleadas con mayor frecuencia son la gestión de requisitos y el análisis y diseño.

La fase de construcción comprende principalmente las actividades de análisis y de diseño, así como de implantación y de test.

La fase de transición recurre sobre todo a la actividad de despliegue.

A modo de conclusión, diremos que el Proceso Unificado es un método iterativo de desarrollo. Esto lo distingue de los desarrollos clásicos como el ciclo en cascada, que van secuencialmente de la escritura de las necesidades a la entrega.

## 4. Arquitectura dirigida por modelos: MDA

MDA (del inglés *Model-Driven Architecture*) es una propuesta de la OMG cuyo objetivo es diseñar sistemas basándose únicamente en el modelado del dominio, independientemente de los aspectos tecnológicos. A partir de este modelado, MDA propone obtener por transformación elementos técnicos capaces de funcionar dentro de una plataforma de software como Java o .NET.

En MDA, el modelo de objetos del dominio se llama PIM (*Platform Independent Model* o modelo independiente de la plataforma). El PIM está constituido por un conjunto de elementos cuyo diseño debe hacerse de forma independiente a cualquier lenguaje de programación o tecnología. Posteriormente, el modelo se transforma, manual o automáticamente, en un modelo específico de una plataforma y de un lenguaje de programación. Dicho modelo específico recibe el nombre de PSM (*Platform Specific Model* o modelo específico de plataforma).

La relación con UML se establece a nivel del PIM. UML es un excelente candidato a lenguaje a ese nivel. Posee la ventaja de describir con precisión los objetos, manteniéndose al mismo tiempo independiente de las tecnologías.

# Capítulo 3
# Conceptos de la orientación a objetos

## 1. Introducción

El objetivo del presente capítulo es describir los diferentes conceptos y principios de la orientación a *objetos* en los que se basa el lenguaje UML. Conocerlos resulta indispensable para comprender los elementos utilizados en los diagramas UML que abordaremos en los capítulos siguientes.

En primer lugar, examinaremos el concepto de objeto y después veremos cómo modelarlo en UML por abstracción.

Introduciremos la noción de clases, representación común de un conjunto de objetos similares.

Hablaremos después del principio de encapsulación, ocultación de informaciones internas y propias del funcionamiento del objeto.

Describiremos las relaciones de especialización y de generalización que introducen las jerarquías de clases, la herencia, las clases concretas y abstractas y, posteriormente, abordaremos el polimorfismo, consecuencia directa de la especialización.

Finalmente trataremos la composición de objetos para concluir con una noción más específica de UML, la especialización de los elementos del diagrama a través de los estereotipos.

## 2. El objeto

Un objeto es una entidad identificable del mundo real. Puede tener una existencia física (un caballo, un libro) o no tenerla (un texto de ley). *Identificable* significa que el objeto se puede designar.

Ejemplo

```
Mi yegua Jorgelina
Mi libro sobre UML
El artículo 293B del código de impuestos
```

En UML todo objeto posee un conjunto de atributos (estructura) y un conjunto de métodos (comportamiento). Un atributo es una variable destinada a recibir un valor. Un método es un conjunto de instrucciones que toman unos valores de entrada y modifican los valores de los atributos o producen un resultado.

Incluso los objetos estáticos del mundo real son percibidos siempre como dinámicos. Así, en UML, un libro se percibe como un objeto capaz de abrirse él mismo en una página determinada.

Todo sistema concebido en UML está compuesto por objetos que interactúan entre sí y realizan operaciones propias de su comportamiento.

Ejemplo

Una manada de caballos es un sistema de objetos que interactúa entre sí, cada objeto posee su propio comportamiento.

De esta forma, el comportamiento global de un sistema se reparte entre los diferentes objetos. En nuestro ejemplo bastará con hacer un paralelismo con el mundo real para comprenderlo.

## 3. La abstracción

La abstracción es un principio muy importante en modelado. Consiste en tener en cuenta únicamente las propiedades pertinentes de un objeto para un problema concreto. Los objetos utilizados en UML son abstracciones del mundo real.

Ejemplo

Si nos interesamos por los caballos en su actividad de carrera, las propiedades aptitud, velocidad, edad, equilibrio mental y casta de origen son pertinentes para dicha actividad y se tienen en cuenta.

Si nos interesamos por los caballos en su actividad de bestia de tiro, las propiedades edad, tamaño, fuerza y corpulencia son pertinentes para dicha actividad y se tienen en cuenta.

**Observación**

*La abstracción es una simplificación indispensable para el proceso de modelado. Un objeto UML es una abstracción del objeto del mundo real de acuerdo con las necesidades del sistema de la que sólo se tienen en cuenta los elementos esenciales.*

## 4. Clases de objetos

Un conjunto de objetos similares, es decir, con la misma estructura y comportamiento, y constituidos por los mismos atributos y métodos, forma una clase de objetos. La estructura y el comportamiento pueden entonces definirse en común en el ámbito de la clase.

Todos los objetos de una clase, llamada también instancia de clase, se distinguen por tener una identidad propia y sus atributos les confieren valores específicos.

Ejemplo

El conjunto de caballos constituye la clase `Caballo`, que posee la estructura y el comportamiento descritos en la figura 3.1.

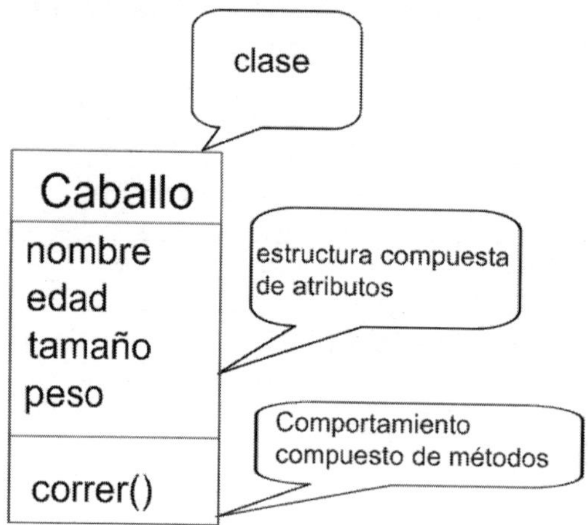


*Figura 3.1 - La clase* `Caballo`

El caballo Jorgelina es una instancia de la clase `Caballo` cuyos atributos y valores se ilustran en la figura 3.2.

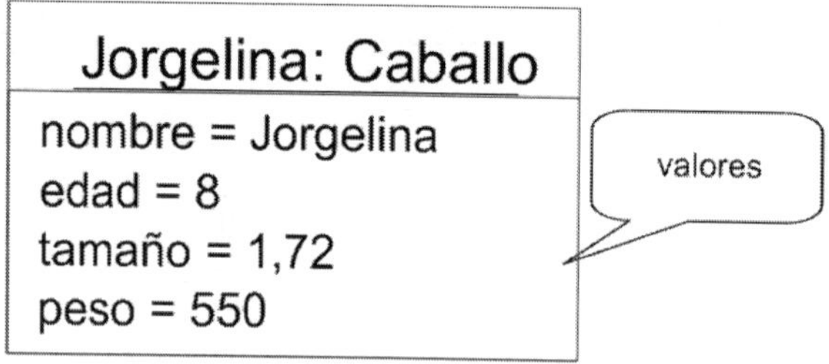


*Figura 3.2 - La instancia* `Jorgelina`

**Observación**

*El nombre de las clases se escribe en singular y está formado por un nombre precedido o seguido por uno o varios adjetivos que lo califican. Dicho nombre es revelador de los objetos que forman la clase.*

## 5. Encapsulación

La encapsulación consiste en ocultar los atributos y métodos del objeto a otros objetos. En efecto, algunos atributos y métodos tienen como único objetivo tratamientos internos del objeto y no deben estar expuestos a los objetos exteriores. Una vez encapsulados, pasan a denominarse atributos y métodos privados del objeto.

La encapsulación es una abstracción, ya que se simplifica la representación del objeto con relación a los objetos externos. Esta representación simplificada está formada por atributos y métodos públicos del objeto.

La definición de encapsulación se realiza en el ámbito de la clase. Los objetos externos a un objeto son, por tanto, las instancias de las demás clases.

Ejemplo

Al correr, un caballo realiza diferentes movimientos como levantar las patas, levantar la cabeza o levantar la cola. Esos movimientos son internos al funcionamiento del animal y no tienen por qué ser conocidos en el exterior. Son métodos privados. Las operaciones acceden a una parte interna del caballo: sus músculos, su cerebro y su vista. La parte interna se representa en forma de atributos privados. El conjunto de atributos y métodos se ilustra en la figura 3.3.

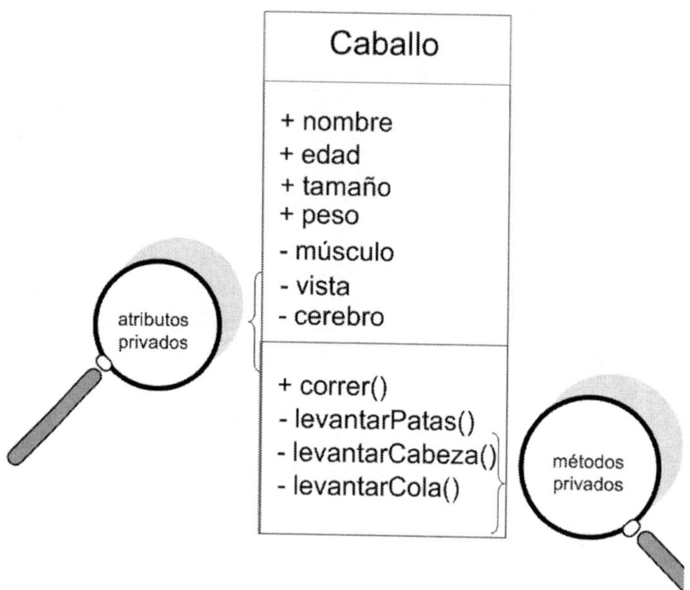


*Figura 3.3 - La clase* `Caballo` *detallada*

**Observación**

*En la notación UML, los atributos y métodos públicos aparecen precedidos del signo más, mientras que los privados (encapsulados) aparecen precedidos del signo menos.*

## 6. Especialización y generalización

Una clase de objetos puede introducirse de manera independiente a las demás clases o bien definirse como subconjunto de alguna otra clase, este subconjunto debería constituir siempre un conjunto de objetos similares.

Hablamos entonces de subclases de otras clases que, por tanto, constituyen especializaciones de esas otras clases.

Ejemplo

La clase de los caballos es una subclase de la clase de los mamíferos.

La generalización es la relación inversa a la especialización. Si una clase es una especialización de otra clase, ésta última es una generalización de la primera. Es su superclase.

Ejemplo

La clase de los mamíferos es una superclase de la clase de los caballos.

La relación de especialización puede aplicarse a varios niveles, dando lugar a la jerarquía de clases.

Ejemplo

La clase de los caballos es una subclase de la clase de los mamíferos, ella misma subclase de la clase de los animales. La clase de los perros es otra subclase de la clase de los mamíferos. La jerarquía de clases correspondiente aparece representada en la figura 3.4.

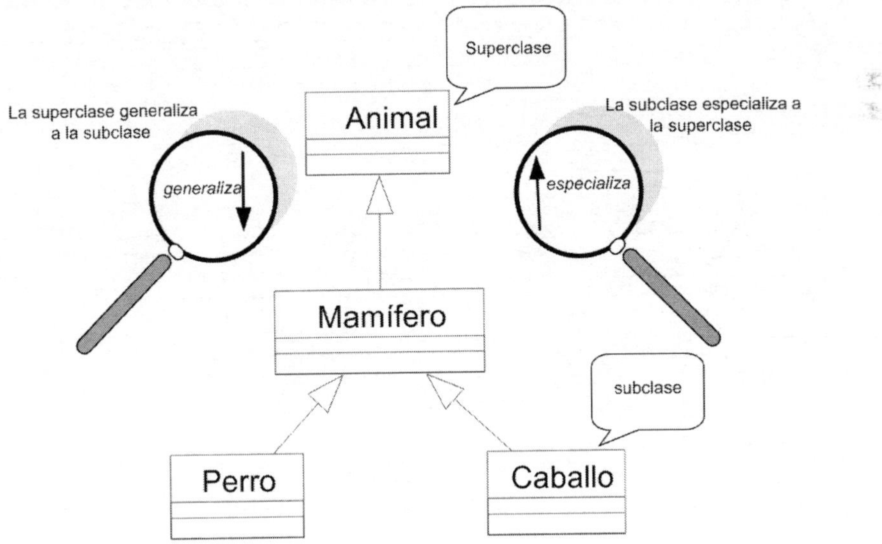


*Figura 3.4 - Jerarquía de clases*

## 7. Herencia

La herencia es la propiedad que hace que una subclase se beneficie de la estructura y el comportamiento de su superclase. La herencia deriva del hecho de que las subclases son subconjuntos de las superclases. Sus instancias son asimismo instancias de la superclase y, por consiguiente, además de la estructura y el comportamiento introducidos en la subclase, se benefician también de la estructura y comportamiento definidos por la superclase.

Ejemplo

Tomamos un sistema en el que la clase `Caballo` es una subclase directa de la clase `Animal`. El caballo se describe entonces mediante la combinación de la estructura y del comportamiento derivados de las clases `Caballo` y `Animal`, es decir, mediante los atributos `edad`, `tamaño`, `peso`, `nombre` y `casta` así como los métodos `comer` y `correr`. Esta herencia se ilustra en la figura 3.5.

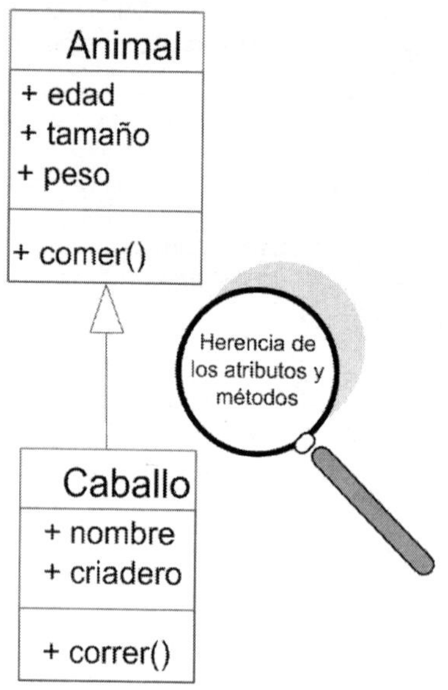


*Figura 3.5 - Herencia*

La herencia es una consecuencia de la especialización. Sin embargo, los informáticos emplean mucho más a menudo el término *hereda* que *especializa* para designar la relación entre una subclase y su superclase.

## 8. Clases abstractas y concretas

Si examinamos la jerarquía presentada en la figura 3.4 vemos que en ella existen dos tipos de clases:

- Las clases que poseen instancias, es decir, las clases `Caballo` y `Perro`, llamadas clases concretas.
- Las clases que no poseen directamente instancias, como la clase `Animal`. En efecto, si bien en el mundo real existen caballos, perros, etc., el concepto de animal propiamente dicho continuá siendo abstracto. No basta para definir completamente un animal. La clase `Animal` se llama clase abstracta.

La finalidad de las clases abstractas es poseer subclases concretas y sirven para factorizar atributos y métodos comunes a las subclases.

Ejemplo

La figura 3.6 retoma la jerarquía detallando las clases abstractas y las clases concretas. En UML, el nombre de las clases abstractas se escribe en cursiva.

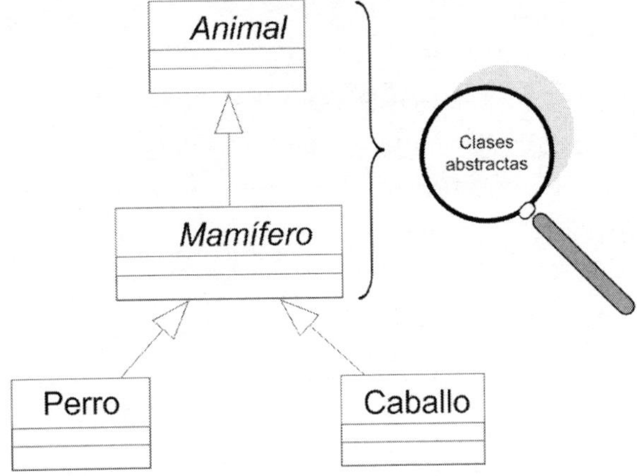


*Figura 3.6 - Clases abstractas y clases concretas*

## 9. Polimorfismo

El polimorfismo significa que una clase (generalmente abstracta) representa un conjunto formado por objetos diferentes, ya que éstos son instancias de subclases diferentes. Cuando se llama a un método del mismo nombre, esta diferencia se traduce en comportamientos distintos (excepto en los casos en los que el método es común y las subclases lo han heredado de la superclase).

Ejemplo

Tomemos la jerarquía de clases ilustrada en la figura 3.7. El método `acariciar` tiene un comportamiento diferente según si el caballo es una instancia de `CaballoSalvaje` o de `CaballoDomesticado`. En el primer caso, el comportamiento será un rechazo (que se traducirá en un encabritamiento) mientras que, en el segundo, el comportamiento será una aceptación.

Si consideramos la clase `Caballo` en su totalidad, tenemos un conjunto de caballos que reaccionan de distinta manera al activarse el método `acariciar`.

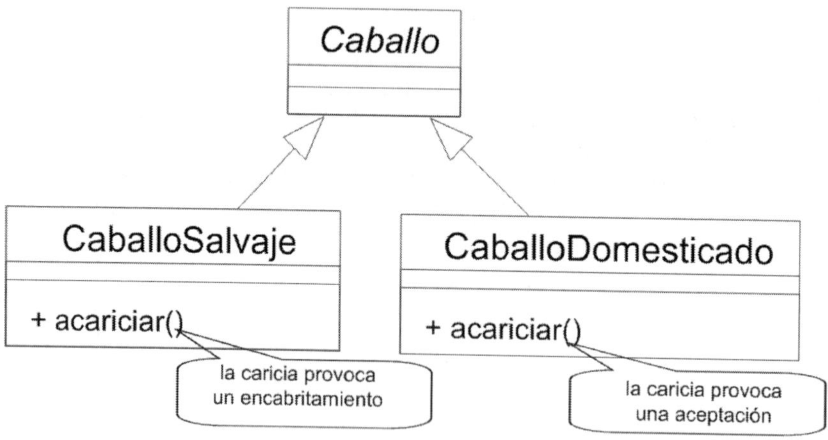


*Figura 3.7 - Polimorfismo*

## 10. Composición

Un objeto puede ser complejo y estar compuesto por otros objetos. La asociación que une a estos objetos es la composición, que se define a nivel de sus clases, pero cuyos vínculos se establecen entre las instancias de las clases. Los objetos que forman el objeto compuesto se denominan *componentes*.

Ejemplo

Un caballo es un ejemplo de objeto complejo. Está formado por diferentes órganos (patas, cabeza, etc.). La representación gráfica de esta composición puede verse en la figura 3.8.

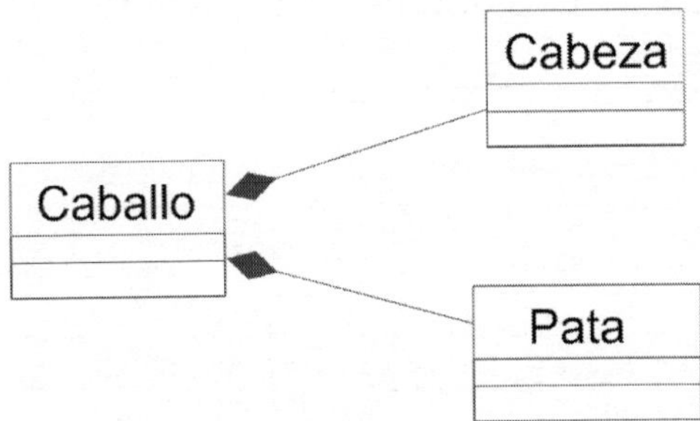


*Figura 3.8 - Composición*

La composición puede adoptar dos formas:

- composición débil o agregación;
- composición fuerte.

En la composición débil, los componentes pueden ser compartidos por varios objetos complejos. En la composición fuerte, los componentes no pueden compartirse y la destrucción del objeto compuesto conlleva la destrucción de sus componentes.

Ejemplo

Si retomamos el ejemplo precedente con el supuesto de un caballo de carreras enjaezado y añadimos a sus componentes una silla, obtenemos:

- Una composición fuerte para las patas y la cabeza. Efectivamente, las patas y la cabeza no pueden compartirse y la desaparición del caballo conlleva la desaparición de sus órganos.
- Una agregación o composición débil para la silla.

Todo ello se ilustra en la figura 3.9.

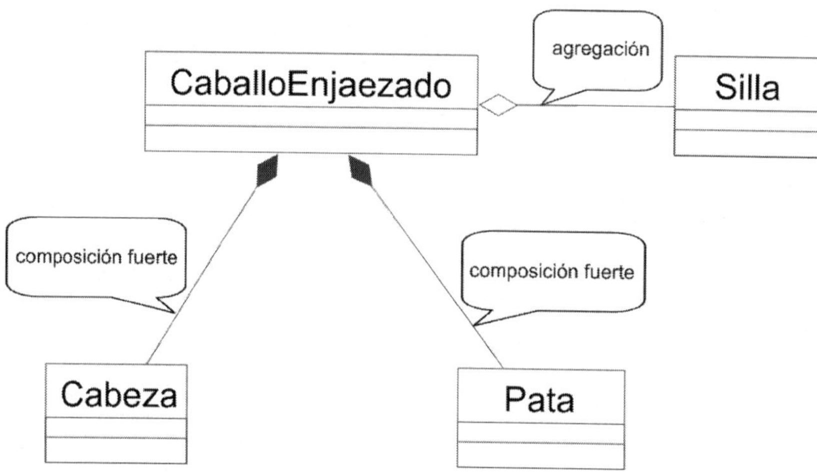


*Figura 3.9 - Composición y agregación*

## 11. La especialización de los elementos: la noción de estereotipo en UML

En el presente capítulo, hemos abordado los conceptos relativos a la orientación a objetos. Ahora introduciremos los estereotipos de UML cuya finalidad es especializar dichos conceptos.

Los estereotipos están formados por palabras clave que explicitan la especialización. Estas palabras clave aparecen entre comillas.

La especialización se realiza independientemente del sistema que se desee modelar.

Ejemplo

El concepto de clase abstracta es un concepto especializado del concepto de clase. Hemos visto que una clase abstracta se representa como una clase con un nombre en cursiva. Esta representación gráfica incluye un estereotipo implícito, pero también podemos prescindir de poner el nombre de la clase en cursiva y precisar de forma explícita el estereotipo «abstract».

Presentamos el estereotipo explícito en la figura 3.10. Éste puede emplearse al escribir a mano diagramas UML.

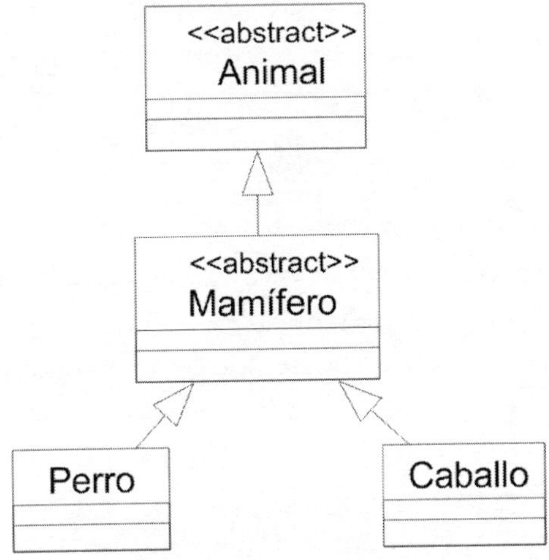


*Figura 3.10 - Estereotipo explícito «abstract»*

El esquema es equivalente al de la figura 3.11, ya introducido en la figura 3.6.

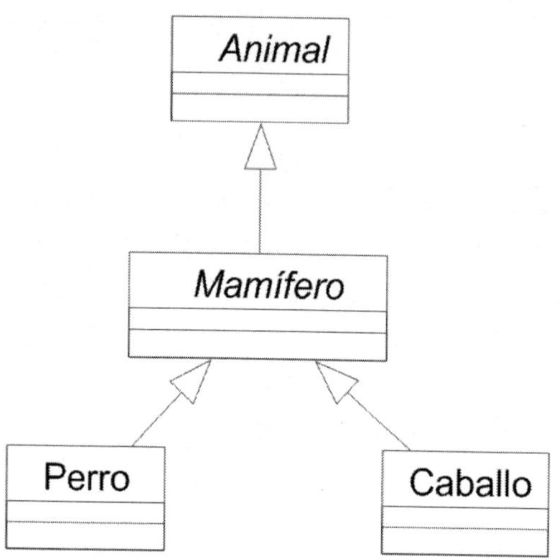


*Figura 3.11 - Estereotipo implícito «`abstract`»*

## 12. Conclusión

La orientación a objetos constituye la base del UML. Ésta está formada por conceptos (objetos, clases, especialización, composición) y principios (abstracción, encapsulación). Estos elementos hacen de la orientación a objetos un soporte real para el modelado de sistemas complejos y para la programación de los mismos, más allá de UML.

En los capítulos siguientes, veremos cómo los diferentes diagramas de UML se apoyan en conceptos y principios propios de la orientación a objetos.

# Capítulo 4
# Modelado de los requisitos

## 1. Introducción

El objetivo del presente capítulo es mostrar los casos de uso empleados para describir los requisitos funcionales esperados durante la redacción del pliego de condiciones del sistema o las funcionalidades de un sistema existente.

Los casos de uso de un sistema contienen los requisitos funcionales deseados o existentes, los actores (los actores describen el rol que presentan los usuarios del sistema) y las asociaciones que unen a actores y funcionalidades. Este conjunto determina asimismo las fronteras del sistema, es decir, las funcionalidades del sistema y aquellas que son externas a él.

Los casos de uso sirven de soporte para las etapas de modelado, desarrollo y validación. Son una referencia del diálogo entre los informáticos y sus clientes y, por consiguiente, constituyen una base para elaborar los aspectos funcionales del pliego de condiciones.

## 2. Casos de uso

Los casos de uso describen en forma de lista de acciones y de interacciones el comportamiento del sistema, estudiado desde el punto de vista de los actores. Definen los límites del sistema y sus relaciones con el entorno.

Ahora bien, esta definición debe completarse, ya que no especifica si un caso de uso debe describir la totalidad o sólo una parte del diálogo entre el actor y el sistema. Podría formularse así:

"Entre un actor y el sistema, los casos de uso describen las acciones e interacciones vinculadas con un objetivo funcional del actor".

Los casos de uso detallan los requisitos funcionales del sistema relativos a alguno de los objetivos de un actor.

Ejemplo

Consideremos como sistema un criadero de caballos. La compra de un caballo por parte de un cliente constituye un caso de uso.

## 3. Actores

Un mismo usuario externo al sistema puede desempeñar diferentes funciones en relación con el sistema. En UML se define la noción de rol.

Un actor describe el rol que desempeña un usuario externo al sistema durante una interacción con el sistema.

La definición se extiende a los demás sistemas que interactúan con el sistema. Estos forman tantos actores como roles desempeñados.

Debemos distinguir dos categorías de actores:

- Los actores primarios, para los cuales el objetivo del caso de uso es esencial y constituye un objetivo del actor.
- Los actores secundarios, para los que el objetivo del caso de uso no es esencial, si bien interactúan con él.

Ejemplo

Retomemos el ejemplo del caso de uso de compra de un caballo por parte de un cliente. El comprador del caballo es un actor primario. La parada de sementales del estado que registra el certificado de venta es un actor secundario.

## 4. Escenarios

Un escenario es una instancia de un caso de uso en la cual se fijan todas las condiciones relativas a los diferentes eventos. Por tanto, a la hora del desarrollo, no existen alternativas.

A un caso de uso determinado corresponden varios escenarios.

Al igual que las clases, que albergan los aspectos comunes de las instancias, los casos de uso describen de manera común el conjunto de escenarios utilizando derivaciones condicionales para representar las diferentes alternativas.

Ejemplo

La compra de Jorgelina por parte de Fien constituye un ejemplo de escenario del caso de uso de compra de un caballo. Todas las alternativas del desarrollo se conocen, ya que Fien ha comprado a Jorgelina.

## 5. Asociación entre un actor y un caso de uso

La asociación entre un actor y un caso de uso indica que este actor posee la capacidad de interactuar con el sistema de la manera descrita por el caso de uso.

Esta asociación se representa de manera gráfica mediante un trazo sencillo. Es posible orientarlo para indicar el extremo que inicia la interacción con la otra parte. Esta orientación se realiza mediante una flecha que parte del extremo que envía las peticiones hacia el que las recibe.

Ejemplo

La asociación que vincula el actor `Comprador` en el caso de uso `Compra Caballo` indica que este actor posee la capacidad de comprar un caballo interactuando con este caso de uso.

## 6. Diagrama de los casos de uso

El diagrama de los casos de uso muestra los casos de uso representados en forma de elipses y a los actores en forma de personajes. También indica las asociaciones que los vinculan.

Ejemplo

El caso de uso de compra de un caballo se representa en la figura 4.1:

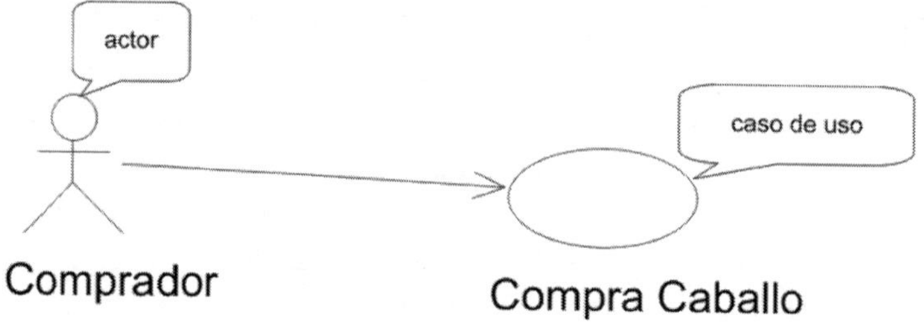


*Figura 4.1 - Caso de uso de compra de un caballo*

El sistema que responde al caso de uso puede representarse mediante un rectángulo en cuyo interior aparece el caso.

Ejemplo

En el ejemplo anterior, el sistema es el criadero de caballos. Esto se ilustra en la figura 4.2.

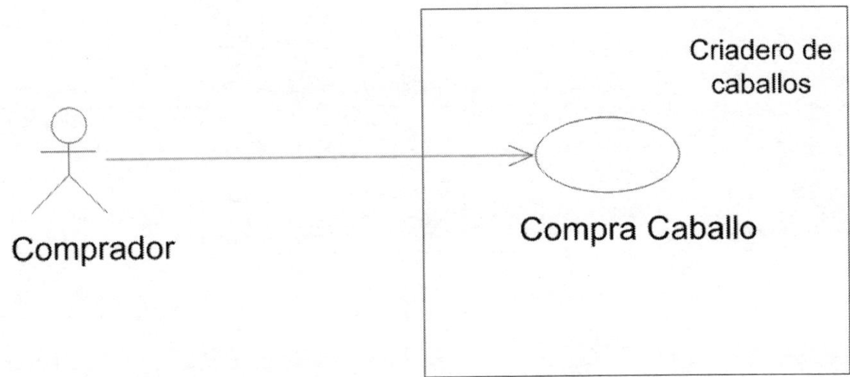


*Figura 4.2 - Sistema de un caso de uso*

Los actores secundarios se representan del mismo modo que los actores primarios. A diferencia de la asociación entre un actor primario y un caso de uso, la asociación entre un actor secundario y un caso de uso posee, necesariamente, un sentido que va desde el caso de uso hacia el actor.

Ejemplo

Las paradas de sementales del estado registran el cambio de propietario del caballo. Las paradas son un actor secundario (ver figura 4.3).

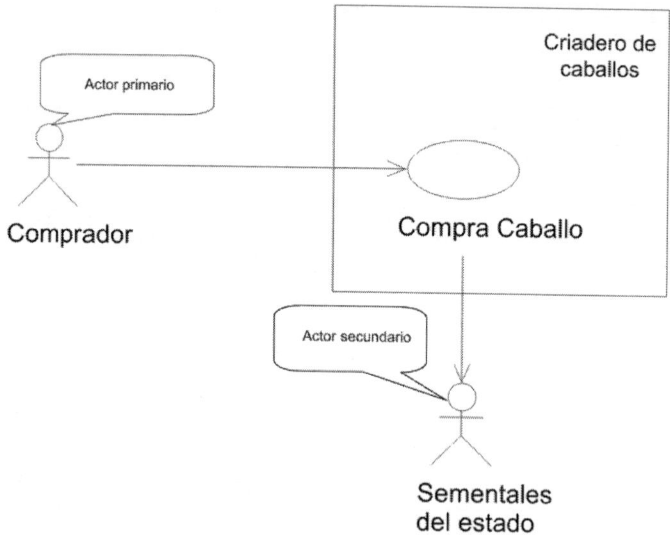


*Figura 4.3 - Actores primarios y secundarios de un caso de uso*

## 7. La cardinalidad de la asociación actor/caso de uso

UML ofrece la posibilidad de introducir la cardinalidad a nivel de la asociación entre un actor y un caso de uso. Esta cardinalidad figura en cada extremo de la asociación.

La cardinalidad situada en el extremo del caso de uso indica con cuántas instancias del caso de uso (escenarios) está vinculada cada instancia del actor situada en el otro extremo. La cardinalidad situada en el extremo del actor indica con cuántas instancias del actor está vinculada cada instancia del caso de uso situada en el otro extremo.

Es posible especificar la cardinalidad mínima y la cardinalidad máxima para indicar un intervalo de valores al que debe pertenecer la cardinalidad.

Estos valores mínimo y máximo se indican en la siguiente tabla.

| Especificación | Cardinalidad |
| --- | --- |
| `0..1` | cero o una vez |
| `1` | una única vez |
| `*` | de cero a varias veces |
| `1..*` | de una a varias veces |
| `M..N` | entre `M` y `N` veces |
| `N` | `N` veces |

Ejemplo

El caso de uso relativo a la compra del caballo que incluye la cardinalidad se representa en la figura 4.4. Un mismo comprador puede comprar varios caballos y puede realizar la compra junto a otros compradores. Cada compra de caballo se registra en las paradas de sementales del estado, que se representan por una única instancia. Estas paradas registran todos los certificados de venta de caballos, de ahí la presencia de la cardinalidad * en el extremo correspondiente al caso de uso `Compra Caballo`.

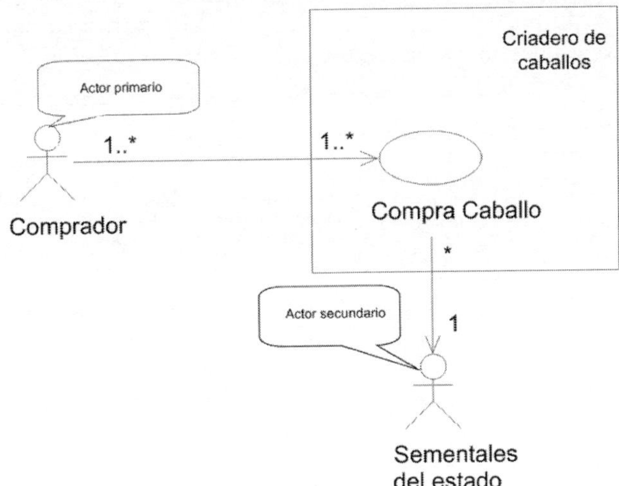


*Figura 4.4 - Consideración de la cardinalidad en la asociación actor/caso de uso*

# 8. Relaciones entre los casos de uso

## 8.1 Relación de inclusión

La relación de inclusión sirve para enriquecer un caso de uso con otro. Dicho enriquecimiento se lleva a cabo mediante una inclusión imperativa y, por tanto, es sistemático.

El caso de uso incluido existe únicamente con ese propósito, ya que no responde a un objetivo de un actor primario. Estos casos de uso son subfunciones.

La inclusión sirve para compartir una funcionalidad común entre varios casos de uso. También puede emplearse para estructurar un caso de uso describiendo sus subfunciones.

En el diagrama de casos de uso, estas relaciones se representan mediante una flecha discontinua acompañada del estereotipo «`include`».

Ejemplo

A la hora de adquirir un semental, el comprador comprueba que tenga las vacunas en regla. Por consiguiente, el caso de uso de compra de un semental incluye dicha verificación (ver figura 4.5).

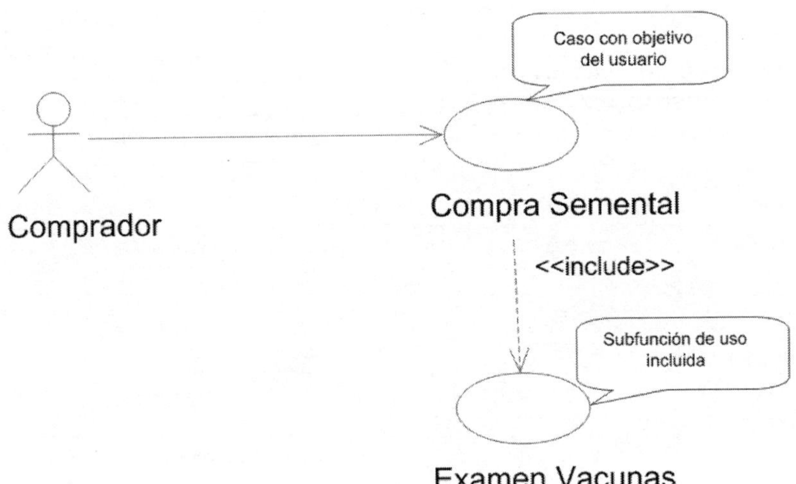


*Figura 4.5 - Inclusión de un caso de uso*

La puesta en común del caso de uso de comprobación de las vacunas se ilustra en la figura 4.6, ya que este caso de subfunción es igualmente pertinente para la compra de una yegua.

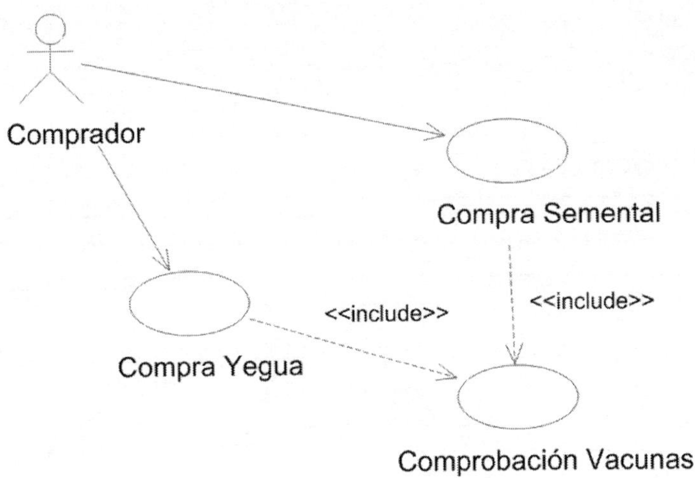


*Figura 4.6 - Puesta en común de un caso de uso incluido*

La inclusión puede emplearse también para descomponer el interior de un caso de uso sin compartir el caso incluido. En la figura 4.7, la comprobación de los partos de una yegua no se comparte, pero su presencia ilustra bien que dicha comprobación forma parte de los puntos estudiados durante la compra de la yegua.

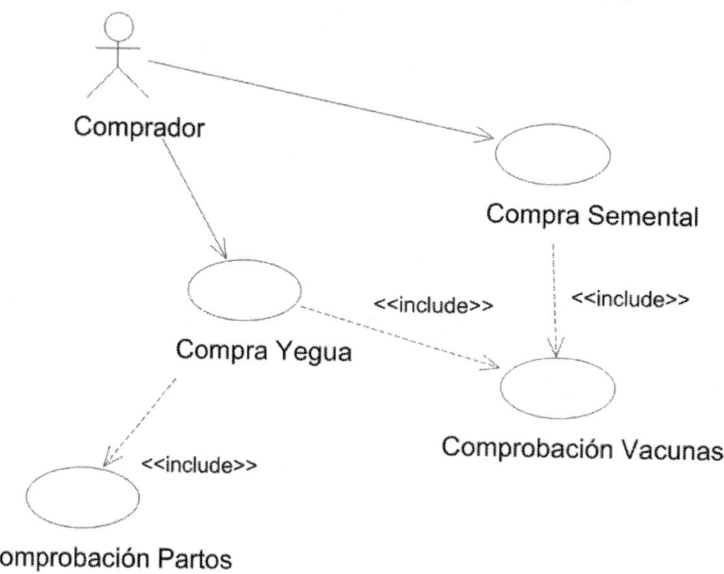


*Figura 4.7 - Descomposición de un caso de uso por inclusión*

## 8.2 Relación de extensión

Al igual que la relación de inclusión, la relación de extensión enriquece un caso de uso mediante un caso de uso de subfunción. El enriquecimiento es análogo al de la relación de inclusión, no obstante es opcional.

En el caso de uso básico, la extensión se hace en una serie de puntos concretos y previstos en el momento del diseño, llamados *puntos de extensión*.

La aplicación de cada extensión se decide durante el desarrollo de un escenario. Por consiguiente, el caso de uso básico puede emplearse sin estar extendido.

Como ocurre con la inclusión, la extensión sirve para estructurar un caso de uso o para compartir un caso de uso de subfunción.

En el diagrama de los casos de uso, esta relación se representa mediante una flecha discontinua acompañada del estereotipo «`extend`».

Ejemplo

A la hora de adquirir un caballo, el comprador puede examinar el carácter del animal o su pelaje. Por consiguiente, el caso de uso de compra de un caballo puede extenderse con alguna de esas verificaciones (ver figura 4.8).

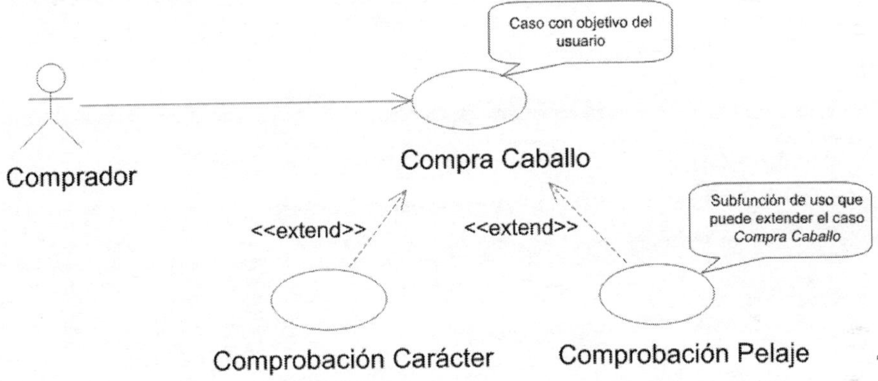


*Figura 4.8 - Extensión de un caso de uso*

Ejemplo

Tomemos el caso en el que la compra de un semental se modela separadamente del de una yegua. Opcionalmente, podemos comprobar la capacidad de dar a luz de la yegua (ver figura 4.9). Por otro lado, los casos de uso de verificación del carácter y del pelaje se comparten.

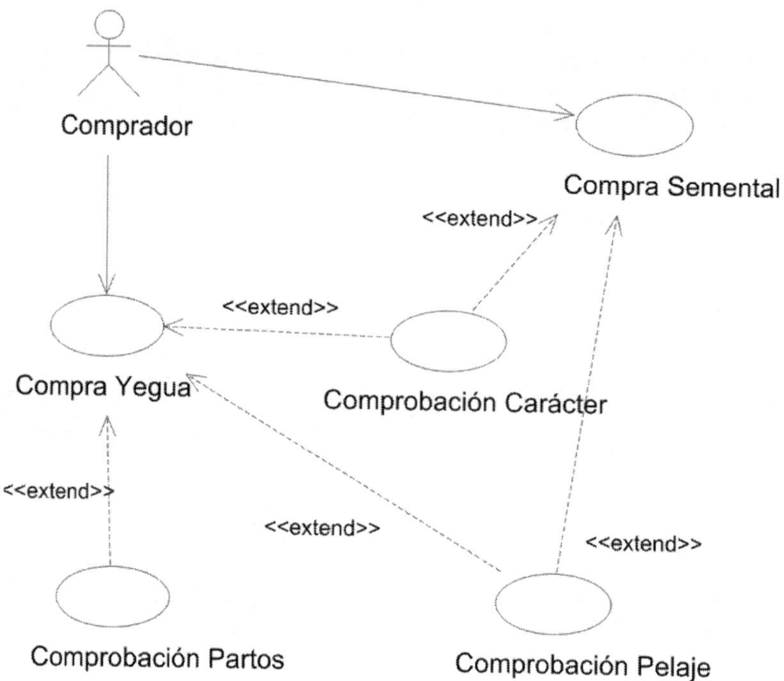


*Figura 4.9 - Extensiones compartidas de casos de uso*

## 8.3 Especialización y generalización de los casos de uso

Como para las clases de objetos, también es posible especializar un caso de uso en otro. Obtenemos así un subcaso de uso.

De manera análoga a las clases, el subcaso hereda del comportamiento del supercaso de uso. Un subcaso de uso hereda también las asociaciones que vinculan el supercaso con los actores así como las relaciones de inclusión y de extensión del supercaso de uso.

El supercaso de uso es, a menudo, abstracto, es decir, corresponde a un comportamiento parcial completado en el subcaso de uso.

Los subcasos de uso tienen el mismo nivel que sus supercasos. Si el supercaso es un caso con objetivo de un actor primario, lo mismo ocurrirá con el subcaso. Si es un caso de subfunción, el subcaso será también una subfunción.

En el diagrama de los casos de uso, la relación de especialización se representa mediante una flecha de especialización idéntica a la que une las subclases con las superclases. El nombre de los casos de uso abstractos se escribe en cursiva (o se acompaña del estereotipo «`abstract`»).

Ejemplo

El caso de uso de compra de un caballo se especializa en dos subcasos: la compra de una yegua o la compra de un semental. Se trata de un caso abstracto y su nombre aparece en cursiva. La figura 4.10 ilustra esta especialización.

Los casos de uso de compra de una yegua y de compra de un semental son casos con objetivo del actor primario y se asocian con el comprador. La asociación que existe entre el caso de uso de compra del caballo y el `Comprador` se hereda en los dos subcasos de uso.

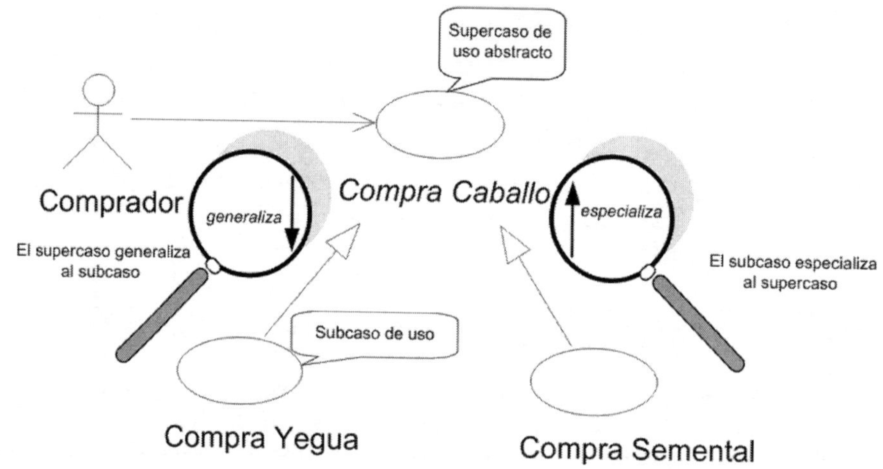


*Figura 4.10 - Especialización de un caso de uso*

Ejemplo

Las relaciones de extensión relativas a las diferentes inclusiones y extensiones de verificación pueden factorizarse en el caso abstracto. Estas se heredan entonces en los subcasos como muestra la figura 4.11.

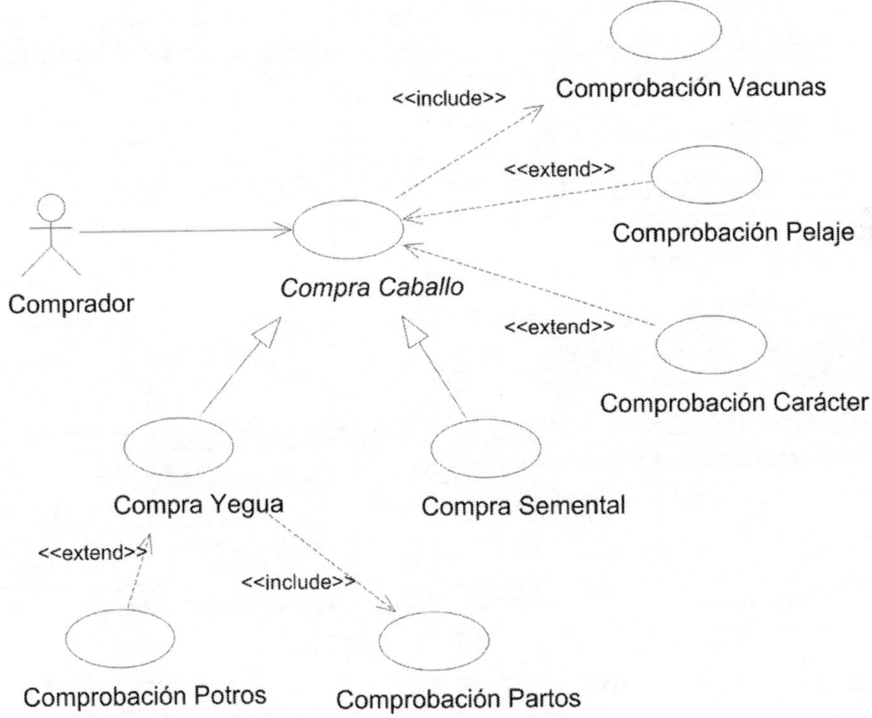


*Figura 4.11 - Factorización de inclusión y de extensión*

## 9. Representación textual de los casos de uso

La representación textual de los casos de uso no se especifica en UML. No obstante, se utiliza habitualmente y por ello la hemos incorporado en la presente obra.

La representación en forma textual de los casos de uso da una descripción de sus componentes, acciones y reacciones. El contenido de la representación textual es el siguiente:

- Nombre del caso de uso;
- Actor primario;
- Sistema al que pertenece el caso de uso;
- Participantes (conjunto de actores);
- El nivel del caso de uso puede ser:
  - un objetivo del actor primario;
  - una subfunción;
- Condiciones previas que deben cumplirse para que el caso de uso pueda ser ejecutado;
- Operaciones del escenario principal;
- Extensiones.

| **Caso de uso** | **Nombre del caso de uso** |
|---|---|
| Actor primario | Nombre del actor primario |
| Sistema | Nombre del sistema |
| Participantes | Nombre de los participantes |
| Nivel | Objetivo del actor primario o subfunción |
| Condiciones previas | Condiciones que deben cumplirse para ejecutar el caso de uso |
| Operaciones | |
| 1 | Operación 1 |
| 2 | Operación 2 |
| 3 | Operación 3 |

| Caso de uso | Nombre del caso de uso |
|---|---|
| 4 | Operación 4 |
| 5 | Operación 5 |
| Extensiones | |
| 1.A | Condición de aplicación de la extensión A sobre la operación 1 |
| 1.A.1 | Operación 1 de la extensión A sobre la operación 1 |
| 1.A.2 | Operación 2 de la extensión A sobre la operación 1 |
| 1.B | Condición de aplicación de la extensión B sobre la operación 1 |
| 1.B.1 | Operación 1 de la extensión B sobre la operación 1 |
| 4.A | Condición de aplicación de la extensión A sobre la operación 4 |
| 4.A.1 | Operación 1 de la extensión A sobre la operación 4 |

Ejemplo

A continuación presentamos el caso de uso de compra de una yegua. Las extensiones incluyen el número de la línea de la operación a la cual se aplican, seguida de una letra que permite distinguirla de otra extensión en la misma línea. Luego se numeran las operaciones de una extensión de la misma forma que las operaciones del escenario principal.

| Caso de uso | Compra de una yegua |
|---|---|
| Actor primario | Comprador |
| Sistema | Criadero de caballos |
| Participantes | Comprador, Parada de sementales del estado |
| Nivel | Objetivo del actor principal |
| Condición previa | La yegua está a la venta |
| Operaciones | |
| 1 | Elegir la yegua |
| 2 | Comprobar las vacunas |

| Caso de uso | Compra de una yegua |
|---|---|
| 3 | Examinar los partos |
| 4 | Recibir una propuesta de precio |
| 5 | Evaluar la propuesta de precio |
| 6 | Pagar el precio de la yegua |
| 7 | Cumplimentar los papeles de venta |
| 8 | Registrar la venta en la parada de sementales del estado |
| 9 | Ir a buscar la yegua |
| 10 | Transportar la yegua |
| Extensiones | |
| 2.A | ¿Son correctas las vacunas? |
| 2.A.1 | Si sí, continuar |
| 2.A.2 | Si no, salir |
| 3.A | ¿Es correcta la verificación de los partos? |
| 3.A.1 | Si sí, continuar |
| 3.A.2 | Si no, salir |
| 5.A | ¿Es correcto el precio? |
| 5.A.1 | Si sí, continuar |
| 5.A.2 | Si no, negociar el importe y volver a ejecutar la etapa 5 |

# 10. Conclusión

Los casos de uso sirven para:

- Expresar los requisitos funcionales que los usuarios comunicaron al sistema durante la redacción del pliego de condiciones;
- Comprobar que el sistema cumple dichos requisitos en el momento de la entrega;
- Determinar las fronteras del sistema;
- Escribir la documentación del sistema;
- Confeccionar los juegos de test.

Los casos de uso ofrecen una técnica de representación adecuada para dialogar con el usuario ya que su formalismo es cercano al lenguaje natural. Se aconseja incorporar un léxico para evitar posibles confusiones.

Más adelante estudiaremos cómo descubrir los objetos utilizando los diagramas de secuencia asociados a los casos de uso.

# 11. Ejercicios

## 11.1 El hipódromo

Un hipódromo ofrece a sus clientes la posibilidad de asistir a las carreras y de realizar apuestas.

¿Cuáles son los actores que interactúan con estos servicios?

Construya el diagrama de casos de uso.

## 11.2 El club ecuestre

Un club ecuestre pone a disposición de los clientes establos para guardar los caballos y ofrece cursos de equitación y paseos. Sólo los socios tienen acceso a los cursos y a los servicios de establo. Los demás clientes tienen la posibilidad de participar en los paseos y de convertirse en socios.

¿Cuáles son los actores que interactúan con estos servicios?

Construya el diagrama de casos de uso.

## 11.3 El tiovivo de caballos de madera

Un tiovivo de caballos de madera ofrece a sus clientes la posibilidad de dar una vuelta previo pago de una cantidad de dinero.

¿Cuáles son los actores vinculados a este servicio?

Construya el diagrama de casos de uso.

Dé la representación textual correspondiente al diagrama.

# Capítulo 5
# Modelado de la dinámica

## 1. Introducción

El objetivo del presente capítulo es explicar de qué manera UML representa las interacciones entre objetos. En el capítulo Conceptos de la orientación a objetos, vimos que los objetos de un sistema poseen su propio comportamiento e interactúan entre sí para dotar al sistema de una dinámica global. En el capítulo Modelado de los requisitos, estudiamos la forma en que los casos de uso representan las acciones y reacciones entre un actor externo y el sistema. Desde el punto de vista del modelado, esos dos tipos de interacciones se distinguen por su diferencia interna/externa, pero no por su naturaleza.

Para responder a la necesidad de representación de las interacciones entre objetos, UML propone dos tipos de diagramas:

- El diagrama de secuencia se centra en aspectos temporales.
- El diagrama de comunicación se centra en la representación espacial.

En el presente capítulo estudiaremos ambos tipos de diagramas. Más tarde examinaremos cómo descubrir progresivamente los objetos que componen un sistema. Dicho descubrimiento se basará en las interacciones entre los objetos que intervienen en los casos de uso del sistema. Para representar las interacciones nos decantaremos por el diagrama de secuencia, ya que suele ser la opción preferida por las personas que se encargan de modelar los proyectos.

## 2. Diagrama de secuencia

### 2.1 Introducción

El diagrama de secuencia describe la dinámica del sistema. A menos que se modele un sistema muy pequeño, resulta difícil representar toda la dinámica de un sistema en un único diagrama. Por tanto, la dinámica completa se representará mediante un conjunto de diagramas de secuencia, cada uno de ellos vinculado generalmente a una subfunción del sistema. Estudiaremos los trucos de interacción que facilitan esta posibilidad de representación.

El diagrama de secuencia describe las interacciones entre un grupo de objetos mostrando de forma secuencial los envíos de mensajes entre objetos. El diagrama puede asimismo mostrar las transmisiones de datos intercambiados durante el envío de mensajes.

**Observación**

*Para interactuar entre sí, los objetos se envían mensajes. Durante la recepción de un mensaje, los objetos se vuelven activos y ejecutan el método del mismo nombre. Un envío de mensaje es, por tanto, una llamada a un método.*

### 2.2 Línea de vida de un objeto

Dado que representa la dinámica del sistema, el diagrama de secuencia hace entrar en acción las instancias de clases que intervienen en la realización de la subfunción a la que está vinculado. A cada instancia se asocia una línea de vida que muestra las acciones y reacciones de la misma, así como los periodos durante los cuales ésta está activa, es decir, durante los que ejecuta uno de sus métodos.

La representación gráfica de la línea de vida se ilustra en la figura 5.1.

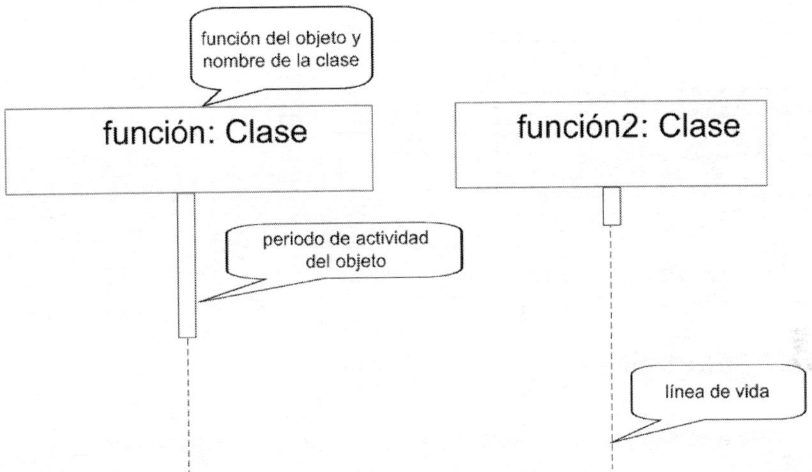


*Figura 5.1 - Líneas de vida*

**Observación**

*La notación "`función: Clase`" representa la función de una instancia seguida del nombre de su clase. Para simplificar, en esta obra consideraremos que la función de la instancia corresponde a su nombre. Si sólo una instancia de la clase participa en el diagrama de secuencia, la función de la instancia es opcional. El nombre de la clase puede también omitirse en las etapas preliminares del modelado, pero debe especificarse lo antes posible.*

**Observación**

*Los diagramas de secuencia contienen varias líneas de vida, ya que tratan de las interacciones entre varios objetos.*

La línea de vida puede empezar con la introducción de un invariante de estado, que es una expresión lógica que debe cumplirse durante todo el desarrollo de la línea de vida. La figura 5.2 ilustra la introducción de dicho invariante.

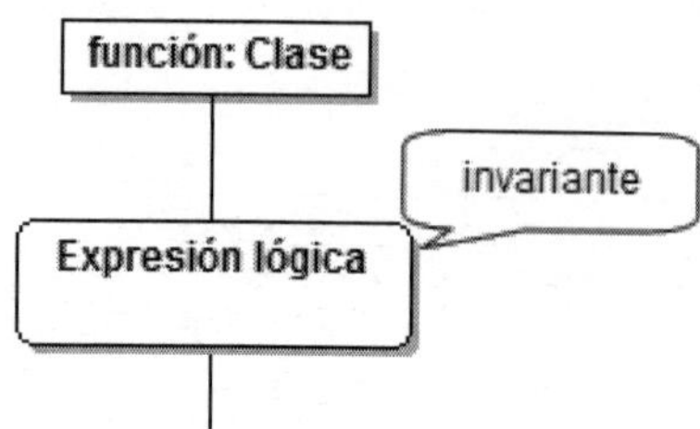


*Figura 5.2 - Invariante de estado*

## 2.3 Envío de mensajes

Los envíos de mensajes se representan mediante flechas horizontales que unen la línea de vida del objeto emisor con la línea de vida del objeto destinatario (ver figura 5.3).

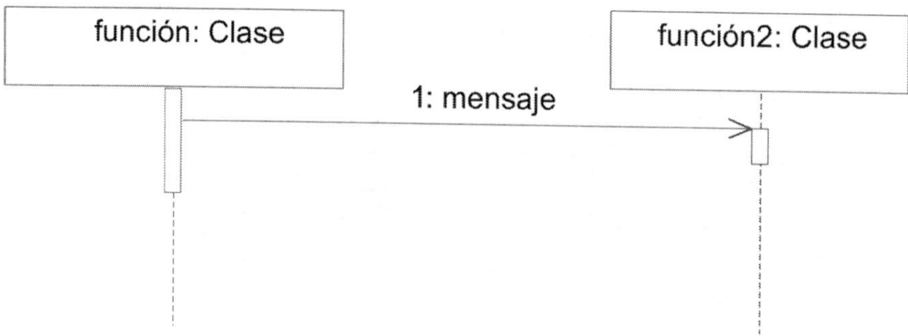


*Figura 5.3 - Envío de un mensaje*

En la figura 5.3, el objeto de la izquierda envía un mensaje al objeto de la derecha. En programación, este mensaje da lugar a la ejecución del método *mensaje* del objeto de la derecha, lo que provoca su activación. El nombre del mensaje no es obligatorio, es posible omitirlo en la especificación de un envío de mensaje. En este caso, el nombre del mensaje se reemplaza por el carácter *.

Los mensajes se numeran secuencialmente a partir de 1. Si un mensaje se envía antes de que concluya el tratamiento del precedente, es posible utilizar una numeración compuesta (ver figura 5.4) en la que el envío del mensaje 2 se produzca durante la ejecución del mensaje 1.

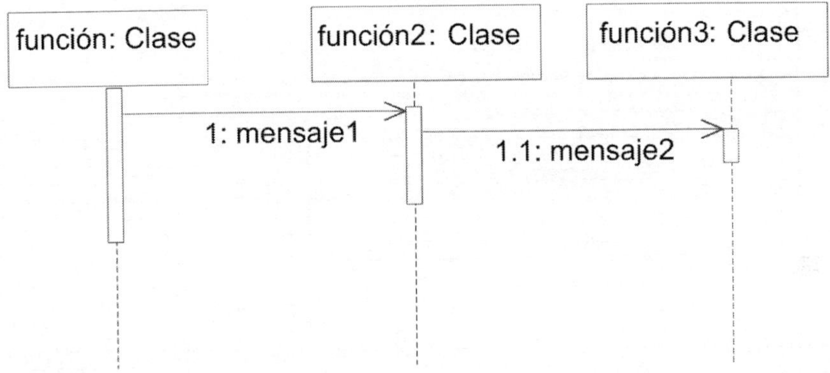


*Figura 5.4 - Numeración de los mensajes*

**Observación**

*La numeración de los mensajes no es obligatoria. No obstante, resulta práctica para mostrar las activaciones anidadas.*

La transmisión de datos también es posible; esta se representa mediante parámetros transmitidos con el mensaje (ver figura 5.5). El valor de cada parámetro transmitido se provee mediante el valor de variables como `dato1` y `dato2` o mediante el valor de constantes. Por defecto, el valor de los parámetros se provee en función de su orden. También es posible nombrar los parámetros para asignarles valor. El uso del carácter – significa que el valor del parámetro no se especifica. De este modo, en el ejemplo `message(-)`, no se especifica el valor de ningún parámetro.

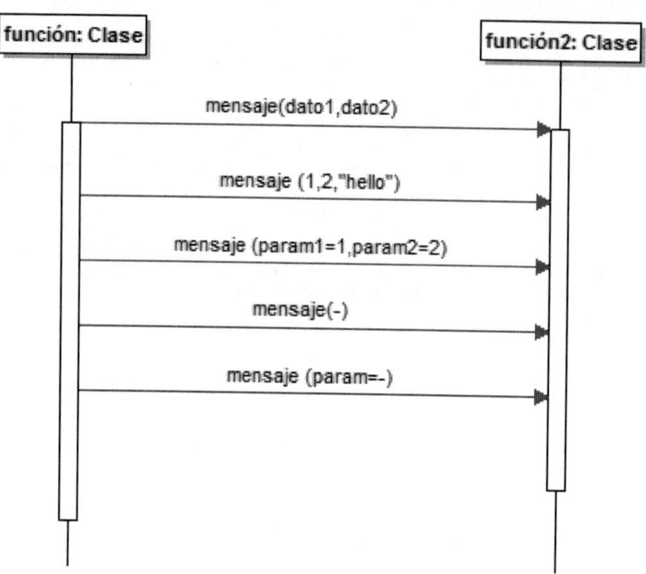


*Figura 5.5 - Transmisión de datos durante el envío de un mensaje*

Existen diferentes tipos de envíos de mensajes. En la figura 5.6 ofrecemos una explicación gráfica.

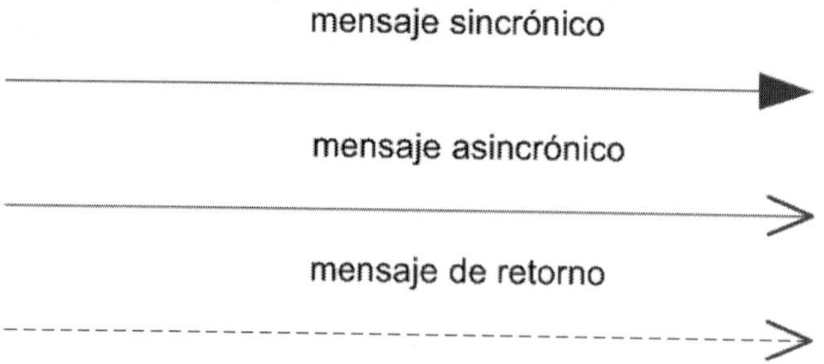


*Figura 5.6 - Diferentes tipos de mensajes*

El mensaje sincrónico es el utilizado con mayor frecuencia. En este caso, el expedidor espera que la activación del método mencionado por el destinatario finalice antes de continuar su actividad.

En los mensajes asincrónicos, el expedidor no espera el término de la activación invocada por el destinatario. Esto se produce al modelar sistemas en los que los objetos pueden funcionar en paralelo (es el caso de los sistemas multithreads, donde los tratamientos se efectúan en paralelo).

Ejemplo

Un jinete da una orden a su caballo, luego le da una segunda orden sin esperar a que concluya la ejecución de la primera. La primera orden constituye un ejemplo de envío de mensaje asincrónico.

El mensaje de retorno a la llamada a un método no es sistemático, ya que no todos los métodos devuelven un resultado.

La figura 5.7 ilustra los envíos de mensaje con un mensaje de retorno que transmite un resultado, bien como resultado de la función o bien como parámetro de retorno.

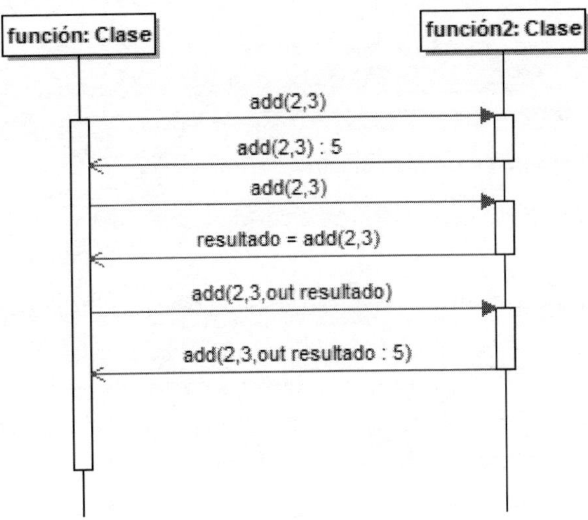


*Figura 5.7 - Transmisión de resultado y mensajes de retorno*

Los objetos pueden enviarse mensajes a sí mismos. La representación de tales mensajes se ilustra en la figura 5.8.

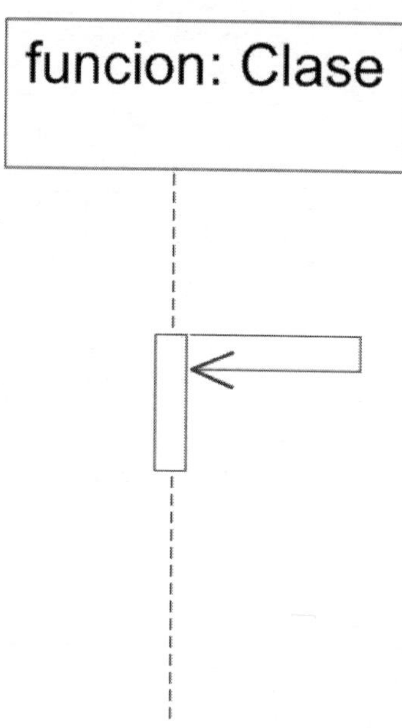


*Figura 5.8 - Envío de un mensaje de un objeto a sí mismo*

La introducción del tiempo se realiza mediante condiciones ilustradas por la figura 5.9:

- El mensaje 1 se envía en `now` (tiempo en curso) y llega 5 segundos más tarde (`t+5s`);
- El mensaje 3 como máximo 10 segundos después del mensaje 2;
- La transmisión del mensaje 4 dura 10 segundos. El parámetro `d` se utiliza para fijar la duración de la transmisión de un mensaje;
- La duración de la transmisión del mensaje 5 está comprendida entre 0 y 1 segundo.

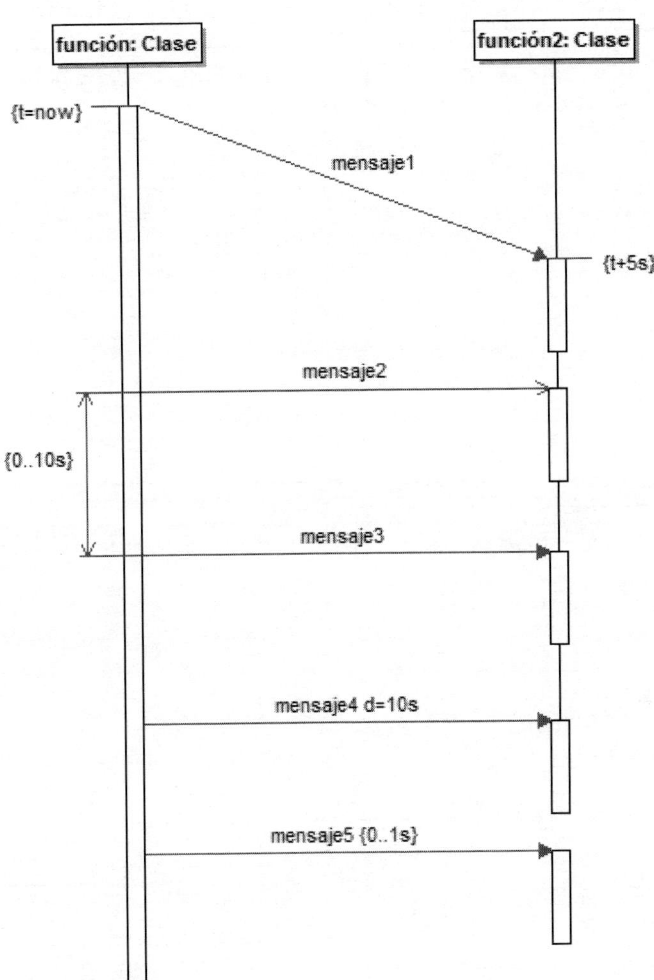


*Figura 5.9 - Condiciones vinculadas con el tiempo*

La figura 5.10 ilustra un mensaje encontrado y un mensaje perdido. El primer mensaje es un mensaje encontrado. Esto significa que el receptor del mensaje es conocido, pero no su emisor. El segundo mensaje es un mensaje perdido. El emisor del mensaje es conocido, pero no el receptor.

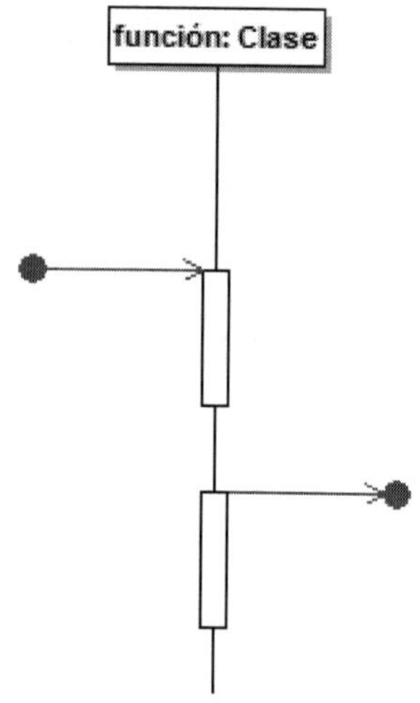


*Figura 5.10 - Mensaje encontrado y mensaje perdido*

## 2.4 Creación y destrucción de objetos

El diagrama de secuencia describe la dinámica de un sistema. Ésta a menudo contiene creaciones y destrucciones de objetos.

La creación de objetos se representa mediante un mensaje específico que da lugar al principio de la línea de vida del nuevo objeto.

La destrucción de objetos es un mensaje enviado a un objeto existente y que da lugar a la finalización de su línea de vida. Se representa mediante una cruz.

Los dos tipos de mensajes se ilustran en la figura 5.11.

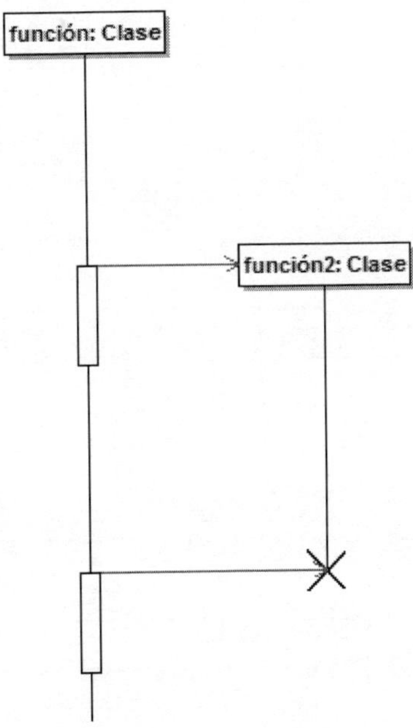


*Figura 5.11 - Mensajes de creación y destrucción de un objeto*

## 2.5 Descripción de la dinámica

Con los diferentes elementos anteriormente introducidos, podemos construir un diagrama de secuencia completo y describir la dinámica de un pequeño sistema o de una subfunción de un sistema mayor.

Ejemplo

La figura 5.12 representa un escenario de compra de una yegua, ya estudiado en el capítulo Modelado de los requisitos. No existe alternativa posible, por tanto, se trata sin duda de un escenario. Veremos a continuación cómo introducir las alternativas y los bucles.

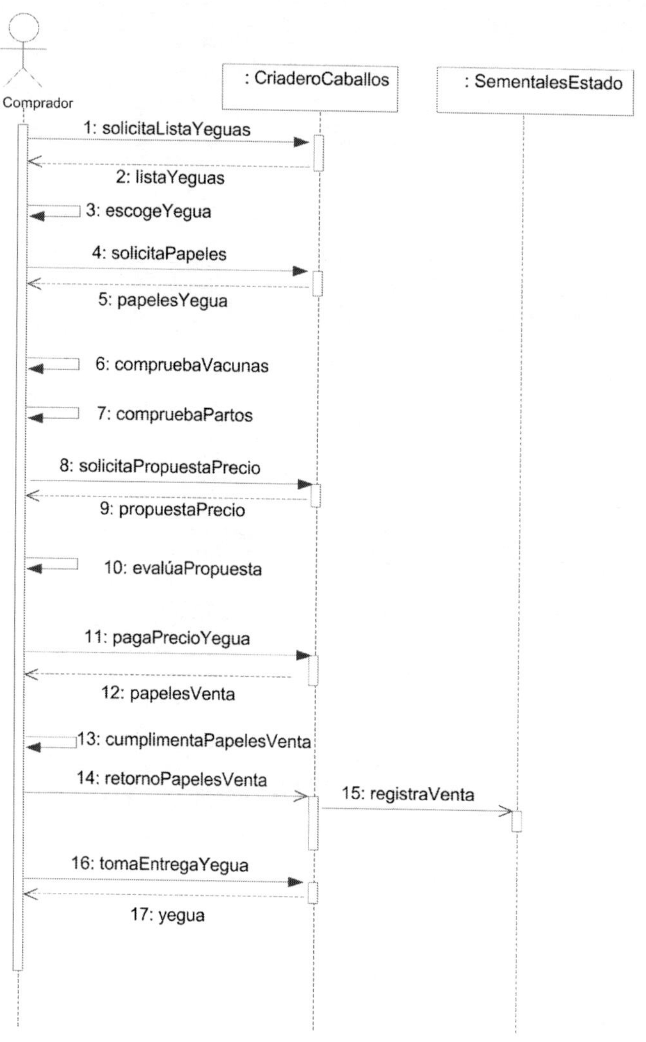


*Figura 5.12 - Diagrama de secuencia: la representación de un escenario de compra de una yegua*

## 3. Marcos de interacción

Un marco de interacción describe, mediante un diagrama de secuencia, parte de la dinámica de un sistema. La dinámica del sistema se describe, en su totalidad, por un conjunto de marcos de interacción. Es posible realizar una descripción modular de esta dinámica. En efecto, es posible hacer referencia, en un marco de interacción, a uno o varios marcos de interacción adicionales.

Un marco de interacción integra un diagrama de secuencia y un recuadro que precisa el nombre del marco y sus eventuales parámetros. La figura 5.13 ilustra un ejemplo de marco de interacción denominado `registraCaballo` y que muestra con detalle el registro de la venta de un caballo en las paradas de sementales del estado y en el sistema de información relativo a los équidos (SITRAN). El recuadro contiene la abreviatura `sd` (*sequence diagram*) y el nombre del marco de interacción.

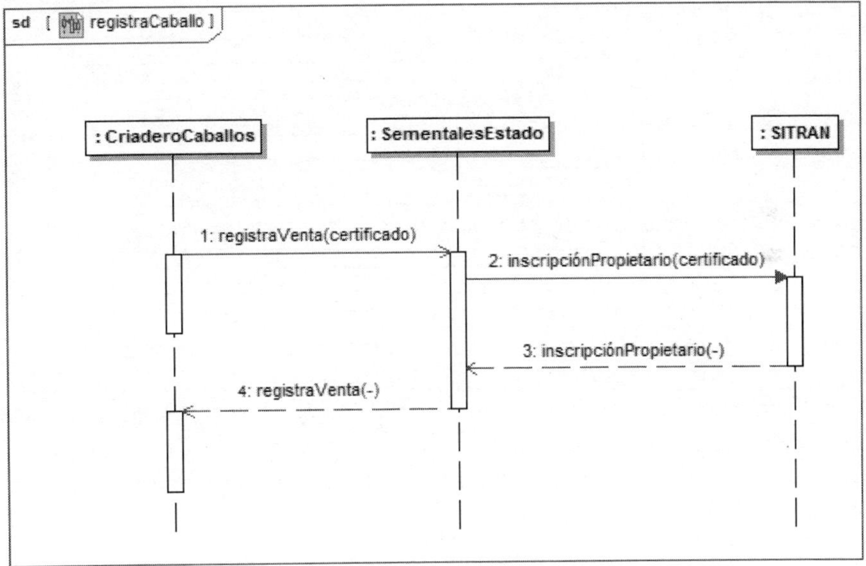


*Figura 5.13 - Marco de interacción: registro de la venta de un caballo*

Este marco de interacción está referenciado en el diagrama de secuencia de la figura 5.14. Esta referencia implica que las líneas de vida de los objetos presentes en el marco de interacción referenciado están presentes, a su vez, en el diagrama de secuencia que lo referencia. El marco de interacción se referencia de manera simplificada: solo aparece su nombre acompañado del recuadro `ref` (referencia). El primer envío de mensaje es el mensaje relativo a la preparación del certificado. A continuación, se activa el mensaje `registraVenta` con el parámetro `certificado` habilitado. A continuación se activan los demás mensajes del marco de interacción referenciado hasta el último de ellos.

*Figura 5.14 - Ejemplo de diagrama de secuencia que hace referencia a un marco de interacción*

La figura 5.15 ilustra otro ejemplo de marco de interacción llamado `registraCaballoSementalesEstado`. En este marco de interacción, el emisor del primer mensaje y el destinatario del último mensaje no se especifican. Se especificarán en el momento en que se haga referencia al marco (ver figura 5.16). El marco de interacción cuenta de este modo con una puerta de entrada formada por el primer mensaje y una puerta de salida formada por el último mensaje.

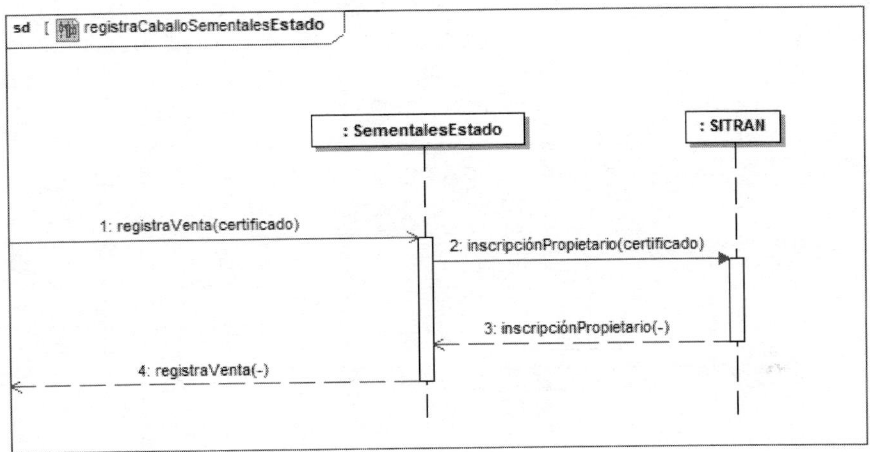


*Figura 5.15 - Ejemplo de marco de interacción con una puerta de entrada y una puerta de salida*

La figura 5.16 muestra cómo puede referenciarse el marco de interacción. El diagrama de secuencia de esta figura se corresponde con el ilustrado en la figura 5.14. El uso de una puerta de entrada y de salida del marco de interacción permite que cualquier otro actor diferente a `CriaderoCaballos` hubiera podido acceder al registro de la venta.

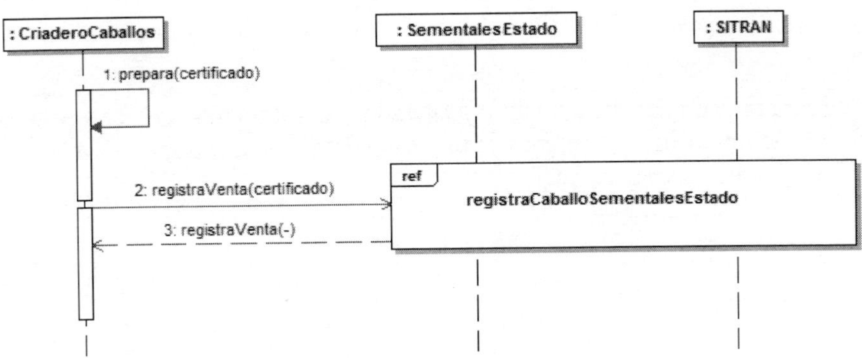


*Figura 5.16 - Ejemplo de diagrama de secuencia que hace referencia a un marco de interacción con una puerta de entrada y una puerta de salida*

La figura 5.17 ilustra la posibilidad que tiene un marco de interacción para recibir un parámetro de entrada así como para proporcionar un resultado. El nombre del resultado es igual al nombre del marco y el parámetro se indica entre paréntesis. El parámetro es una instancia de la clase `Clase` y el resultado es una instancia de la clase `Clase2`. Para ilustrar su uso, el marco de interacción describe las líneas de vida del parámetro (`param`) y del resultado.

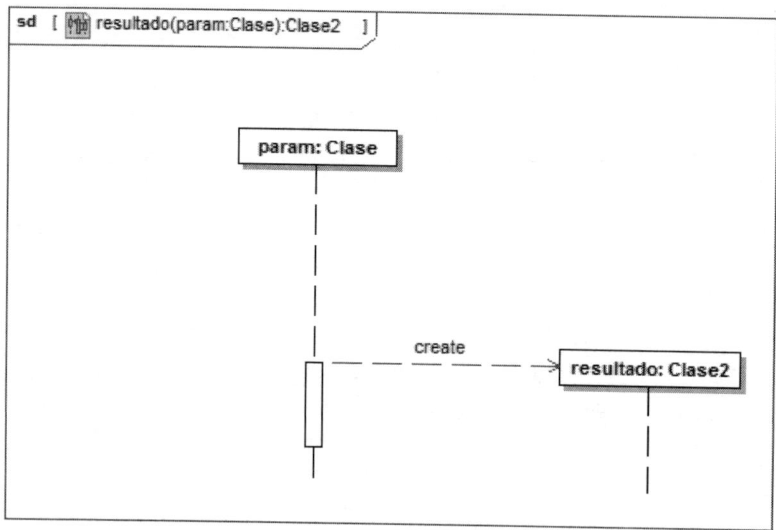


*Figura 5.17 - Ejemplo de marco de interacción que recibe un parámetro de entrada y proporciona un resultado*

La figura 5.18 ilustra otra posibilidad donde el parámetro del marco de interacción se utiliza como parámetro de un envío de mensaje y donde el resultado es el retorno del mismo mensaje.

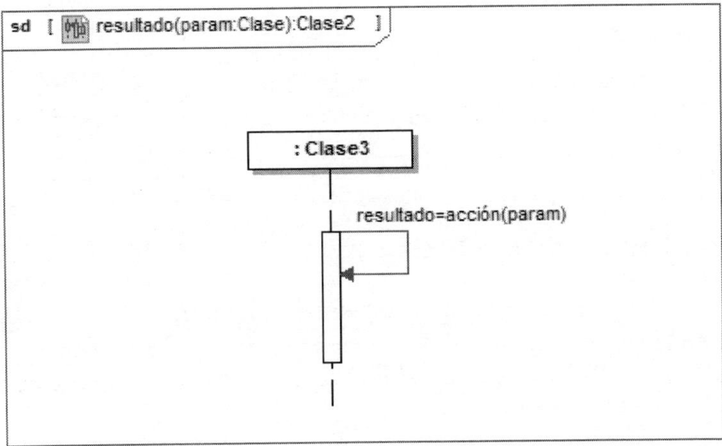


*Figura 5.18 - Segundo ejemplo de marco de interacción que posee un parámetro de entrada y proporciona un resultado*

Cuando se referencia este marco de interacción, conviene pasarle el valor del parámetro y asignar el resultado a alguna variable mediante una expresión que complete el nombre en el marco de referencia y cuya sintaxis se describe a continuación. Las partes indicadas entre corchetes son opcionales. El término `nombreObjeto` designa el nombre de alguno de los objetos que participan en el diagrama de secuencia. El operador de asignación es bien el operador simple =, o bien un operador combinado +=, -=, *=, /=, que encontramos en la mayoría de lenguajes de programación. El valor de retorno (resultado) puede, también, indicarse.

```
[nombreObjeto.atributo operadorAsignación] nombreMarcoInteracción
[(listaParámetros)][ : valorDeRetorno]
```

**Observación**

*Es posible acceder a un atributo mediante la sintaxis* `:nombreObjeto.nombreAtributo`*. Esta sintaxis se recomienda para acceder a los atributos y a los métodos de un objeto en una expresión.*

Ejemplo

```
:Clase.resultado = suma(1,2) : 3
```

Donde `suma` es el nombre de un marco de interacción que suma números enteros y `resultado` un atributo del objeto `:Clase` que participa en el diagrama de secuencia.

# 4. Los fragmentos combinados

Los fragmentos combinados son unidades de interacción definidas en UML. Ofrecen el soporte de numerosas construcciones como las alternativas, los bucles, el paralelismo, etc. y confieren al diagrama de secuencia el estatus de verdadero modelo de interacciones.

## 4.1 Introducción

Un fragmento combinado es una parte del diagrama de secuencia. Se representa mediante un rectángulo asociado a una etiqueta. Dicha etiqueta contiene un operador que determina la modalidad de ejecución. Las más utilizadas son la opción, la alternativa y el bucle.

## 4.2 La opción

La opción se obtiene utilizando el operador *opt* seguido de una condición con forma de expresión lógica (ver la figura 5.19). Si la condición se verifica, el contenido del fragmento se ejecuta.

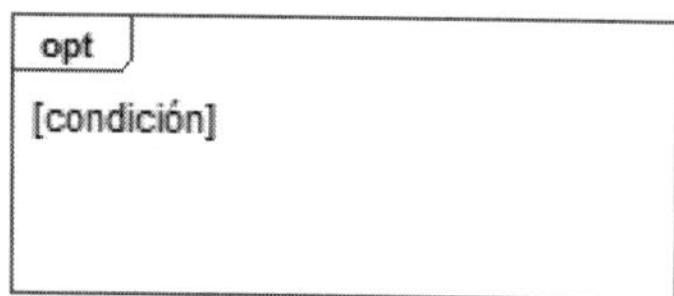


*Figura 5.19 - La opción*

## 4.3 La alternativa

La alternativa es un fragmento combinado que comprende varias condiciones de test y la palabra clave `else` (ver la figura 5.20). El fragmento se divide en varias partes cuyo contenido sólo se ejecuta si se cumple la condición asociada. El contenido de la última parte se asocia a la palabra clave `else` (si no) y sólo se ejecuta si no se verifica ninguna de las condiciones precedentes.

**Observación**

*La parte asociada a la palabra clave `else` no es obligatoria.*

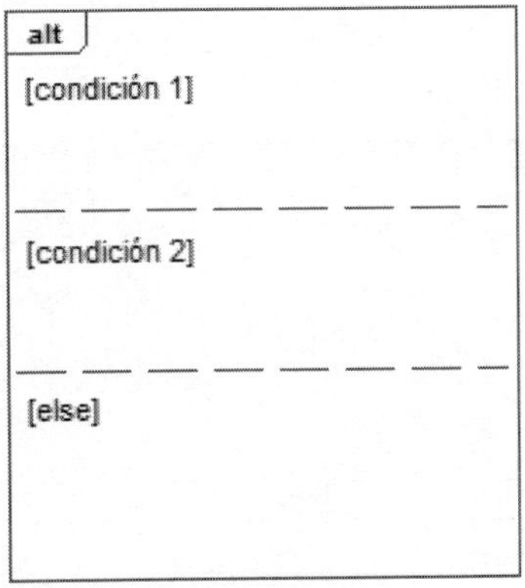

alt
[condición 1]
[condición 2]
[else]

*Figura 5.20 - La alternativa*

## 4.4 El bucle

El bucle se efectúa mediante el operador *loop* seguido de los parámetros `min`, `max` y está asociado a una condición (ver la figura 5.21). El contenido del fragmento se ejecuta `min` veces. Después sólo lo hace mientras que se verifique la condición de test y el número máximo de ejecuciones del bucle no exceda de `max`. Todos los parámetros y la condición son opcionales.

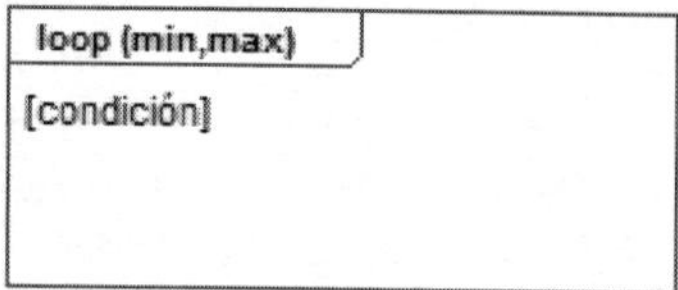


*Figura 5.21 - El bucle*

Ejemplo

Un jinete puede intentar superar un obstáculo un determinado número de veces, pero sin sobrepasar dos intentos fallidos, como muestra la figura 5.22.

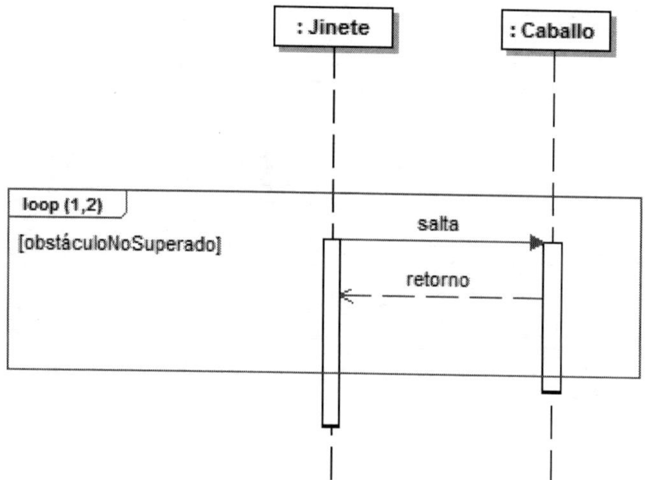


*Figura 5.22 - Ejemplo de bucle*

## 4.5 El operador break

El operador `break` puede compararse a la opción. Si la condición del fragmento se verifica, entonces su contenido se ejecuta y, a diferencia de la opción, la ejecución del fragmento que lo contiene se termina inmediatamente. Si no existe un fragmento que lo contiene, entonces finaliza la ejecución del diagrama de secuencia.

La figura 5.23 ilustra este fragmento. Si su condición se verifica, entonces su contenido se ejecuta y a continuación la ejecución del bucle que lo contiene se termina repentinamente.

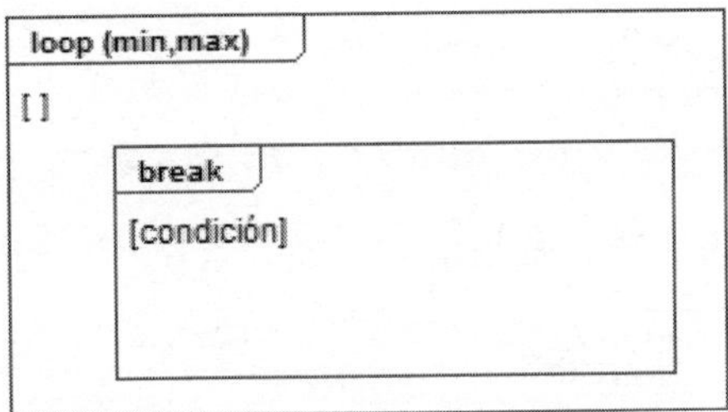


*Figura 5.23 - El operador* `break`

## 4.6 El paralelismo

El paralelismo (ver la figura 5.24) es un fragmento combinado que se divide en varias secciones, donde cada una de ellas se ejecuta simultáneamente. La ejecución de cada sección se somete a una condición. El comienzo de la ejecución de cada sección no está determinado.

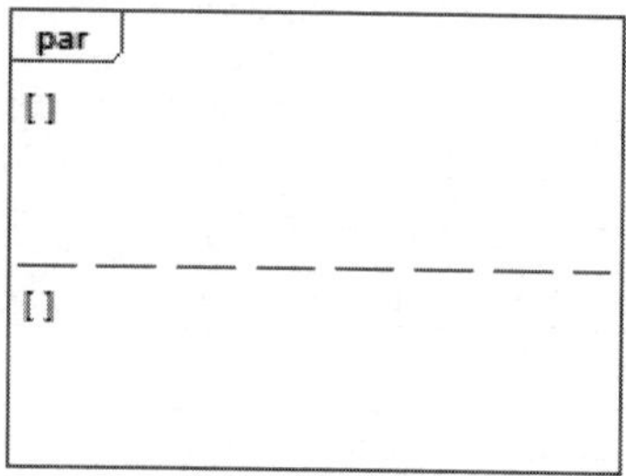


*Figura 5.24 - El paralelismo*

Ejemplo

La figura 5.25 muestra las órdenes que un jinete envía a su caballo para detenerlo mientras corre. Ambas órdenes se representan por envíos de mensajes realizados en paralelo.

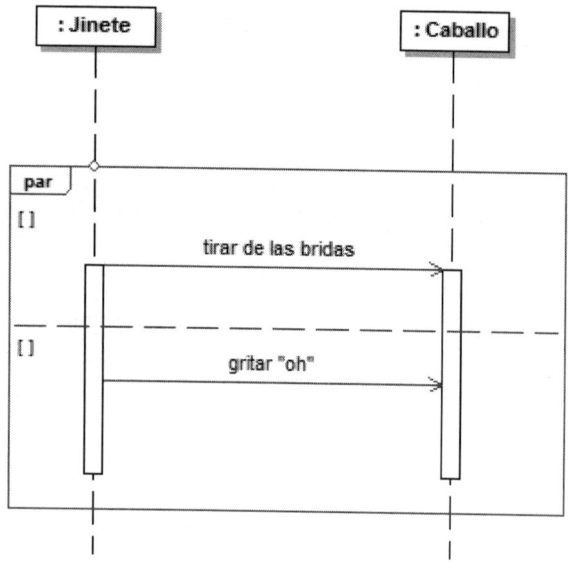


*Figura 5.25 - Ejemplo de paralelismo*

## 4.7 La secuencia débil

La secuencia débil (ver la figura 5.26) es un fragmento combinado que incluye varias secciones introducidas en un orden cronológico. Este fragmento cuenta con las siguientes propiedades para definir el orden de procesamiento de los mensajes:

- Dentro de cada sección, la especificación existente del orden de procesamiento de los mensajes se mantiene.
- Los mensajes vinculados a la activación de líneas de vida diferentes en las distintas secciones pueden tratarse en cualquier orden.
- Los mensajes que dan pie a la activación de la misma línea de vida en las diferentes secciones se ordenan de manera que el mensaje incluido en la sección que llega en primer lugar según el orden cronológico se trata el primero.

La secuencia débil es equivalente al paralelismo en la medida en que los mensajes incluidos en cada sección activan líneas de vida diferentes a las líneas de vida activadas en las demás secciones. La secuencia débil es equivalente a la secuencia estricta en la medida en que los mensajes incluidos en las distintas secciones activan una única línea de vida.

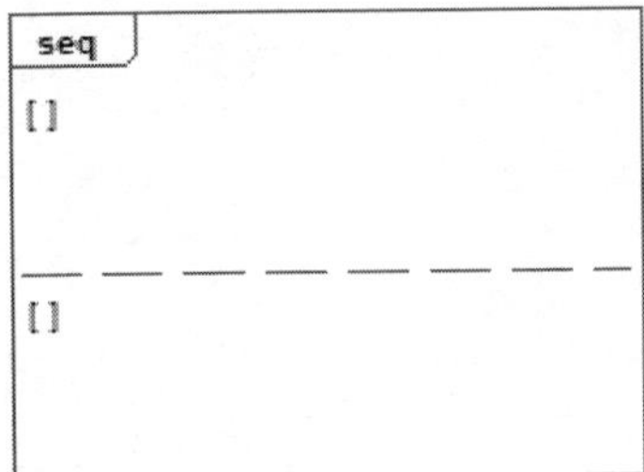


*Figura 5.26 - La secuencia débil*

## 4.8 La secuencia estricta

La secuencia estricta (ver la figura 5.27) es un fragmento combinado que contiene varias secciones introducidas en orden cronológico. Este fragmento permite garantizar que el orden de procesamiento de los mensajes se respeta estrictamente, es decir, que no se envía ningún mensaje de ninguna sección si todavía no se han procesado todos los mensajes de la sección anterior.

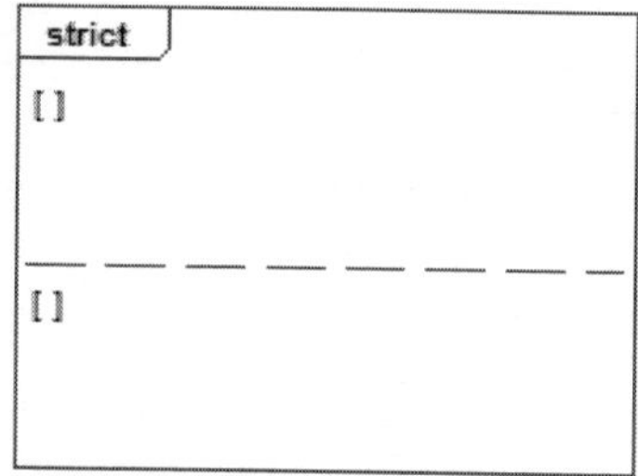


*Figura 5.27 - La secuencia estricta*

## 4.9 La negación

La negación (ver la figura 5.28) describe una secuencia prohibida. Habitualmente, los diagramas de secuencia describen las interacciones que se producen en el sistema salvo cuando se emplea este fragmento.

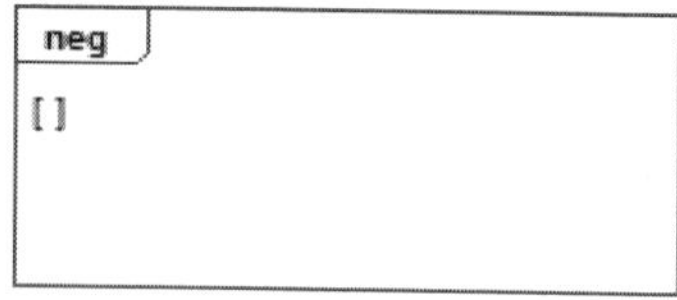


*Figura 5.28 - La negación*

Ejemplo

La figura 5.29 ilustra un ejemplo de negación. Está, en efecto, prohibido inicializar dos veces un mismo sistema (aquí una instancia de `Sys2`).

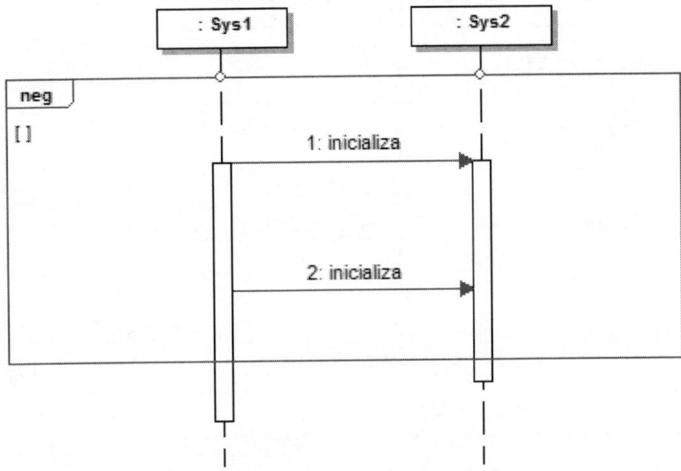


*Figura 5.29 - Ejemplo de negación*

## 4.10 La sección crítica

La sección crítica (ver la figura 5.30) describe un conjunto de envíos de mensaje que debe procesarse completamente antes de poder aceptar nuevos mensajes. La ejecución de este fragmento no puede, por lo tanto, interrumpirse para procesar otros mensajes salvo aquellos que se tratan en su contenido, como podría ocurrir si el fragmento estuviera, por ejemplo, contenido en un fragmento de paralelismo.

**Observación**

*Cada ejecución de la sección crítica es atómico, es decir, no puede dividirse.*

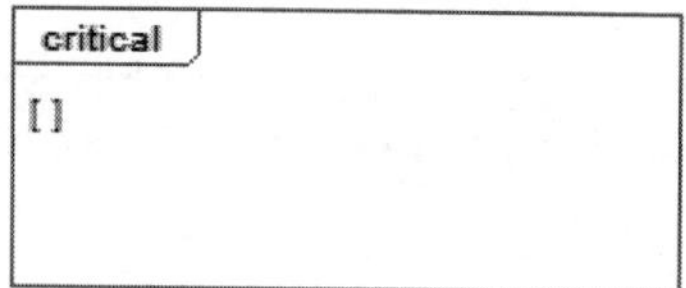


*Figura 5.30 - La sección crítica*

## 4.11 La aserción

En un momento dado, la aserción (ver la figura 5.31) describe el único conjunto de envíos de mensaje posible en el sistema, cualquier otra posibilidad supondría un error.

**Observación**

*Se trata de una noción cercana a las aserciones en los lenguajes de programación que especifican una condición acerca del estado del sistema que debe cumplirse para que dicho estado sea correcto.*

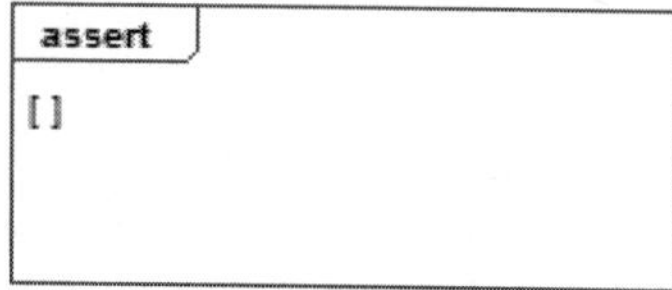


*Figura 5.31 - La aserción*

Ejemplo

Una aserción puede indicar que en el inicio de la ejecución conviene inicializar los distintos objetos de un sistema enviándoles el mensaje adecuado. Cualquier otro inicio de ejecución constituiría un error.

## 4.12 Utilización de los fragmentos combinados

Gracias a los diferentes elementos introducidos hasta el momento, ahora podemos describir la dinámica del sistema de manera más general.

Ejemplo

La figura 5.32 representa el caso de uso de compra de una yegua. A diferencia de lo que ocurre en la figura 5.12, se toman en cuenta las alternativas y bucles introducidos en el caso de uso. Concretamente, el diagrama de secuencia sólo se ejecuta hasta el final si el comprador confirma las vacunas y los partos. Se representa además el bucle de negociación del precio de venta.

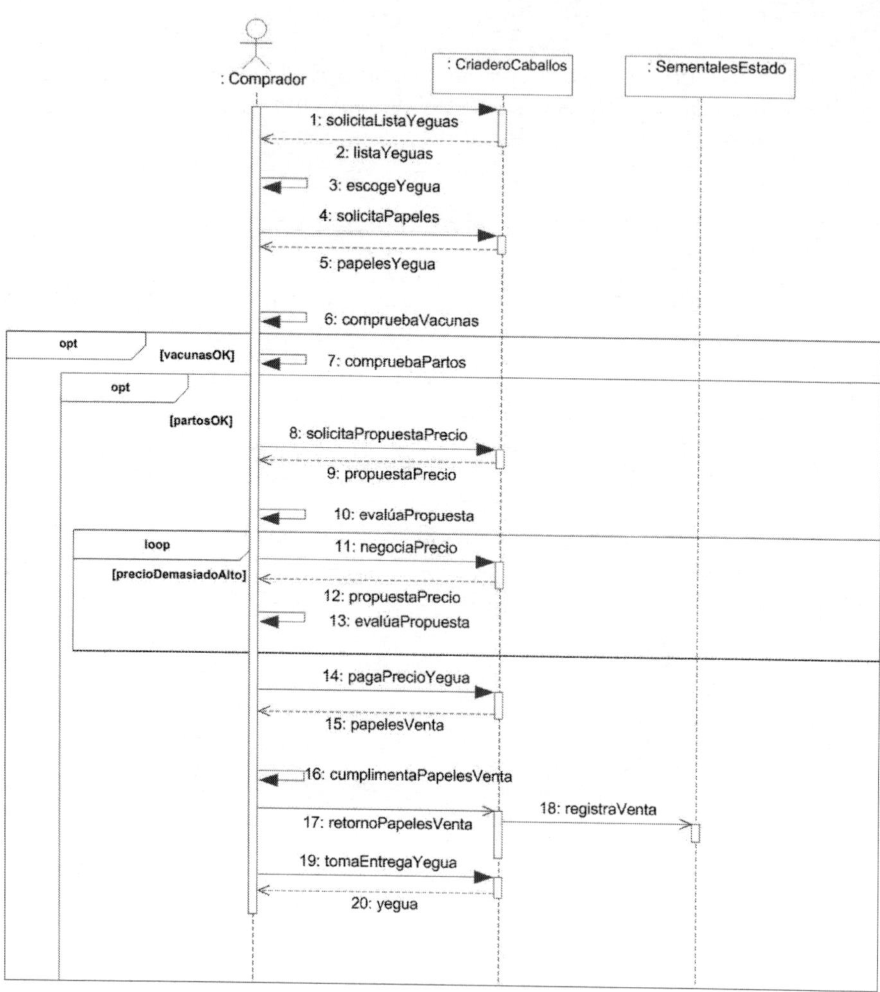


*Figura 5.32 - Diagrama de secuencia: representación del caso de uso de compra de una yegua*

# 5. Diagrama de comunicación

## 5.1 La representación de objetos

El diagrama de comunicación es una alternativa al diagrama de secuencia. Este se centra en una representación espacial de los objetos.

Los objetos intervienen en el diagrama de la misma forma que lo hacían en el diagrama de secuencia. Este está unido gráficamente a los objetos con los que interactúa.

**Observación**

*El marco en el que aparece el objeto se denomina también línea de vida, como en el diagrama de secuencia.*

## 5.2 El mensaje y el orden de los mensajes

Los envíos de mensajes se sitúan a lo largo de los vínculos entre objetos. Los mensajes deben numerarse obligatoriamente, se puede emplear la numeración compuesta estudiada en el apartado relativo a los diagramas de secuencia.

La figura 5.33 ilustra el diagrama de comunicación correspondiente al diagrama de secuencia de la figura 5.4.

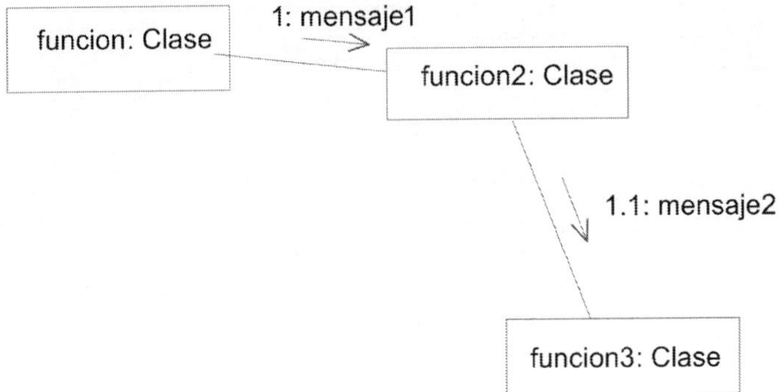


*Figura 5.33 - Diagrama de comunicación*

También es posible transmitir información (parámetros y devolver mensajes) durante el envío de la misma manera que en los diagramas de secuencia.

Ejemplo

En una manada hay una yegua dominante, que es la responsable de la educación de todos los potros. La yegua pasa el relevo a otra para que vigile a un potro en concreto.

En el ejemplo de la figura 5.34, la yegua dominante delega la vigilancia del potro Travieso a otra yegua, que da una orden al potro que éste se niega a obedecer y, a consecuencia de ello, recibe un castigo.

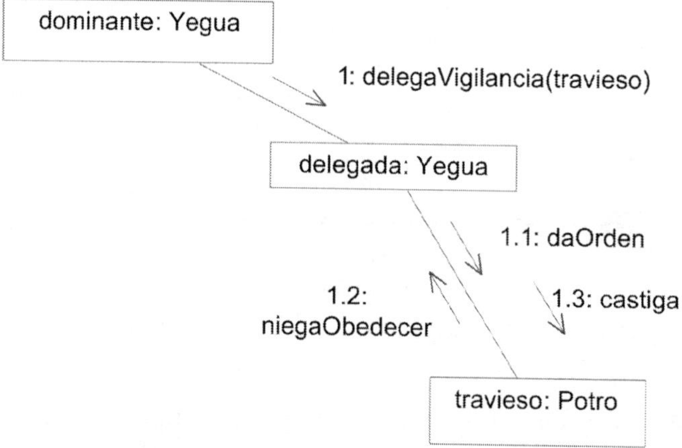


*Figura 5.34 - Diagrama de comunicación: la vigilancia del potro Travieso*

## 5.3 Los mensajes paralelos

Los mensajes enviados en paralelo se numeran mediante un número de orden que termina con una letra.

Ejemplo

La figura 5.35 corresponde a un ejemplo de dos mensajes enviados en paralelo. Se trata de órdenes que un jinete envía a su caballo para detenerlo mientras corre. La descripción de ambas órdenes se ha realizado previamente en la figura 5.25 mediante un diagrama de secuencia donde el paralelismo se introduce mediante el fragmento combinado correspondiente.

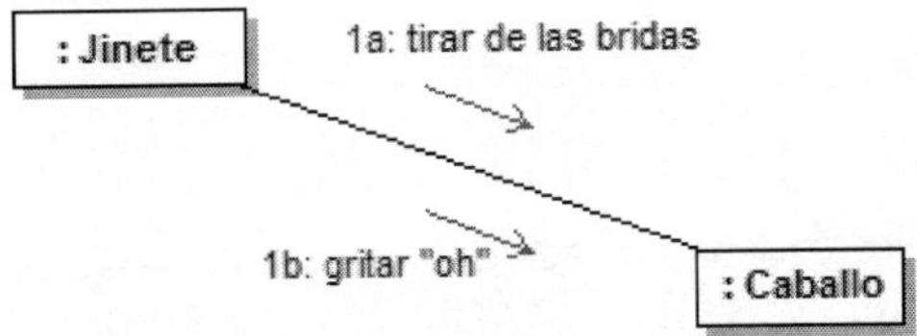


*Figura 5.35 - Introducción del paralelismo en un diagrama de comunicación*

## 5.4 Los mensajes iterativos

No existe ningún equivalente a los fragmentos combinados en el diagrama de comunicación, UML propone mecanismos de test y de bucle en el envío de los mensajes.

Los mecanismos de test se realizan mediante una condición especificada entre corchetes después del número del mensaje, lo que da la sintaxis siguiente:

```
Número[condición]: mensaje
```

Existe un mecanismo de bucle basado en una condición. El bucle se ejecuta siempre que la condición sea verdadera. Su sintaxis es esta:

```
Número*[condición]: mensaje
```

Ejemplo

Cuando un potro alcanza los 2 años, el semental lo expulsa de la manada.

La figura 5.36 presenta el mensaje para el potro Travieso.

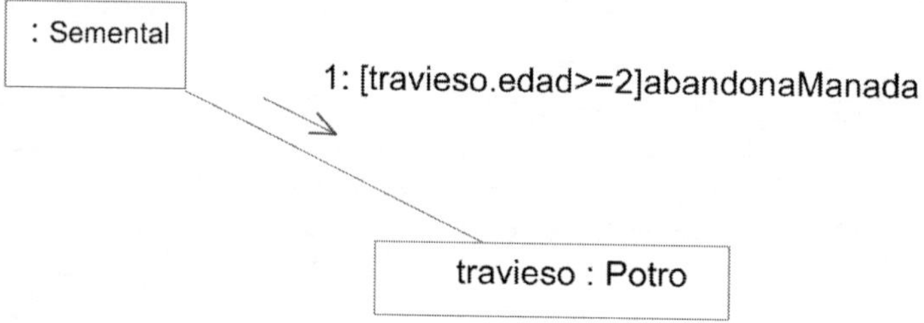


*Figura 5.36 - Ejemplo de condición: el potro Travieso debe abandonar la manada a los 2 años*

**Observación**

*La edad es un atributo del potro Travieso. Se accede a ella a través de la sintaxis `nombreObjeto.nombreAtributo`. Se recomienda esta sintaxis para acceder a los atributos y a los métodos de un objeto en una condición.*

## 5.5 Los mensajes iterativos y paralelos

Es posible especificar que los mensajes de un bucle se envían en paralelo. Para ello, hay que escribir una doble barra vertical a continuación del símbolo *. La sintaxis es la siguiente:

```
Número*||[condición]: mensaje
```

## 6. Descubrir los objetos del sistema

Hemos visto que resulta sencillo representar un caso de uso mediante un diagrama de secuencia.

En estos diagramas el sistema está representado en forma de objeto y las interacciones con el exterior se producen a lo largo de la línea de vida.

Para descubrir los objetos del sistema a partir de un caso de uso, la primera fase consiste en preguntarse a qué objetos del sistema están destinados los mensajes procedentes del exterior.

Determinar esto constituye una primera etapa de descomposición del sistema en objetos.

Ejemplo

En el ejemplo del caso de uso de compra de una yegua, las interacciones entre el comprador y el criadero de caballos pueden descomponerse en interacciones entre el comprador, por un lado, y el director, el contable o el mozo de las caballerizas, por otro (ver figura 5.37).

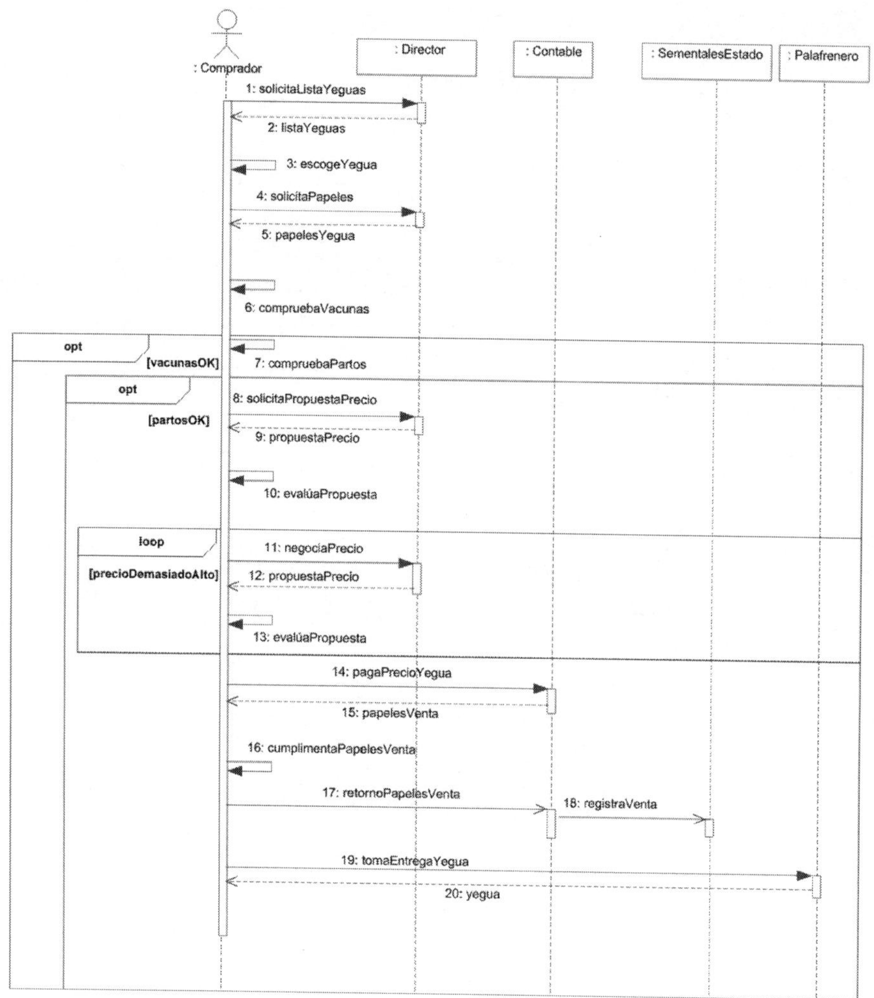


*Figura 5.37 - Primer enriquecimiento del diagrama de secuencia de compra de una yegua*

En una segunda fase se descomponen progresivamente los mensajes recibidos por los objetos; poco a poco se van descubriendo así los objetos del sistema. La descomposición de los mensajes obliga a utilizar nuevos objetos que responden a las funcionalidades requeridas.

La descomposición se acompaña a menudo de un enriquecimiento de la descripción de los mensajes en la transmisión de informaciones. El tratamiento de dichas informaciones implica con frecuencia la utilización de nuevos objetos.

Ejemplo

Cuando el director recibe la solicitud de los papeles de la yegua, recurre a la base de datos del criadero para encontrarlos. En consecuencia, el diagrama de secuencia correspondiente se enriquece con la figura 5.38 (vista parcial correspondiente a la búsqueda de los papeles). A partir de entonces, la yegua elegida se transmite dentro del diagrama como parámetro. De esta forma, es posible encontrar sus papeles en la base de datos del criadero.

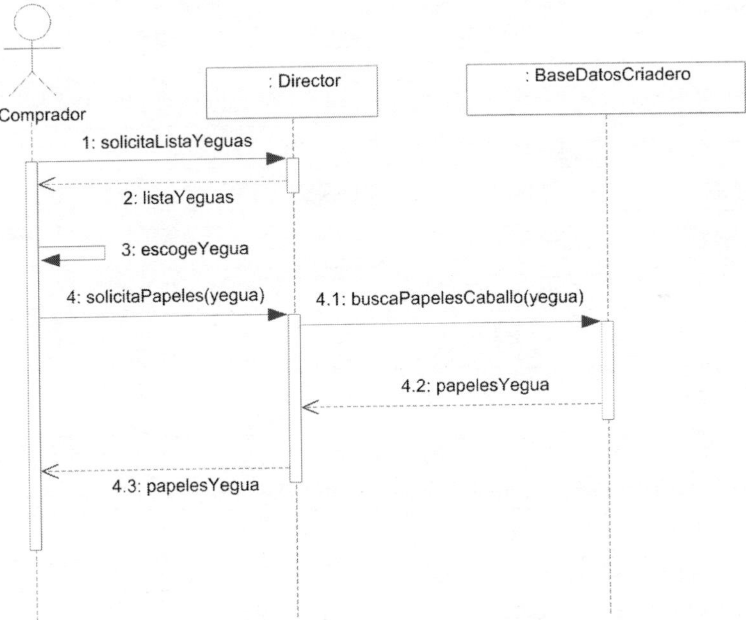


*Figura 5.38 - Segundo enriquecimiento del diagrama de secuencia de compra de una yegua (vista parcial)*

Ejemplo

Cuando el contable recibe el pago, redacta los papeles de venta antes de enviarlos al comprador. Esta descomposición introduce un nuevo objeto del sistema: los papeles de venta, como ilustra la figura 5.39.

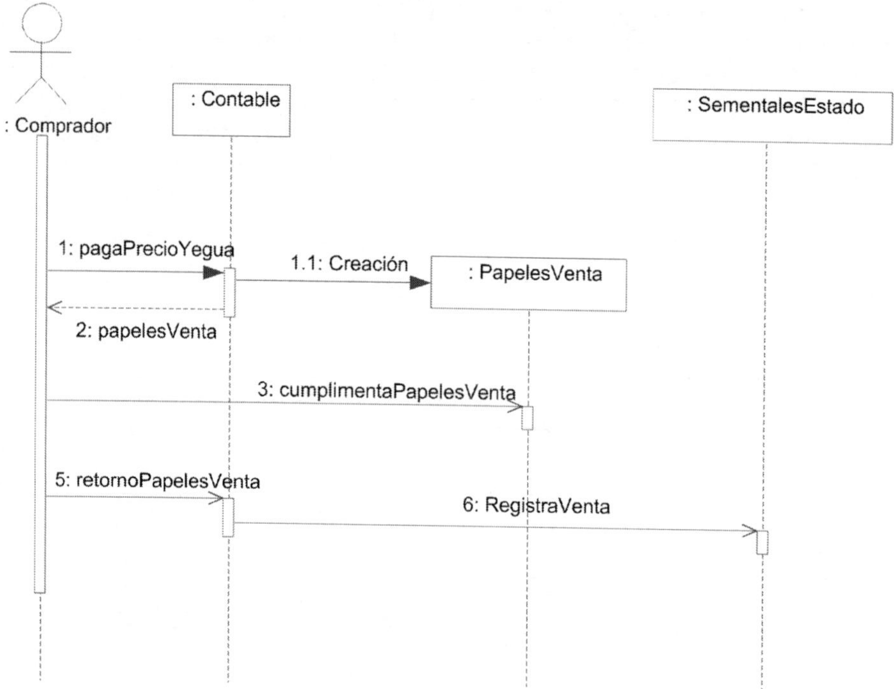


*Figura 5.39 - Tercer enriquecimiento del diagrama de secuencia de compra de una yegua (vista parcial)*

El proceso de descomposición de los mensajes es iterativo y debe continuarse hasta obtener objetos de tamaño suficientemente preciso.

**Observación**

*A menudo se emplea la palabra grano para designar el tamaño de un objeto. Existe todo un abanico de granos, desde el más fino hasta el más grueso. El sistema, tomado como un único objeto, es un objeto de grano grueso o de granulado significativo. Por el contrario, la base de datos de la granja de cría es un objeto de granulado más fino. Dentro de ella, las tablas o los datos serán objetos de granulado aún más fino. Esta noción es relativa. La persona encargada del modelado será quien determine el nivel de grano de los objetos que desea obtener.*

## 7. Conclusión

Los diagramas de secuencia y de comunicación son importantes para lo siguiente:

- Ilustrar y comprobar el comportamiento de un conjunto de objetos (sistema o subsistema);
- Ayudar a descubrir los objetos del sistema;
- Ayudar a descubrir los métodos de los objetos.

Gracias a los fragmentos combinados, los diagramas de secuencia pueden utilizarse para describir casos de uso.

Los diagramas de secuencia ponen en primer plano los aspectos temporales, mientras que los diagramas de comunicación muestran los vínculos entre clases.

## 8. Ejercicios

### 8.1 El hipódromo

Construya el diagrama de secuencia de compra de una entrada para una carrera de caballos.

¿Cuáles son los objetos del sistema descubiertos así?

### 8.2 La central de compra de caballos

Construya el diagrama de secuencia de un pedido de productos en la página Web de la central de compra de caballos.

¿Cuáles son los objetos del sistema descubiertos así?

# Capítulo 6
# Modelado de objetos

## 1. Introducción

El objetivo del presente capítulo es dar a conocer las técnicas UML de modelado estático de objetos.

Dicho modelado se denomina estático porque no describe las interacciones o el ciclo de vida de los objetos, sino que los métodos se introducen desde un punto de vista estático, sin describir su encadenamiento.

Estudiaremos el diagrama de clases. Este diagrama contiene los atributos, métodos y asociaciones de los objetos. Como ya vimos en el capítulo Conceptos de la orientación a objetos, son las clases las que realizan la descripción.

Este diagrama es fundamental para el modelado de un sistema mediante objetos. De todos los diagramas UML, éste es el único obligatorio para ese tipo de modelado.

Veremos de qué manera el lenguaje OCL (*Object Constraint Language* o lenguaje de especificación orientado a objetos) puede extender el diagrama de clases para expresar con mayor riqueza las especificaciones. A continuación, el diagrama de objetos nos mostrará cómo ilustrar la modelización realizada en el diagrama de clases. Por último, descubriremos cómo describir objetos compuestos mediante un diagrama de estructura compuesta.

El uso del OCL, del diagrama de objetos o del diagrama de estructura compuesta es opcional, depende de las especificaciones del proyecto de modelado.

## 2. Conocer los objetos del sistema por descomposición

En el capítulo Modelado de la dinámica, estudiamos cómo descubrir los objetos desde un punto de vista dinámico. Primero presentamos los casos de uso en forma de diagrama de secuencias y luego enriquecimos dichos diagramas mediante el envío de mensajes para descubrir los objetos del sistema.

La descomposición de los mensajes hace aparecer los objetos del sistema, ya que conduce a mensajes más finos cuyo destinatario conviene buscar.

Otro posible planteamiento es la descomposición de la información contenida en un objeto. Con frecuencia, esta información es demasiado compleja para ser representada sólo por la estructura de un único objeto. A veces, también debe repartirse entre varios objetos.

Ejemplo

En el ejemplo del capítulo Modelado de la dinámica, el director busca los papeles (la información) de la yegua que desea vender en la base de datos de la granja de cría. La base constituye un objeto de granulado grueso compuesto a su vez por otros objetos, como los papeles de los caballos, las informaciones económicas o contables y los documentos de compraventa de los caballos. Los papeles de una yegua están compuestos, entre otras cosas, por la cartilla de vacunación y los papeles de sus crías. Los papeles de las crías se comparten con otros objetos como, por ejemplo, los papeles del padre semental. Esta descomposición se guía por datos y no por aspectos dinámicos. La figura 6.1 ilustra la composición de `PapelesYegua` en el diagrama de clases.

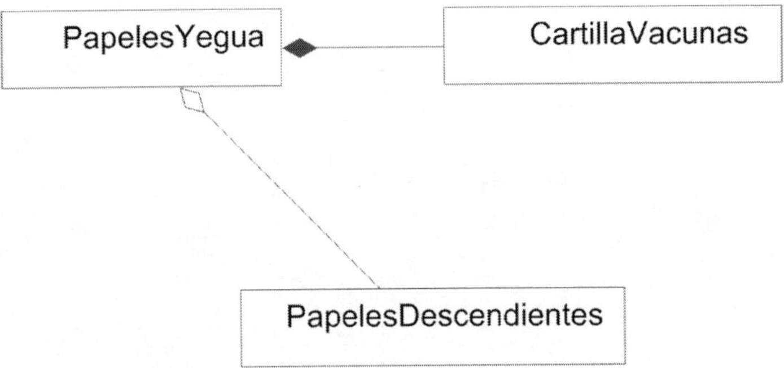


*Figura 6.1 - Composición de* `PapelesYegua`

**Observación**

*Recordemos que el granulado de un objeto define su tamaño. El sistema, tomado como un objeto, es de grano grueso o granulado importante. Por el contrario, la cartilla de vacunación de un caballo es un objeto de grano mucho más fino que el sistema.*

Ejemplo

La descomposición de un caballo con el fin de mostrar sus diferentes órganos puede hacerse, bien mediante la descomposición de un diagrama de secuencia o bien mediante la descomposición guiada por datos.

La descomposición con el diagrama de secuencia consiste en analizar diferentes envíos de mensajes: dar miedo, correr, comer, dormir. Los mensajes harán aparecer progresivamente los diferentes órganos del caballo. En la figura 6.2, presentamos la descomposición del mensaje `darMiedo`. Los caballos dilatan las aletas de la nariz cuando están alerta, sorprendidos o tienen miedo. Aprietan la boca cuando están tensos o enfadados. Las coces, finalmente, constituyen un movimiento defensivo.

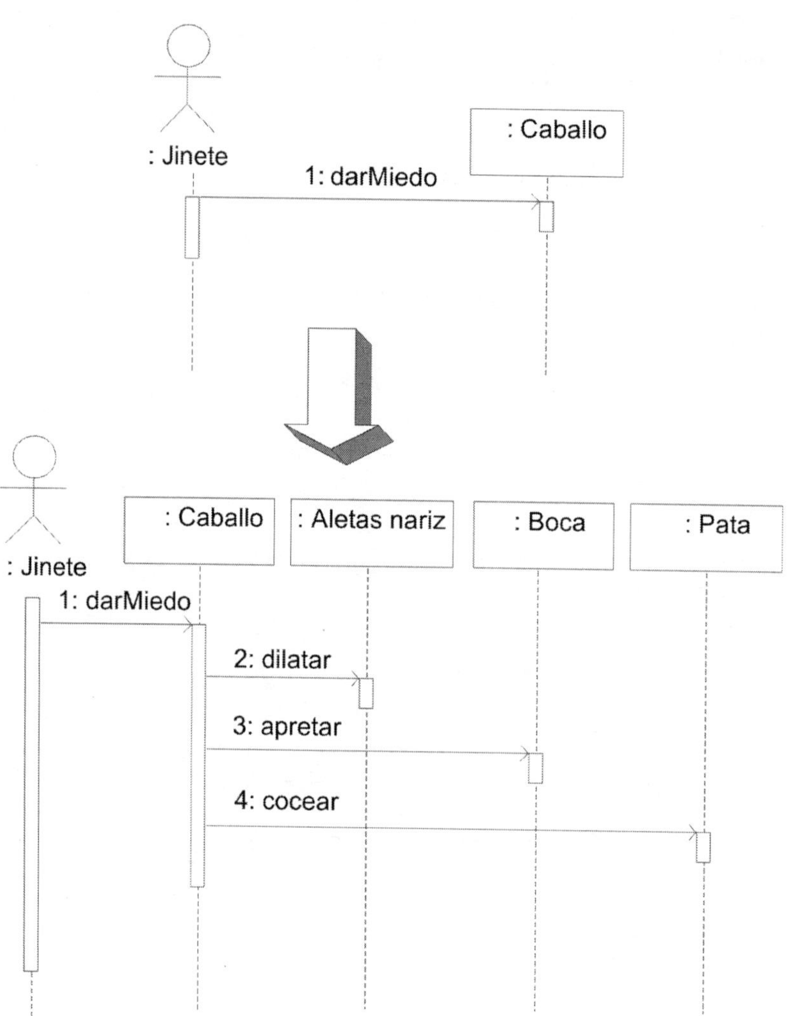


*Figura 6.2 - Conocimiento de los objetos mediante enriquecimiento del diagrama de secuencia*

La descomposición guiada por datos consiste en estudiar directamente los diferentes órganos de un caballo y tenerlos en cuenta en el diagrama de clases. En la figura 6.3 se representa un caballo compuesto por sus diferentes órganos.

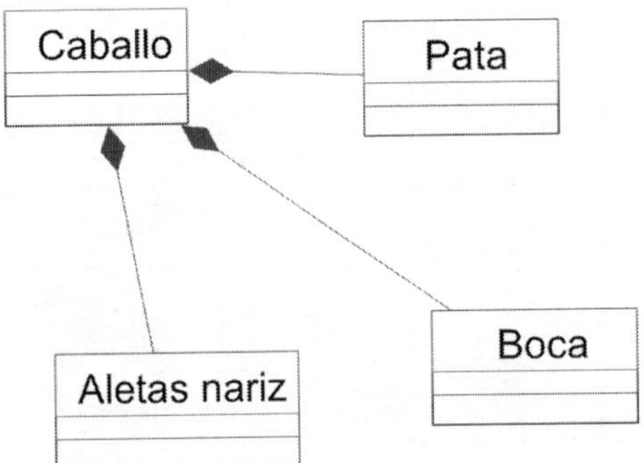


*Figura 6.3 - Composición de* `Caballo`

**Observación**

*La descomposición mediante diagramas de secuencia, y la descomposición por datos, son formas naturales de conocer los objetos, lo cual es normal, ya que un objeto es la unión de una estructura y un comportamiento. Por último, conviene destacar que ambos planteamientos no son incompatibles.*

**Observación**

*La descomposición guiada por datos es más eficaz cuando la persona encargada del modelado conoce bien el tema. La descomposición mediante objetos se realiza entonces de manera inmediata.*

# 3. Representación de clases

## 3.1 La forma simplificada de representación de clases

Los objetos del sistema se describen mediante clases. Presentamos una forma simplificada de representación de las clases en UML en la figura 6.4. La representación consta de tres partes.

| NombreClase |
| --- |
| nombreAtributo1<br>nombreAtributo2<br>nombreAtributo3 |
| nombreMétodo1()<br>nombreMétodo2() |

*Figura 6.4 - Representación simplificada de una clase en UML*

La primera parte contiene el nombre de la clase.

**Observación**

*Recordemos que el nombre de las clases se escribe en singular y está formado por un nombre común precedido o seguido de uno o varios adjetivos que lo califican. Dicho nombre es representativo del conjunto de objetos que forman la clase, representa la naturaleza de las instancias de una clase.*

La segunda parte contiene los atributos. Éstos contienen a su vez la información de los objetos. El conjunto de atributos forma la estructura del objeto.

La tercera parte contiene los métodos, que corresponden a los servicios ofrecidos por el objeto y pueden modificar el valor de los atributos. El conjunto de métodos forma el comportamiento del objeto.

**Observación**

*El número de atributos y métodos varía de acuerdo con la clase. No obstante, se desaconseja emplear un número elevado de atributos y métodos ya que, en general, éste refleja una mala concepción de la clase.*

Ejemplo

La figura 6.5 muestra la clase `Caballo` como ejemplo de representación simplificada de una clase en UML.

| Caballo |
|---|
| nombre<br>edad<br>tamaño<br>peso<br>facultadVisual<br>facultadAuditiva |
| darMiedo()<br>cocear()<br>dilatarAletas()<br>apretarBoca() |

*Figura 6.5 - La clase* `Caballo`

Esta es la forma más simple de representación de las clases porque no hace aparecer las características de los atributos y de los métodos, a excepción de su nombre. Se utiliza a menudo en las primeras fases del modelado.

Antes de examinar las representaciones más completas, debemos abordar las nociones esenciales de encapsulación, tipo y firma de los métodos.

## 3.2 La encapsulación

Introdujimos el concepto de encapsulación en el capítulo Conceptos de la orientación a objetos. Algunos atributos y métodos no se exponen en el exterior del objeto, sino que son encapsulados y reciben el nombre de atributos y métodos privados del objeto.

UML, al igual que la mayoría de lenguajes modernos orientados a objetos, introduce tres posibilidades de encapsulación:

- El atributo privado o el método privado: la propiedad no se expone fuera de la clase, ni tampoco dentro de sus subclases;

– El atributo protegido o el método protegido: la propiedad sólo se expone en las instancias de la clase y de sus subclases;
– La encapsulación de empaquetado: la propiedad sólo se expone en las instancias de clases del mismo empaquetado. Abordaremos la noción de empaquetado en el capítulo Estructuración de los elementos de modelado.

La noción de propiedad privada se utiliza raramente, ya que conduce a establecer una diferencia entre las instancias de una clase y las de sus subclases. Esta diferencia está vinculada a aspectos bastante sutiles de la programación con objetos. La encapsulación de empaquetado, por su parte, procede del lenguaje Java y se reserva a la escritura de diagramas destinados a los desarrolladores.

Nosotros sugerimos el uso de la encapsulación protegida.

**Observación**

*Curiosamente, la mayoría de modelados emplean la encapsulación privada, pero ello se debe, en nuestra opinión, a que sus autores no han prestado atención a la diferencia existente entre encapsulación privada, protegida o de empaquetado. Eso fue justamente lo que nosotros hicimos, para simplificar las cosas, en el capítulo Conceptos de la orientación a objetos.*

La encapsulación se representa con un signo más, un signo menos, una almohadilla o una tilde colocados antes del nombre del atributo. En el siguiente cuadro se detalla el significado de los signos.

| | | |
|---|---|---|
| público | + | elemento no encapsulado visible para todos. |
| protegido | # | elemento encapsulado visible en las subclases de la clase. |
| privado | - | elemento encapsulado visible sólo en la clase. |
| empaquetado | ~ | elemento encapsulado visible sólo en las clases del mismo empaquetado. |

Ejemplo

La figura 6.6 muestra la clase `Caballo` con las características de encapsulación.

| Caballo |
| --- |
| +nombre<br>+edad<br>+tamaño<br>+peso<br>#facultadVisual<br># facultadAuditiva |
| + darMiedo()<br>#cocear()<br>#dilatarAletas()<br>#apretarBoca() |

*Figura 6.6 - La clase `Caballo` con las características de encapsulación*

## 3.3 Los tipos

En este caso, llamamos variable a cualquier atributo, parámetro o valor de retorno de un método. De manera general, llamamos variable a cualquier elemento que pueda tomar un valor.

El tipo es una especificación aplicada a una variable. Consiste en fijar el conjunto de valores posibles que la variable puede tomar. Dicho conjunto puede ser una clase, en cuyo caso la variable debe contener una referencia a una instancia de la misma y puede ser estándar, como el conjunto de enteros, cadenas de caracteres, boleanos o reales. En estos últimos casos, el valor de la variable debe ser respectivamente un entero, una cadena de caracteres, un valor boleano y un real.

Los tipos estándar se designan del siguiente modo:

- `Integer` para el tipo de los enteros;
- `String` para el tipo de las cadenas de caracteres;
- `Boolean` para el tipo de los boleanos;
- `Real` para el tipo de los reales.

Ejemplo

1 ó 3 ó 10 son ejemplos de valores de entero. «Caballo» es un ejemplo de cadena de caracteres en la cual se ha optado por las comillas como separadores. `False` y `True` son los dos únicos valores posibles del tipo `Boolean`.

3.1415, donde el punto hace la función de separador de decimales, es un ejemplo bien conocido de número real.

Veremos que, en general, solo se recurre a una clase para tipar un atributo si esta es una clase de una biblioteca externa al sistema modelado o una interfaz. Es posible utilizar clases del sistema para dar un tipo a un atributo. Sin embargo, en este caso, es a menudo preferible recurrir a las asociaciones interobjetos.

Por el contrario, el tipo de un parámetro o del retorno de un método puede ser un tipo estándar o una clase, pertenezca o no al sistema.

El tipo de un atributo, de un parámetro y del valor de retorno de un método se especifica en la representación de clase.

Ejemplo

La figura 6.7 muestra la clase `Caballo`, en la cual se ha establecido el tipo de todos los atributos. Los atributos de esta clase utilizan tipos estándar.

| Caballo |
| --- |
| + nombre: String<br>+ edad: Integer<br>+ tamaño: Integer<br>+ peso: Integer<br># facultadVisual: Integer<br># facultadAuditiva: Integer |
| + darMiedo()<br># cocear()<br># dilatarAletas()<br># apretarBoca() |

*Figura 6.7 - La clase `Caballo` con el tipo de los atributos*

## 3.4 La cardinalidad

Una variable (atributo, parámetro y valor de retorno de un método) puede contener varios valores. En la mayoría de lenguajes de programación, dicha variable se denomina un array o una lista.

La cardinalidad se indica a continuación del tipo con la siguiente sintaxis:

```
[extremoInf..extremoSup]
```

El número de valores que recibe la variable está comprendido entre `extremoInf` y `extremoSup`. Es posible indicar un único extremo para precisar el número de valores que debe recibir exactamente la variable. Es posible utilizar, también, el símbolo * como `extremoSup`. Significa que no existe ningún extremo superior que limite el número de valores que puede recibir la variable. La sintaxis `[0..*]` también puede escribirse `[*]`.

Ejemplo

Supongamos que un caballo puede poseer varios nombres con un mínimo de 1 y un máximo de 3. La sintaxis para el atributo `nombre` sería entonces la siguiente:

```
+ nombre : String[1..3]
```

## 3.5 Las propiedades de las variables

UML permite asignar propiedades a una variable (atributo, parámetro y valor de retorno de un método) indicándolo entre llaves. Las siguientes propiedades figuran entre las más utilizadas.

`{readOnly}`: esta propiedad indica que la variable no puede modificarse. Debe inicializarse con un valor por defecto.

`{redefines nombreAtributo}`: esta propiedad solo puede aplicarse a un atributo. Especifica la redefinición del atributo llamado `nombreAtributo` de alguna de las superclases. La redefinición puede realizarse tanto sobre el nombre del atributo como sobre su tipo. En caso de cambio de tipo, el nuevo tipo debe ser compatible con el antiguo, es decir que su conjunto de valores debe estar incluido en el conjunto de valores del antiguo tipo.

`{ordered}`: cuando una variable puede contener varios valores (cardinalidad superior a 1), los valores deben estar ordenados.

`{unique}`: cuando una variable puede contener varios valores (cardinalidad superior a 1), cada valor debe ser único (se prohíbe la existencia de duplicados). Esta propiedad se aplica por defecto.

`{nonunique}`: cuando una variable puede contener varios valores (cardinalidad superior a 1), pueden existir duplicados.

Para asignar varias propiedades a una variable, es preciso separarlas por comas.

Ejemplo

Retomamos el caso en que un caballo puede poseer varios nombres con un mínimo de 1 y un máximo de 3. Queremos, ahora, que el atributo multivalor esté compuesto de nombres únicos y ordenados. Utilizaremos la siguiente sintaxis:

```
+ nombre : String[1..3]{unique, ordered}
```

## 3.6 Firma de los métodos

Un método de una clase puede tomar parámetros y devolver un resultado. Los parámetros son valores transmitidos:

- En la ida, al enviar un mensaje que llama a un método;
- O en el retorno de llamada del método.

El resultado es un valor transmitido al objeto que efectúa la llamada cuando ésta se devuelve.

Estos parámetros y el resultado pueden estar tipados. El conjunto constituido por el nombre del método, los parámetros con su nombre, su tipo, su cardinalidad, sus propiedades así como el tipo de resultado con su cardinalidad y sus propiedades se conoce como firma del método.

Una firma adopta la siguiente forma:

```
nombreMétodo (dirección nombreParámetro :
tipo[extremoInf..extremoSup]=ValorPorDefecto{propiedades}, ...) :
tipoResultado[extremoInf..extremoSup]{propiedades}
```

Recordemos que el nombre de los parámetros puede ser nulo y que el tipo de resultado es opcional.

Es posible indicar la dirección en la cual el parámetro se transmite colocando delante del nombre del parámetro una palabra clave. Las tres palabras clave posibles son:

- `in`: el valor del parámetro sólo se transmite al efectuar la llamada;
- `out`: el valor del parámetro sólo se transmite en el retorno a la llamada del método;

– `inout`: el valor del parámetro se transmite en la llamada y en el retorno.

Si no se especifica ninguna palabra clave, el valor del parámetro sólo se transmite en la llamada.

**Observación**

*Las direcciones `out` y `inout` no son compatibles con llamadas en modo asíncrono en las que aquél que efectúa la llamada no espera el retorno de llamada del método.*

Ejemplo

La figura 6.8 muestra la clase `Caballo`, cuyo método `darMiedo` se ha provisto de un parámetro (la intensidad con la que el jinete provoca miedo) y de un retorno (la intensidad del miedo que siente el caballo). Ambos valores son enteros. El resto de métodos no toma parámetros ni devuelve resultados.

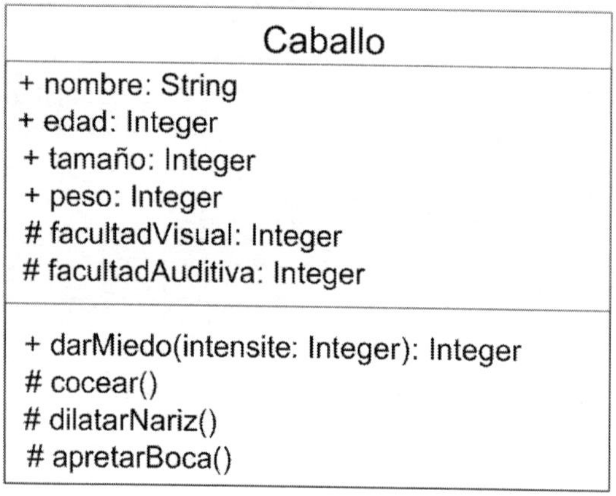

| Caballo |
|---|
| + nombre: String<br>+ edad: Integer<br>+ tamaño: Integer<br>+ peso: Integer<br># facultadVisual: Integer<br># facultadAuditiva: Integer |
| + darMiedo(intensite: Integer): Integer<br># cocear()<br># dilatarNariz()<br># apretarBoca() |

*Figura 6.8 - La clase `Caballo` con la firma de los métodos*

## 3.7 La forma completa de representación de las clases

La representación completa de las clases muestra los atributos con las características de encapsulación, el tipo y los métodos con la firma completa.

También es posible asignar valores predeterminados a los atributos y a los parámetros de un método. El valor predeterminado de un atributo es el que se le atribuye al crear un nuevo objeto. El valor predeterminado de un parámetro se utiliza cuando aquél que llama a un método no proporciona explícitamente el valor del parámetro en el momento de la llamada.

La figura 6.9 ilustra la representación completa de una clase. Por supuesto, es posible escoger una representación intermedia entre la representación simplificada y la representación completa.

| **NombreClase** |
| --- |
| +nombreAtributo1: tipoAtributo1 [extremoInf..extremoSup] = valorDefecto {propiedades}<br>#nombreAtributo2: tipoAtributo2 [extremoInf..extremoSup] = valorDefecto {propiedades}<br>-nombreAtributo3: tipoAtributo3 [extremoInf..extremoSup] = valorDefecto {propiedades} |
| +nombreMétodo1(param1: tipoParam1 [extremoInf..extremoSup] = valorDefecto {propiedades}, inout param2: tipoParam2): tipoRetorno<br>+nombreMétodo2(out param: tipoParam [extremoInf..extremoSup] = valorDefecto {propiedades}): tipoRetorno [extremoInf..extremoSup] {propiedades} |

*Figura 6.9 - Representación completa de una clase en UML*

**Observación**

*La representación completa interesa sobre todo a los desarrolladores encargados de realizar el programa, previamente al modelado. Disponen así de una descripción de la clase muy similar a la que deben utilizar en su lenguaje de programación.*

## 3.8 Los atributos y los métodos de clase

Las instancias de una clase contienen un valor específico para cada uno de sus atributos. Este valor, por tanto, no se comparte con el conjunto de instancias. En algunos casos, es preciso utilizar atributos cuyo valor es común a todos los objetos de una clase. Tales atributos comparten su valor al mismo título que su nombre, tipo y valor predeterminado y se conocen como *atributos de clase* porque están vinculados a la clase.

Los atributos de clase se representan mediante un nombre subrayado. Pueden estar encapsulados y poseer un tipo. Se recomienda vivamente asignarles un valor predeterminado.

Ejemplo

Estudiamos el sistema de una carnicería exclusivamente caballar. La figura 6.10 introduce una nueva clase que describe una porción de carne de caballo. La venta de este producto está sujeta a una tasa de IVA cuyo montante es similar para todas las porciones. El atributo se destaca y protege, ya que sirve para calcular el precio con el IVA incluido y se expresa en porcentajes, de ahí que su tipo sea `Integer`. El valor predeterminado es 10, es decir 10%, la tasa de IVA que se aplica en España a los productos alimenticios.

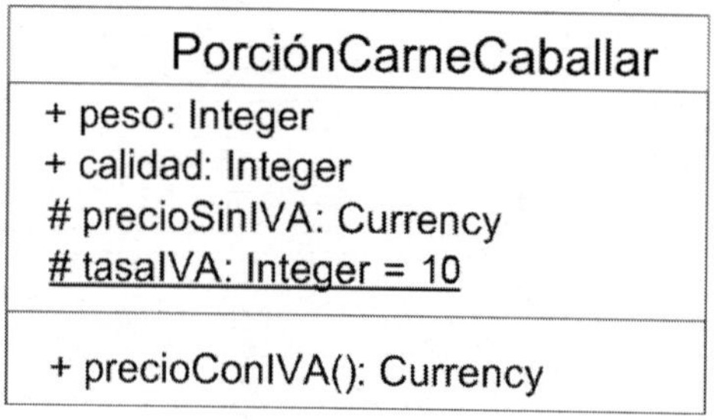

| PorciónCarneCaballar |
|---|
| + peso: Integer<br>+ calidad: Integer<br># precioSinIVA: Currency<br><u># tasaIVA: Integer = 10</u> |
| + precioConIVA(): Currency |

*Figura 6.10 - Atributo de clase*

**Observación**

*El tipo utilizado para el atributo `precioSinIVA` y el resultado del método `precioConIVA` es `Currency`, que indica que los valores son cantidades monetarias.*

Dentro de una clase también pueden existir uno o varios métodos de clase vinculados a la misma. Para llamar a un método de clase, hay que enviar un mensaje a la propia clase y no a una de sus instancias. Los únicos atributos que no se ven afectados por dicho método son los atributos de clase.

Ejemplo

La figura 6.11 agrega un método de clase a la clase `PorciónCarneCaballar` que sirve para fijar la tasa de IVA. En efecto, la ley es la que fija dicha tasa y la ley puede modificarse.

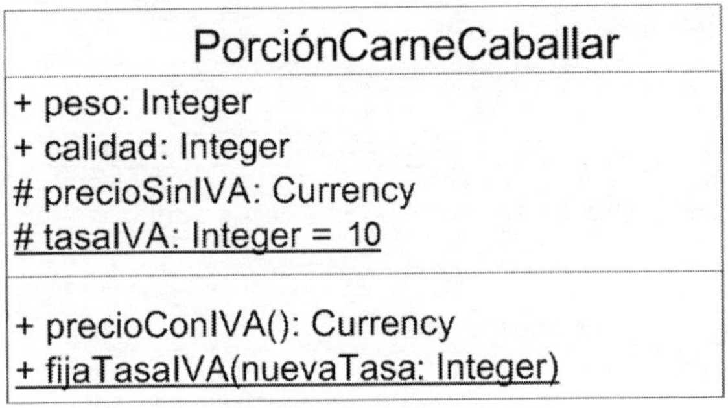

| PorciónCarneCaballar |
| --- |
| + peso: Integer<br>+ calidad: Integer<br># precioSinIVA: Currency<br># tasaIVA: Integer = 10 |
| + precioConIVA(): Currency<br>+ fijaTasaIVA(nuevaTasa: Integer) |

*Figura 6.11 - Método de clase*

**Observación**

*En muchas herramientas UML, no se utilizan los términos "atributo de clase" y "método de clase". Estas herramientas dan preferencia a la denominación "atributo estático" o "método estático", denominación que se emplea en lenguajes de programación como C++ o Java.*

**Observación**

*Los atributos o los métodos de clase no se heredan. La herencia se aplica a la descripción de las instancias, calculada a través de la unión de la estructura y del comportamiento de la clase y de sus superclases. Una subclase puede acceder a un atributo o a un método de clase de una de sus superclases, pero no hereda de ellas. De haber herencia, tendríamos tantos ejemplares de atributos o métodos como subclases poseyera la clase que los introdujo.*

**Observación**

*Recordemos también que una subclase puede acceder a un atributo o a un método de clase de una de sus superclases, a condición de que no se haya utilizado la encapsulación privada.*

### 3.9 Los atributos calculados

UML introduce la noción de atributo calculado, cuyo valor viene determinado por una función basada en el valor de otros atributos. Estos atributos poseen un nombre precedido del signo / y van seguidos de una expresión que determina el modo de calcular su valor.

Ejemplo

Retomamos el ejemplo de la figura 6.10. El método `precioConIVA` es reemplazado por un atributo calculado `/precioConIVA`, como ilustra la figura 6.12.

| PorciónCarneCaballar |
| --- |
| + peso: Integer<br>+ calidad: Integer<br># precioSinIVA: Currency<br># tasaIVA: Integer = 10<br>/+ precioConIVA: Currency {/precioConIVA = (1+tasaIVA/1000)*precioSinIVA} |
| |

*Figura 6.12 - Atributo calculado*

## 4. Las asociaciones entre objetos

### 4.1 Los vínculos entre objetos

En el mundo real, muchos objetos están vinculados entre sí. Dichos vínculos corresponden a una asociación existente entre los objetos.

Ejemplos

- El vínculo existente entre el potro Travieso y su padre;
- El vínculo existente entre el potro Travieso y su madre;
- El vínculo existente entre la yegua Jorgelina y el criadero de caballos al que pertenece;
- El vínculo existente entre el criadero de caballos y su propietario.

En UML, estos vínculos se describen mediante asociaciones, de igual modo que los objetos se describen mediante clases. Un vínculo es un elemento de una asociación. Por consiguiente, una asociación vincula a las clases.

Los elementos de la asociación vinculan entre sí las instancias de las clases.

Las asociaciones tienen un nombre y, como ocurre con las clases, éste es un reflejo de los elementos de la asociación.

Ejemplos

- La asociación padre entre la clase `Descendiente` y la clase `Semental;`
- La asociación madre entre la clase `Descendiente` y la clase `Yegua;`
- La asociación pertenece entre la clase `Caballo` y la clase `Criadero-Caballos;`
- La asociación propietario entre la clase `CriaderoCaballos` y la clase `Persona.`

**Observación**

*Las asociaciones que hemos estudiado hasta el momento a título de ejemplo establecen un vínculo entre dos clases. Estas asociaciones reciben el nombre de asociaciones binarias. Las asociaciones que vinculan tres clases se denomina asociaciones ternarias y aquellas que vinculan n clases reciben el nombre de asociaciones n-arias. En la práctica, la gran mayoría de asociaciones son binarias y las asociaciones cuaternarias y superiores prácticamente no se usan.*

## 4.2 Representación de las asociaciones entre clases

La representación gráfica de una asociación binaria consiste en una línea continua que une las dos clases cuyas instancias se vinculan. Las clases se sitúan en los extremos de la asociación.

La figura 6.13 muestra la representación de una asociación binaria. El nombre de la asociación se indica encima de la línea.

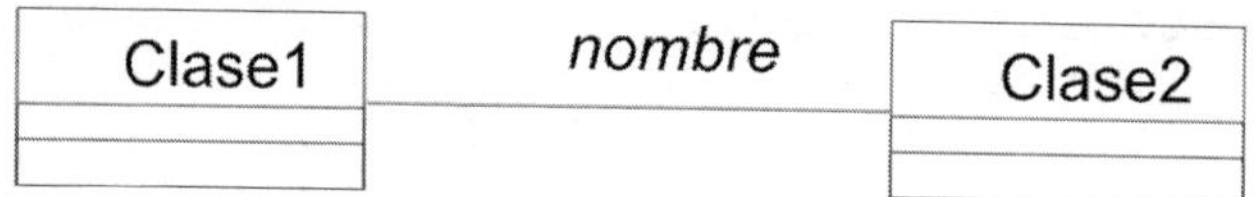


*Figura 6.13 - Asociación binaria entre clases*

**Observación**

*Para señalar el sentido de lectura del nombre de la asociación con respecto al nombre de las clases, éste puede precederse del signo < o seguirse del signo >. Si la asociación se sitúa en un eje vertical, el nombre puede ir precedido de ^ o de v.*

Los extremos de una asociación también pueden recibir un nombre. Dicho nombre es representativo de la función que desempeñan en la asociación las instancias de la clase correspondiente. Una función tiene la misma naturaleza que un atributo cuyo tipo sería la clase situada en el otro extremo. Por consiguiente, puede ser pública o estar encapsulada de manera privada, protegida o visible únicamente en el empaquetado. Cuando se especifican las funciones, muchas veces no es preciso indicar el nombre de la asociación, ya que éste suele ser el mismo que el de una de las funciones.

La figura 6.14 ilustra la representación de una asociación binaria mostrando las funciones.

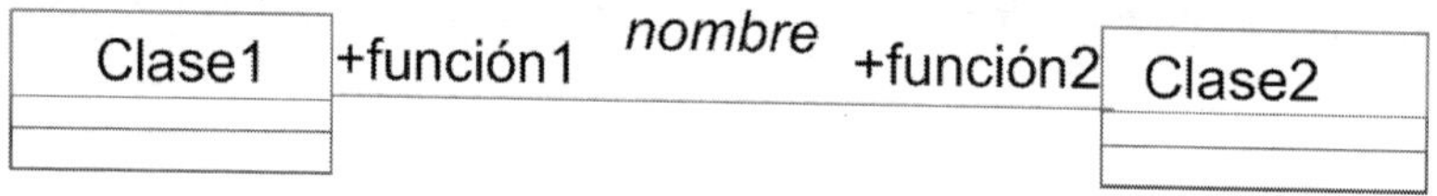


*Figura 6.14 - Funciones de una asociación binaria*

Ejemplo

La figura 6.15 muestra la representación gráfica de las asociaciones introducidas en el ejemplo precedente.

En estas asociaciones se ha indicado el nombre de la asociación o bien sus funciones.

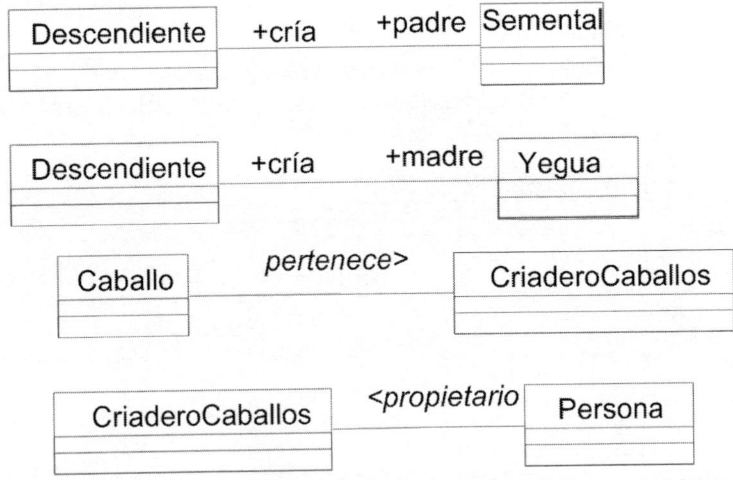


*Figura 6.15 - Ejemplos de asociaciones binarias*

La representación gráfica de una asociación ternaria y superiores consiste en un rombo que une las diferentes clases. La figura 6.16 ilustra la representación de una asociación ternaria.

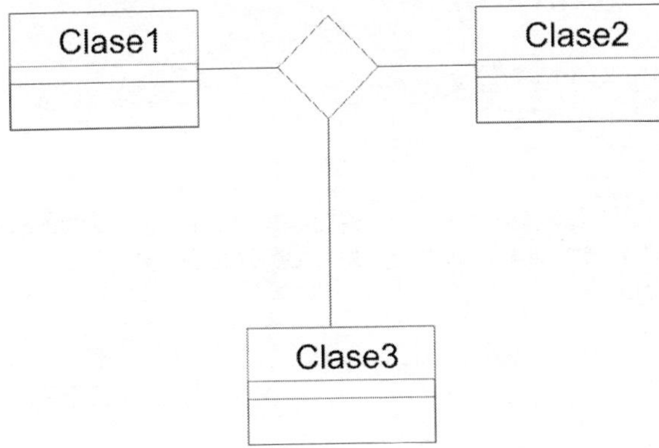


*Figura 6.16 - Asociación ternaria entre clases*

Ejemplo

La asociación `familia` que vincula las clases `Semental`, `Yegua` y `Descendiente` se presenta en la figura 6.17. Cada uno de los elementos constituye un triplete (padre, madre, potro).

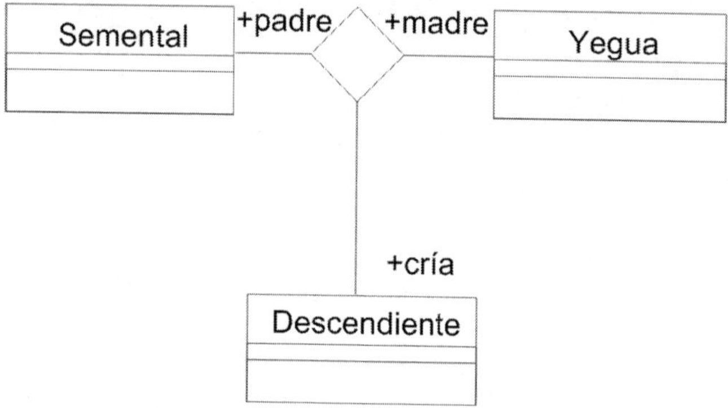


*Figura 6.17 - Ejemplo de asociación ternaria*

## 4.3 La cardinalidad de las asociaciones

La cardinalidad situada en un extremo de una asociación indica a cuántas instancias de la clase situada en ese mismo extremo está vinculada una instancia de la clase situada en el extremo opuesto.

En uno de los extremos de la asociación, es posible especificar la cardinalidad mínima y la máxima con el fin de indicar el intervalo de valores al que deberá pertenecer siempre la cardinalidad.

La sintaxis de especificación de las cardinalidades mínima y máxima se describe en el siguiente cuadro.

| Especificación | Cardinalidades |
|---|---|
| `0..1` | cero o una vez |
| `1` | únicamente una vez |
| `*` | de cero a varias veces |

| Especificación | Cardinalidades |
|---|---|
| `1..*` | de una a varias veces |
| `M..N` | entre M y N veces |
| `N` | N veces |

**Observación**

*De no existir una especificación explícita de las cardinalidades mínima y máxima, éstas valen 1.*

Ejemplo

En la figura 6.18, retomamos las asociaciones de la figura 6.15 y les agregamos las cardinalidades mínima y máxima de cada asociación. Un criadero de caballos puede tener varios propietarios y una persona puede ser propietario de varios criaderos.

A modo de ejemplo, la primera asociación se lee de la siguiente manera: un descendiente posee un solo padre, un semental puede tener de cero a varios potros o crías.

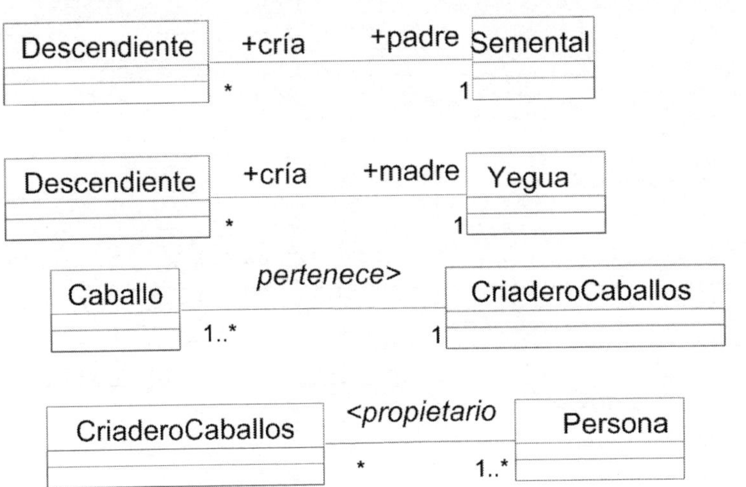


*Figura 6.18 - Ejemplos de asociaciones descritas con sus cardinalidades*

## 4.4 La navegación

Por defecto, las asociaciones tienen una navegación bidireccional, es decir, es posible determinar los vínculos de la asociación desde una instancia de cada clase de origen. Las navegaciones bidireccionales resultan más complejas de realizar para los desarrolladores y, en la medida de lo posible, conviene evitarlas.

Para especificar el único sentido útil de navegación durante las fases de modelado cercanas al paso al desarrollo se dibuja la asociación en forma de flecha.

Ejemplo

En el contexto concreto de un criadero, resulta útil conocer los caballos que posee dicho criadero, pero lo contrario, a saber conocer los criaderos que poseen algún caballo, no resulta útil.

La figura 6.19 muestra la asociación resultante con el sentido de navegación adecuado.

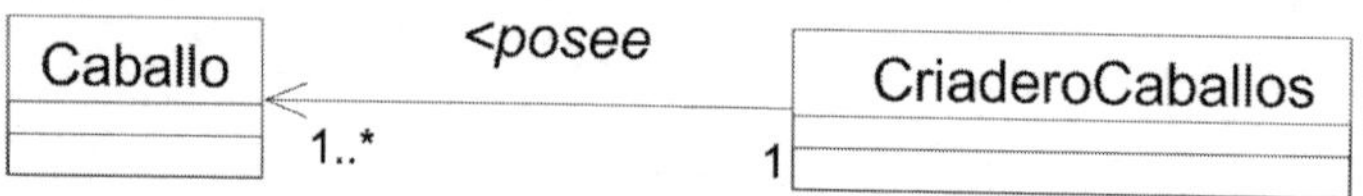


*Figura 6.19 - Ejemplo de navegación*

## 4.5 La asociación reflexiva

Cuando encontramos una misma clase en los dos extremos de una asociación, hablamos de asociaciones reflexivas que unen entre sí las instancias de una misma clase.

En estos casos, resulta preferible asignar un nombre a la función desempeñada por la clase en cada extremo de la asociación.

Como veremos en los ejemplos, las asociaciones reflexivas sirven principalmente para describir dentro del conjunto de instancias de una clase:

- Grupos de instancias;
- Una jerarquía dentro de las instancias.

**Observación**

*Para los lectores expertos diremos que, en el primer caso, se trata de una asociación que representa una relación de equivalencia y, en el segundo, una asociación que representa una relación de orden.*

Ejemplo

Para poder superar las pruebas de selección de un concurso hípico internacional, es preciso que los caballos hayan ganado otros concursos previos. Podemos crear, por consiguiente, una asociación entre el concurso internacional y los concursos celebrados previamente a él. La figura 6.20 muestra dicha asociación, que crea una jerarquía dentro de los concursos.

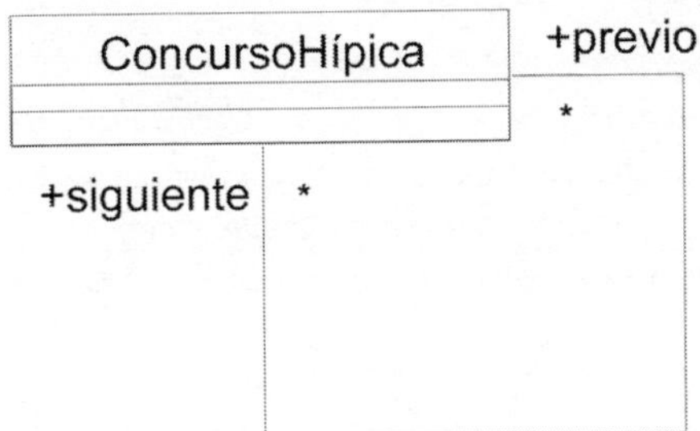


*Figura 6.20 - Asociación reflexiva entre concursos hípicos*

Ejemplo

La figura 6.21 muestra la asociación "ascendente/descendiente directo" entre los caballos. Esta asociación crea una jerarquía dentro de los caballos.

La cardinalidad para los ascendentes es 2, ya que cualquier caballo tiene un padre y una madre.

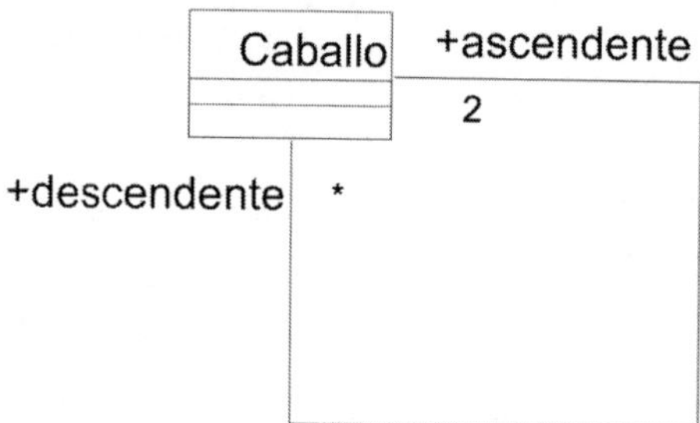


*Figura 6.21 - Asociación "ascendiente/descendiente directo" entre caballos*

Ejemplo

La figura 6.22 muestra la asociación entre los caballos que se encuentran en el mismo criadero. Esta asociación crea grupos dentro del conjunto de instancias de la clase `Caballo`, ya que cada grupo corresponde a un criadero.

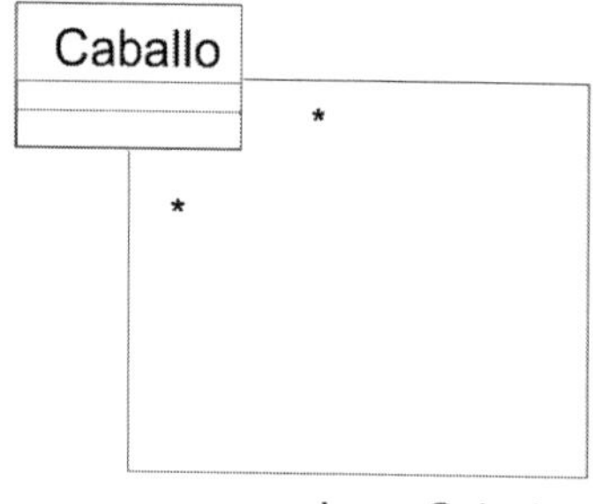


*Figura 6.22 - Asociación reflexiva que vincula los caballos de un mismo criadero*

## 4.6 Las propiedades de los extremos de las asociaciones

Los extremos de las asociaciones pueden poseer propiedades de manera similar a los atributos. Las principales propiedades de los extremos de las asociaciones son las siguientes:

`{ordered}`: cuando un extremo posee una cardinalidad superior a 1, las ocurrencias deben estar ordenadas.

`{nonunique}`: esta propiedad permite indicar que una instancia situada en el extremo donde se encuentra la propiedad puede estar vinculada varias veces a una instancia situada en el otro extremo. La cardinalidad debe ser superior a 1. Esta propiedad no se utiliza por defecto.

Ejemplo

La figura 6.23 ilustra el uso de ambas propiedades. La parte superior muestra la descripción de un conjunto ordenado. En un conjunto, un mismo elemento no puede aparecer más de una vez. De manera opuesta, en una lista, un mismo elemento puede aparecer varias veces. En la parte inferior de la figura 6.23 se describe una lista ordenada. Se utiliza, sin embargo, la propiedad `{nonunique}`.

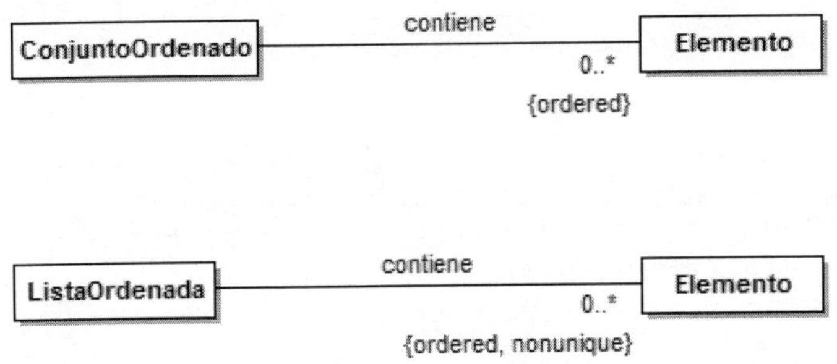


*Figura 6.23 - Representación gráfica de las propiedades de los extremos de las asociaciones*

## 4.7 Las clases-asociaciones

Los vínculos entre las instancias de las clases pueden llevar informaciones. Éstas son específicas a cada vínculo.

En esos casos, la asociación que describe los vínculos recibe el estatus de clase y sus instancias son elementos de la asociación.

Al igual que el resto, estas clases pueden estar dotadas de atributos y operaciones y estar vinculadas a otras clases a través de asociaciones.

La figura 6.24 representa gráficamente una clase-asociación que se une a la asociación mediante una línea discontinua.

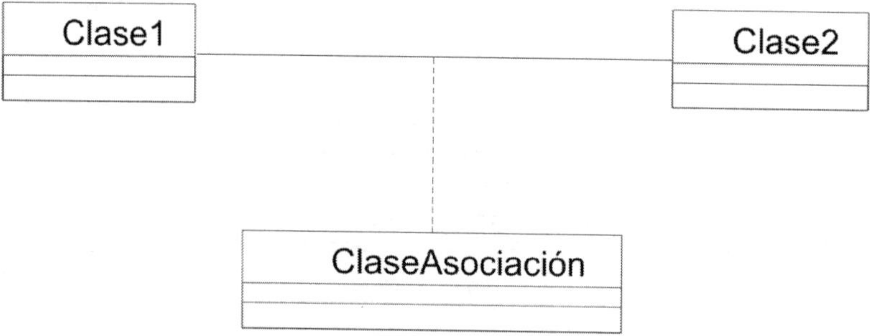


*Figura 6.24 - Representación gráfica de una clase-asociación*

Ejemplo

Cuando un cliente compra productos para caballos (productos de mantenimiento, etc.) conviene especificar la cantidad de productos adquiridos mediante una clase-asociación, aquí denominada clase `Adquisición` (ver figura 6.25).

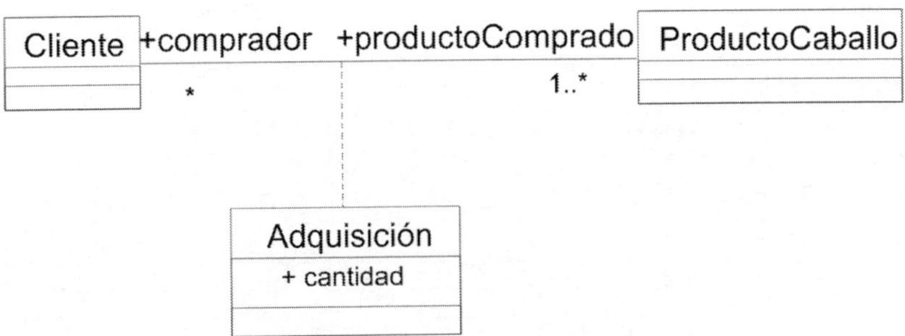


*Figura 6.25 - Clase-asociación* `Adquisición`

## 4.8 La calificación de las asociaciones

En caso de cardinalidad máxima no finita en un extremo de la asociación, si las instancias situadas en dicho extremo son calificables, la calificación puede usarse para pasar de la cardinalidad máxima no finita a una cardinalidad máxima finita.

La calificación de una instancia es un valor o un conjunto de valores que permiten encontrar dicha instancia. Muchas veces, las calificaciones son índices para, por ejemplo, encontrar un elemento en una tabla, o llaves para, por ejemplo, localizar una línea en una base de datos relacional.

La calificación se inserta en el extremo opuesto a donde se encuentra la cardinalidad máxima. Esta calificación se presenta bajo la forma de uno o varios atributos (ver figura 6.26), que califican las instancias de la clase 2 en el ámbito de la clase 1.

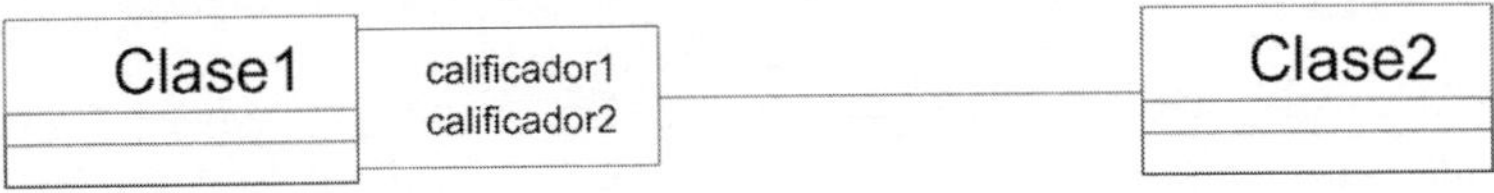


*Figura 6.26 - Representación gráfica de una calificación*

Ejemplo

Una tabla está formada por elementos. La figura 6.27 describe dos posibilidades de modelado en UML. La primera no recurre a la calificación, mientras que en la segunda el calificador `indice` permite encontrar un único elemento de la tabla. Por consiguiente, la cardinalidad máxima pasa a 1.

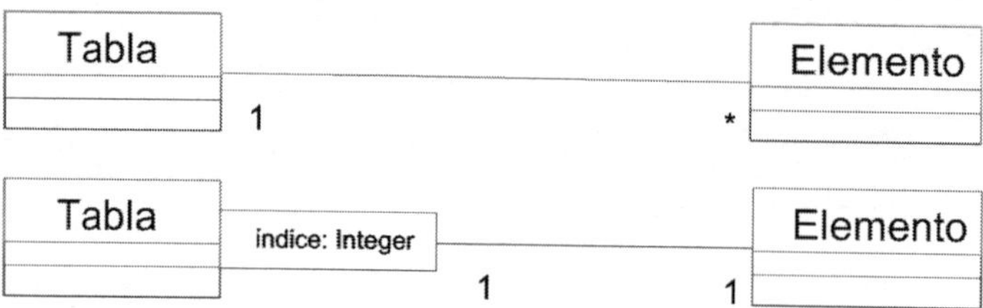


*Figura 6.27 - Calificación de los elementos de una tabla*

Ejemplo

En las carreras de caballos, todos los caballos poseen un número. La figura 6.28 muestra a los participantes en una carrera calificándolos por su número.

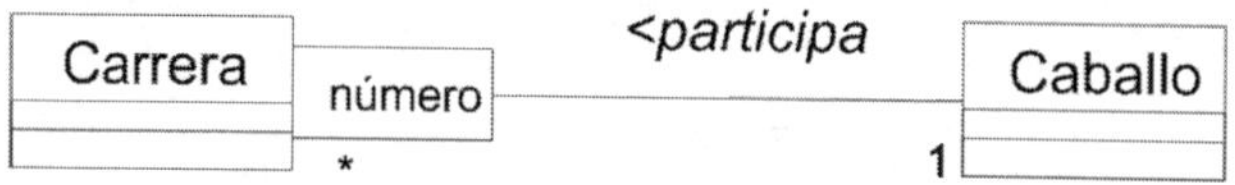


*Figura 6.28 - Calificación de los participantes en una carrera hípica*

## 4.9 La expresión de las especificaciones en las asociaciones

UML ofrece la posibilidad de expresar las especificaciones gracias a ciertas construcciones del modelado objeto que ya hemos estudiado: las cardinalidades, el tipo de un atributo, etc.

UML introduce una especificación denominada `{XOR}` (o exclusivo) entre dos asociaciones que poseen al menos en uno de sus extremos una clase común. La especificación expresa que cada instancia de la clase común no puede participar en ambas asociaciones.

Ejemplo

Una comida para un caballo contiene los siguientes elementos:

- Paja;
- Minerales;
- Heno o grano.

La figura 6.29 ilustra la comida y sus diferentes constituyentes. Que contenga o bien heno, o bien grano es una restricción expresada mediante el operador XOR. Esta expresa la especificación del o exclusivo entre ambas asociaciones.

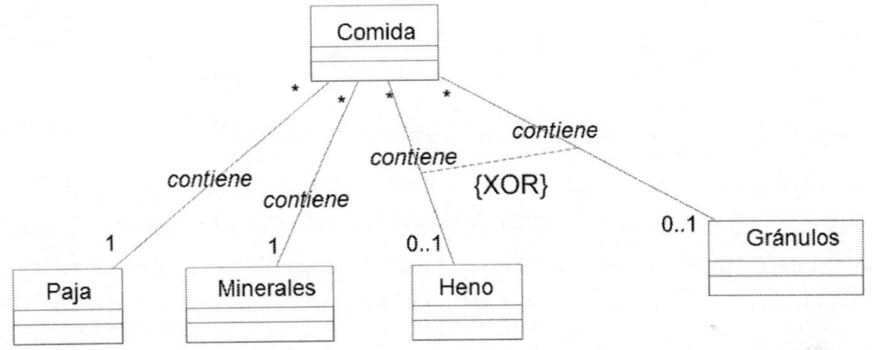


*Figura 6.29 - Expresión de la exclusión entre dos asociaciones*

Es posible establecer otra especificación entre dos asociaciones que poseen las mismas clases en cada extremo. Se trata de la especificación {subset} (subconjunto) que permite indicar que el conjunto de ocurrencias de una de las asociaciones está incluido en el conjunto de ocurrencias de la otra asociación. La representación gráfica es comparable a la de la restricción {XOR} con una línea discontinua que va de la asociación de tipo subconjunto hacia la otra asociación.

Ejemplo

La asociación `miembroDirección` entre una empresa y sus empleados es una asociación de tipo subconjunto de la asociación `miembro` entre los empleados y dicha sociedad.

La figura 6.30 ilustra la especificación `{subset}` entre ambas asociaciones.

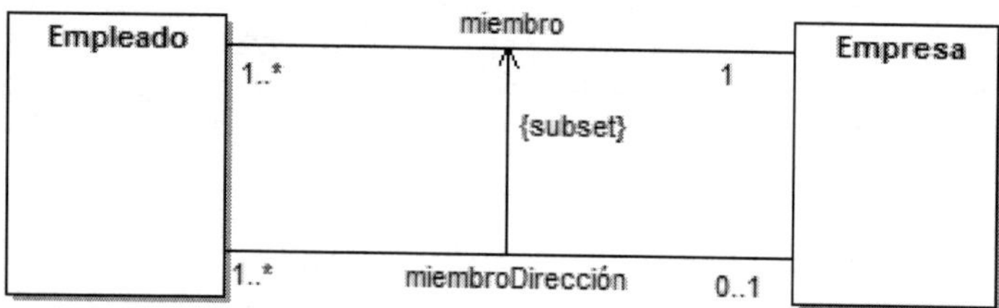


*Figura 6.30 - Expresión de subconjunto entre dos asociaciones*

No obstante, las especificaciones de este tipo pueden resultar insuficientes. UML propone expresar otras especificaciones en lenguaje natural o en OCL.

OCL es un lenguaje de especificación objeto en forma de condiciones lógicas. Forma parte del conjunto de notaciones UML.

Ya se escriban en lenguaje natural o bien en OCL, las especificaciones se representan en las notas incluidas dentro del diagrama de clases.

Las especificaciones escritas en OCL se expresan sobre el valor de los atributos y de las funciones (extremos de las asociaciones). Las especificaciones deben tener un valor lógico (verdadero o falso).

Para construir una especificación se utilizan todos los operadores aplicables al valor de los atributos en función de su tipo (comparación de enteros, suma de enteros, comparación de cadenas, etc.). En las condiciones pueden emplearse los métodos de los objetos. Para los valores de conjunto (colecciones de objetos), OCL propone un juego de operadores: union, intersection, diferencia. Para las colecciones de objetos, OCL propone sobre todo los operadores siguientes: `collect`, `includes`, `includesAll`, `asSet`, `exists`, `forAll`.

Para designar un atributo o un método en una expresión OCL, hay que elaborar una expresión de ruta que empiece por `self`. A continuación, se designa directamente el atributo o el método por su nombre o se recorre una asociación utilizando el nombre de la función. Es conveniente entonces designar un atributo o un método de la clase situada en el otro extremo de la asociación, o bien designar de nuevo una función para recorrer otra asociación hasta elegir un atributo o un método.

**Observación**

*Recorrer una asociación consiste en partir de uno de sus extremos para recuperar las instancias presentadas hasta el otro extremo.*

La sintaxis de una expresión de ruta es la siguiente:

```
self.atributo
```

o

```
self.método
```

o

```
self.función.función. ...    .función.atributo
```

o

```
self.función.función. ...    .función.método
```

Si una especificación OCL no está incluida directamente en el diagrama de clases, entonces hay que precisar su contexto, según la siguiente sintaxis:

```
Contexto Clase inv Especificación:
```

**Observación**

*En el presente manual, ofrecemos únicamente una breve introducción al lenguaje OCL. Los lectores interesados en obtener más información pueden consultar la obra "The Object Constraint Language: Getting Your Models ready for MDA, Second Edition" de Jos Warmer y Anneke Kleppe, Addison-Wesley, 2003.*

Ejemplo

Un hipódromo hace correr a varios caballos. Los jockeys que ha contratado deben participar en las carreras que organiza. Esto puede reformularse así: el conjunto de jockeys empleados por el hipódromo debe estar incluido en el conjunto de jockeys que montan los caballos participantes en las carreras del hipódromo.

En OCL, esta especificación se escribe así:

```
Contexto Hipódromo inv jockeysEmpleados:
self.participaCarrera->collect(c | c.monta)->includesAll
(self.empleado)
```

La especificación se apoya en la utilización de las expresiones de camino en OCL. La figura 6.31 muestra el diagrama de clases donde la especificación escrita en OCL se incluye directamente.

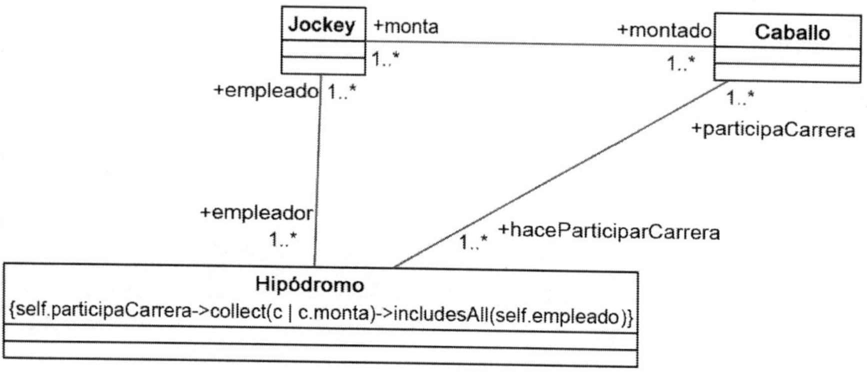


*Figura 6.31 - Especificación con expresiones de camino en OCL*

## 4.10 Los objetos compuestos

En el capítulo Conceptos de la orientación a objetos, vimos que un objeto puede estar compuesto por otros objetos. En tales casos, nos encontramos ante una asociación entre objetos llamada *asociación de composición*. Ésta asocia un objeto complejo con los objetos que lo constituyen, es decir, sus componentes.

Existen dos formas de composición: fuerte o débil.

### 4.10.1 La composición fuerte o composición

La composición fuerte es una forma de composición en la que los componentes constituyen una parte del objeto compuesto. De esta forma, los componentes no pueden ser compartidos por varios objetos compuestos. Por tanto, la cardinalidad máxima, a nivel del objeto compuesto, es obligatoriamente uno.

La supresión del objeto compuesto comporta la supresión de los componentes.

La figura 6.32 muestra la representación gráfica de la asociación de composición fuerte. A nivel del objeto compuesto, la cardinalidad mínima indicada es 0, pero también podría ser 1.

*Figura 6.32 - Asociación de composición fuerte*

**Observación**

*En adelante, la asociación de composición fuerte será denominada simplemente composición.*

Ejemplo

Un caballo está compuesto, entre otras cosas, por un cerebro. El cerebro no se comparte. La muerte del caballo comporta la muerte del cerebro. Se trata, por tanto, de una asociación de composición, ilustrada en la figura 6.33.

*Figura 6.33 - Asociación de composición entre un caballo y su cerebro*

Ejemplo

Una carrera hípica está constituida por premios. Los premios no se comparten con otras carreras (un premio es específico de una carrera). Si la carrera no se organiza, los premios no se atribuyen y desaparecen. Se trata de una relación de composición, ilustrada en la figura 6.34.

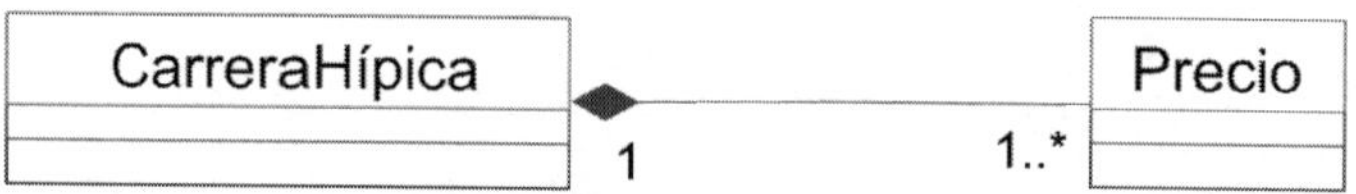


*Figura 6.34 - Asociación de composición entre una carrera hípica y los premios que forman parte de ella*

### 4.10.2 La composición débil o agregación

La composición débil, llamada habitualmente agregación, impone muchas menos especificaciones a los componentes que la composición fuerte. En el caso de la agregación, los componentes pueden ser compartidos por varios compuestos (de la misma asociación de agregación o de varias asociaciones de agregación distintas) y la destrucción del compuesto no conduce a la destrucción de los componentes.

La agregación se da con mayor frecuencia que la composición. En las primeras fases de modelado, es posible utilizar sólo la agregación y determinar más adelante qué asociaciones de agregación son asociaciones de composición.

■Observación

*Determinar sobre un modelo que una asociación de agregación es una asociación de composición, representa agregar especificaciones, asignar un tipo o precisar las cardinalidades. Hemos estudiado las especificaciones en UML, en lenguaje natural o en OCL. Agregar especificaciones significa agregar sentido, agregar semántica a un modelo, es decir, enriquecerlo. Es por tanto normal que ese proceso de enriquecimiento requiera de fases sucesivas.*

Ejemplo

Un caballo enjaezado está compuesto, entre otras cosas, por una silla. Una silla está compuesta por una cincha, estribos y una manta de montura. Esta composición es una muestra de agregación (ver figura 6.35). En efecto, la pérdida del caballo no acarrea la pérdida de los objetos y la pérdida de la silla no acarrea la pérdida de sus componentes.

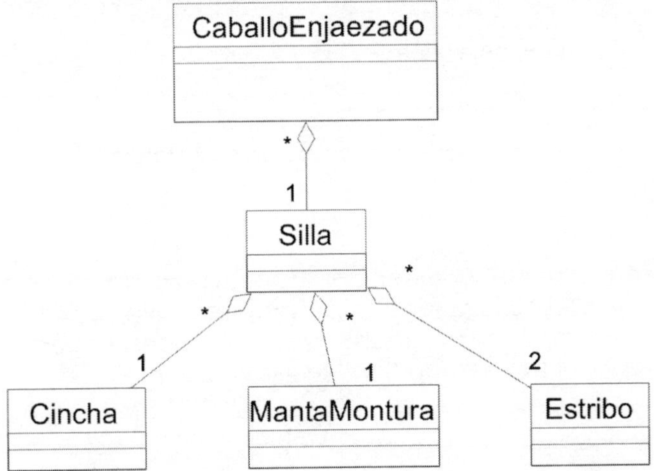


*Figura 6.35 - Asociación de agregación entre un caballo enjaezado y su equipamiento y entre una silla y sus componentes*

Ejemplo

Un propietario ecuestre posee una colección de caballos. Un caballo domesticado pertenece a una sola colección y puede simultáneamente ser confiado a un criadero o no serlo. Por tanto, puede ser componente de dos agregaciones. La figura 6.36 muestra las dos asociaciones.

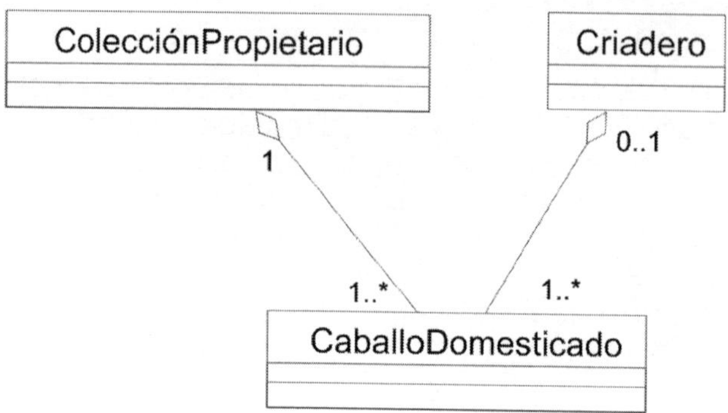


*Figura 6.36 - Componente compartido por varias agregaciones distintas*

Ejemplo

Hilando más fino, un caballo puede pertenecer a varios propietarios. En ese caso, la cardinalidad a nivel de la colección del propietario ya no es 1, sino 1..* para expresar la multiplicidad. El caballo puede entonces ser compartido varias veces en una misma agregación (ver figura 6.37).

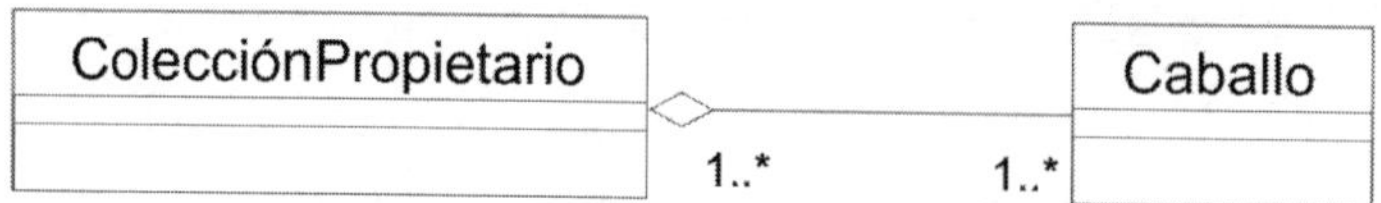


*Figura 6.37 - Componente compartido varias veces en una misma agregación*

### 4.10.3 Las diferencias entre composición y agregación

La siguiente tabla resume las diferencias entre agregación y composición.

| | **Agregación** | **Composición** |
|---|---|---|
| Representación | rombo transparente | rombo negro |
| Varias asociaciones comparten los componentes | sí | no |
| Destrucción de los componentes al destruir el compuesto | no | sí |

| | Agregación | Composición |
|---|---|---|
| Cardinalidad a nivel del compuesto | cualquiera | 0..1 ó 1 |

## 4.11 La relación de dependencia

La relación de dependencia indica que una clase cliente necesita otra clase proveedora para su propia especificación o para su realización.

Gráficamente, la relación de dependencia se representa mediante una flecha discontinua que va desde la clase `Cliente` hasta la clase `Proveedor`.

Ejemplo

La clase `Cliente` posee un método donde el tipo de alguno de los parámetros o el tipo de retorno es la clase `Proveedor`. La figura 6.38 ilustra dicho ejemplo.

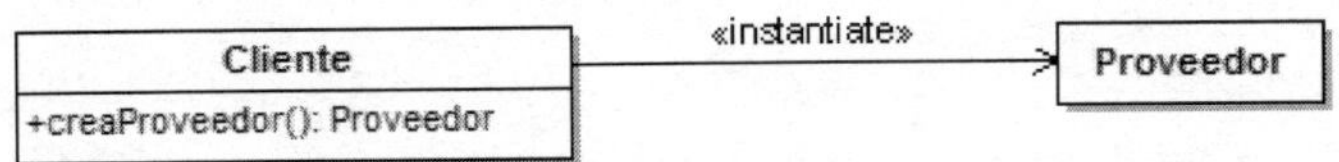


*Figura 6.38 - Relación de dependencia*

Una relación de dependencia puede estar dotada de un estereotipo para definir su semántica. Los estereotipos más importantes son los siguientes:

«`call`»: la implantación de la clase `Cliente` invoca a un método de la clase `Proveedor`.

«`create`»: la implantación de la clase `Cliente` crea una instancia de la clase `Proveedor` para su uso interno.

«`derive`»: la especificación y la implantación de la clase `Cliente` se obtienen únicamente a partir de la especificación y de la implantación de la clase `Proveedor`. El cliente es, por tanto, una redundancia que se ha construido, por ejemplo, por motivos de optimización o de facilidad de uso.

«instantiate»: el cliente es una fábrica de objetos del proveedor. Una fábrica es una clase cuyo único objetivo es crear instancias de una o varias clases. La figura 6.38 ilustra una fábrica. En efecto, la clase `Cliente` posee un método público `creaProveedor` que crea una nueva instancia de la clase `Proveedor`.

«permit»: la clase `Proveedor` autoriza a la clase `Cliente` a acceder a varios o a la totalidad de sus atributos privados y/o de sus métodos privados.

«refine»: la clase `Cliente` especializa la clase `Proveedor`. El uso de este estereotipo en lugar de la relación de especialización se implementa a menudo tras las primeras etapas de diseño de los diagramas UML de un sistema, antes de reemplazar esta relación por la relación de especialización.

«use»: se trata del estereotipo más general que especifica que la clase `Cliente` necesita, sin proporcionar más precisión, la clase `Proveedor`.

# 5. Relación de generalización/ especialización entre clases

## 5.1 Las clases más específicas y las clases más generales

Una clase es más específica que otra si todas las instancias que la componen son a su vez instancias de la otra clase. La clase más especifica es una subclase de la otra clase. Esta última, más general, recibe el nombre de superclase.

La figura 6.39 muestra ambas clases así como la relación de generalización/ especialización que las une.

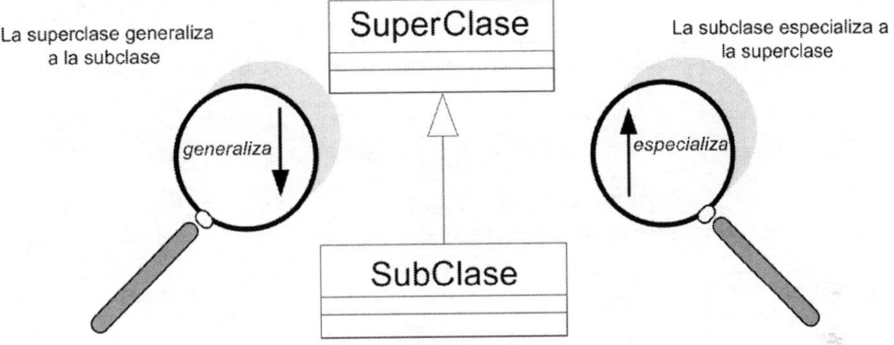


*Figura 6.39 - Subclase y superclase*

Ejemplo

El caballo es una especialización del équido, que a su vez es una especialización del animal. La zebra es otra especialización del équido. El resultado es la minijerarquía presentada en la figura 6.40.

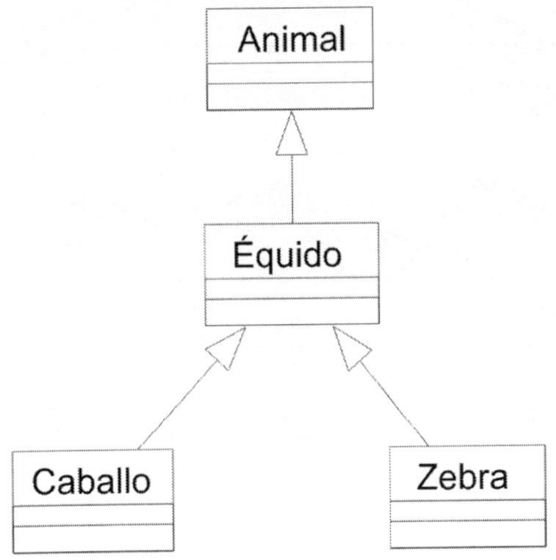


*Figura 6.40 - Jerarquía de clases*

## 5.2 La herencia

Las instancias de una clase son también instancias de su superclase o superclases. Por consiguiente, aprovechan los atributos y métodos definidos en la superclase, además de los atributos y métodos introducidos en la clase.

Esta facultad se conoce como herencia, es decir, una clase hereda los atributos y métodos de las superclases para que sus instancias se beneficien de ellos.

UML ofrece la posibilidad de representar los atributos y los métodos heredados en las subclases precediéndolas del símbolo ^.

**Observación**

*Recordemos que los atributos y métodos privados de una superclase se heredan en sus subclases, pero no son visibles en ellas.*

**Observación**

*En la herencia, los métodos o atributos pueden redefinirse en la subclase. Esta redefinición se aplica principalmente a la herencia de las clases abstractas.*

Ejemplo

Tal y como se muestra en la figura 6.41, los atributos y métodos de la clase `Caballo` se heredan en sus dos subclases.

La herencia significa que, al igual que un caballo de tiro, un caballo de carreras posee un nombre, un peso, una edad y puede caminar y comer.

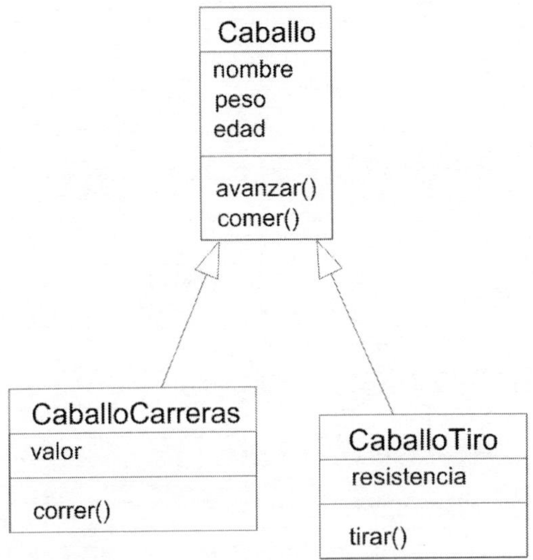


*Figura 6.41 - Herencia de atributos y métodos*

En la figura 6.42 aparece la misma jerarquía indicando los atributos y los métodos heredados que están precedidos del símbolo ^. También se han agregado el tipo y la encapsulación de los atributos y de los métodos.

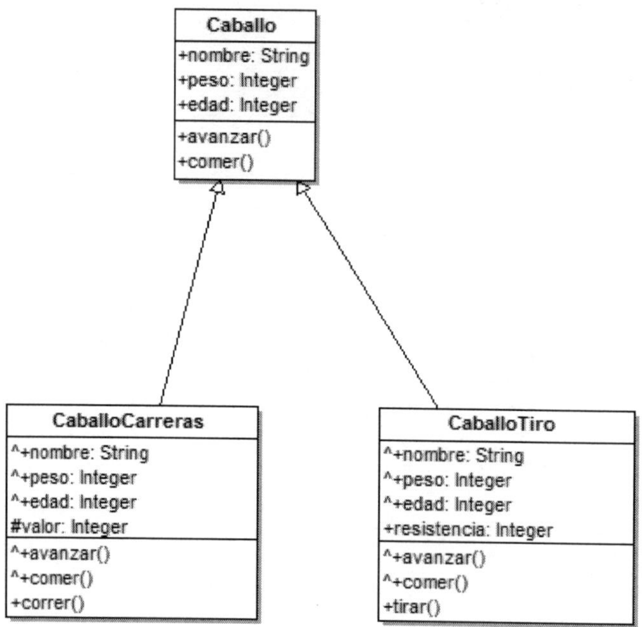


*Figura 6.42 - Jerarquía que muestra los atributos y métodos heredados*

## 5.3 Las clases concretas y abstractas

La figura 6.43 muestra la existencia de dos tipos de clases en la herencia: las clases concretas `Caballo` y `Lobo`, que aparecen en la parte más baja de la jerarquía, y la clase abstracta `Animal`.

Una clase concreta posee instancias y constituye un modelo completo de objeto (todos los atributos y métodos se describen completamente).

Por el contrario, una clase abstracta no puede poseer una instancia directa ya que no proporciona una descripción completa. Su finalidad es poseer subclases concretas y sirve para factorizar los atributos y métodos comunes a las subclases.

Con frecuencia la factorización de métodos comunes a las subclases se traduce en la factorización únicamente de la firma. Los métodos introducidos en una clase sólo con la firma y sin código se denominan métodos abstractos.

En UML, las clase o métodos abstractos se representan mediante el estereotipo «`abstract`». Gráficamente se representan explícita, o bien implícitamente, poniendo en cursiva el nombre de la clase o del método.

Ejemplo

Los animales pueden dormir o comer, pero lo hacen de manera distinta de acuerdo con la naturaleza del animal. Estos métodos poseen su firma como única descripción a nivel de la clase `Animal`. Se trata de métodos abstractos.

La figura 6.43 muestra estos métodos abstractos dentro de la clase abstracta `Animal` y presenta la redefinición para hacerlos concretos (es decir, la atribución de código) en las clases `Caballo` y `Lobo`. En efecto, los caballos duermen de pie mientras que los lobos duermen tumbados. Tampoco comen de la misma manera: los lobos son carnívoros mientras que los caballos son herbívoros.

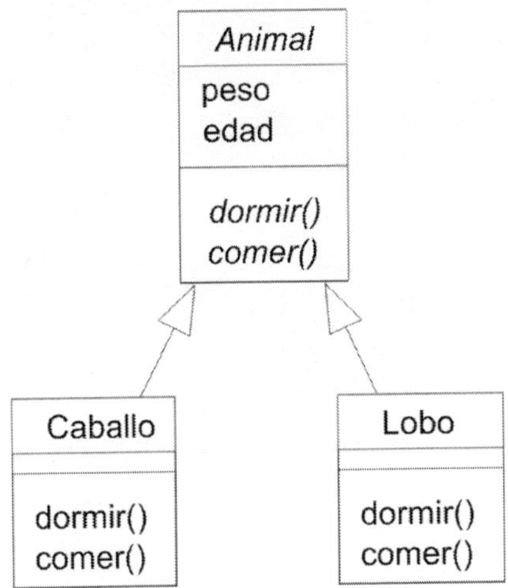


*Figure 6.43 - Clases y métodos abstractos*

**Observación**

*La firma es un conjunto formado por el nombre del método, los parámetros con el nombre y el tipo, y el tipo del resultado, a excepción del código del método.*

**Observación**

*Cualquier clase que posea al menos un método abstracto se considera una clase abstracta. La presencia de un solo método incompleto (el código no está) implica que la clase no es una descripción completa de objetos.*

**Observación**

*Una clase puede ser abstracta incluso aunque no contenga ningún método abstracto.*

## 5.4 La expresión de especificaciones sobre la relación de herencia

UML ofrece cuatro especificaciones sobre la relación de herencia entre una superclase y sus subclases:

- La especificación `{incomplete}` significa que el conjunto de subclases está incompleto y que no cubre la superclase o incluso que el conjunto de instancias de las subclases es un subconjunto del conjunto de instancias de la superclase;
- Por el contrario, la especificación `{complete}` significa que el conjunto de subclases está completo y cubre la superclase;
- La especificación `{disjoint}` significa que las subclases no tienen ninguna instancia en común;
- La especificación `{overlapping}` significa que las subclases pueden tener una o varias instancias en común.

Ejemplo

La figura 6.44 ilustra una relación de herencia entre la superclase `Équido` y dos subclases: `Caballo` y `Burro`. Estas dos subclases no cubren la clase de los équidos (existen otras subclases, como las cebras). Además, también están las mulas, que derivan de un cruce y son a la vez caballos y burros. De ahí el uso de las especificaciones `{incomplete}` y `{overlapping}`.

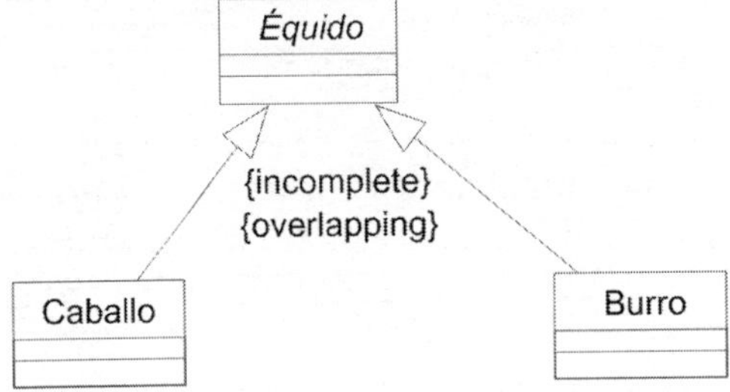


*Figura 6.44 - Subclases sin cobertura y con instancias comunes*

Ejemplo

La figura 6.45 muestra otra relación de herencia entre la superclase `Caballo` y dos subclases: `CaballoMacho` y `CaballoHembra`. Estas dos subclases cubren la clase de los caballos. No existe ningún caballo que sea a la vez macho y hembra. De ahí el uso de las especificaciones `{complete}` y `{disjoint}`.

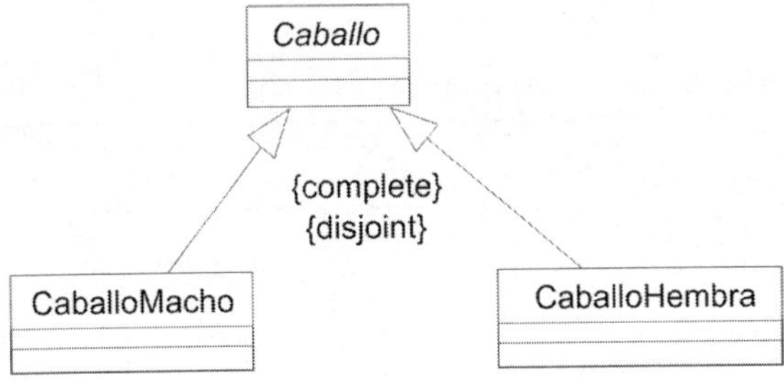


*Figura 6.45 - Subclases sin cobertura y sin instancia común*

## 5.5 La herencia múltiple

Hablamos de herencia múltiple en UML cuando una subclase hereda de varias superclases. La herencia múltiple plantea un solo problema: cuando un mismo método, es decir, un método dotado de la misma firma, se hereda varias veces en la subclase se crea un conflicto. Al recibir un mensaje de llamada al método, es preciso definir un criterio para elegir un método entre todos los heredados.

En tales casos, una solución consiste en redefinir el método en la subclase para suprimir el conflicto.

El mismo problema puede plantearse para un atributo con el mismo nombre introducido en varias superclases. Una posible solución consiste en utilizar la propiedad `{redefines nombreAtributo}` para redefinirlo en la subclase.

**Observación**

*Si bien la utilización de la herencia múltiple es posible en modelado, a menudo se revela necesario transformar los diagramas de clases para eliminarla al pasar al desarrollo. Pocos son los lenguajes de programación que soportan esta forma de herencia. Por ello, existen diferentes técnicas, entre las cuales se encuentra la transformación de la herencia múltiple en una agregación.*

Ejemplo

La figura 6.46 retoma las dos subclases `Caballo` y `Burro` e introduce una subclase común, a saber `Mula`.

La figura 6.46 muestra también el método `trotar`, abstracto en la clase `Équido` y concreto en las subclases inmediatas y redefinido en la subclase fruto de su herencia múltiple. Cuando el jinete pide a la mula que trote, ésta responde con reacciones de caballo y de burro a la vez. Puede ser peligrosa como un caballo e irritante como un burro.

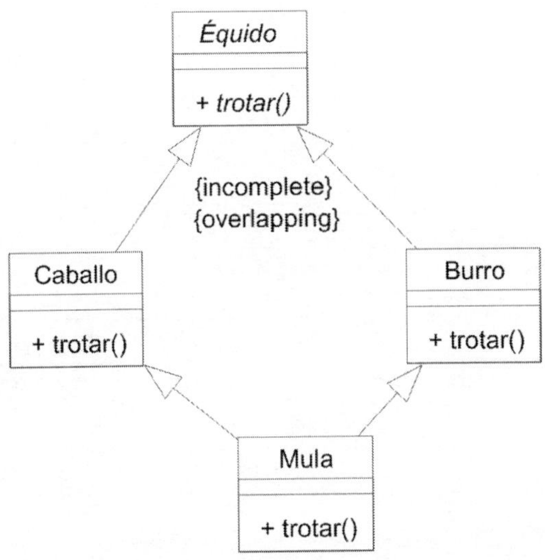


*Figura 6.46 - Herencia múltiple con conflicto*

## 5.6 La factorización de las relaciones entre objetos

Una clase abstracta sirve para factorizar los atributos y métodos de varias subclases. A veces también, es posible factorizar el extremo de una asociación en una superclase con el fin de hacer más simple el diagrama.

Ejemplo

Al igual que los lobos, los caballos poseen dos ojos y una nariz (ver figura 6.47).

La figura 6.48 muestra que, una vez creada, la clase abstracta `Mamífero` es una superclase de las clases `Caballo` y `Lobo`, las dos asociaciones de composición se factorizan.

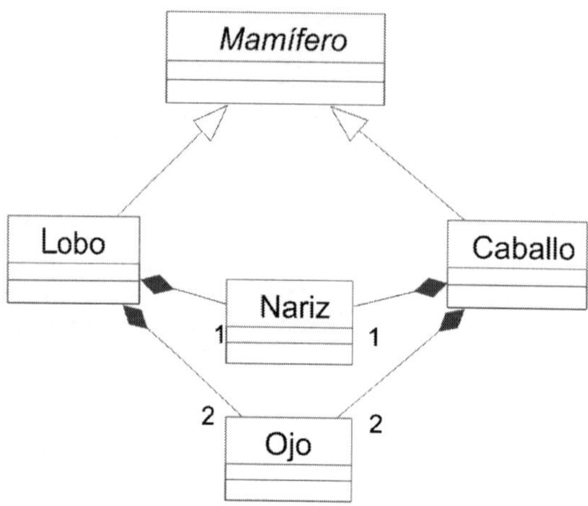


*Figura 6.47 - Asociaciones entre objetos no factorizados*

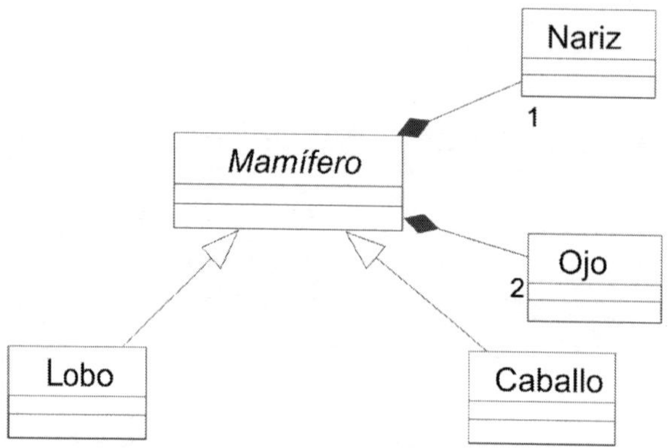


*Figura 6.48 - Asociaciones entre objetos factorizados*

## 5.7 La interfaz

Una interfaz es una clase totalmente abstracta, es decir, no tiene atributo y todos sus métodos son abstractos y públicos. Estas clases no contienen ningún elemento de implantación de los métodos. Gráficamente se representan como una clase con el estereotipo «`interface`».

La implantación de los métodos se realiza mediante una o varias clases concretas, subclases de la interfaz. En ese caso, la relación de herencia existente entre la interfaz y la subclase de implantación se conoce como relación de realización. En las relaciones de herencia entre dos clases, se representa gráficamente mediante una línea discontinua, en lugar de mediante una línea completa.

La figura 6.49 muestra esta representación.

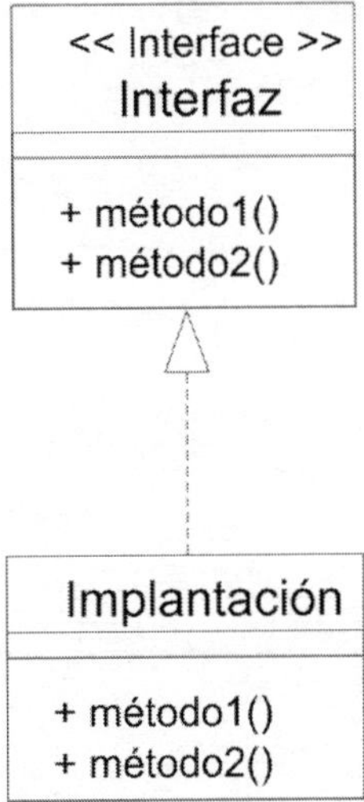


*Figura 6.49 - Interfaz y relación de realización*

Ejemplo

Un caballo de carreras puede considerarse como una interfaz. La interfaz se compone de varios métodos: `correr`, `detenerse`, etc.

A continuación la implantación puede diferir. Las carreras al galope o al trote se realizan sólo con caballos entrenados específicamente para un tipo u otro de carrera. Para los caballos de galope, correr significa galopar. Para los caballos de trote (trotadores), correr significa trotar. Ambos responden a la interfaz `CaballoCarrera`, pero con una implantación diferente resultado de su entrenamiento.

La figura 6.50 muestra el ejemplo.

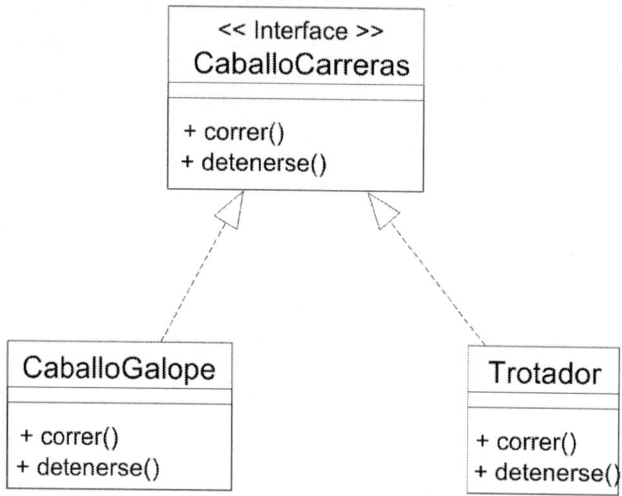


*Figura 6.50 - Interfaz y subclases distintas de realización*

La figura 6.49 puede también representarse con un lollipop o piruleta (ver figura 6.51).

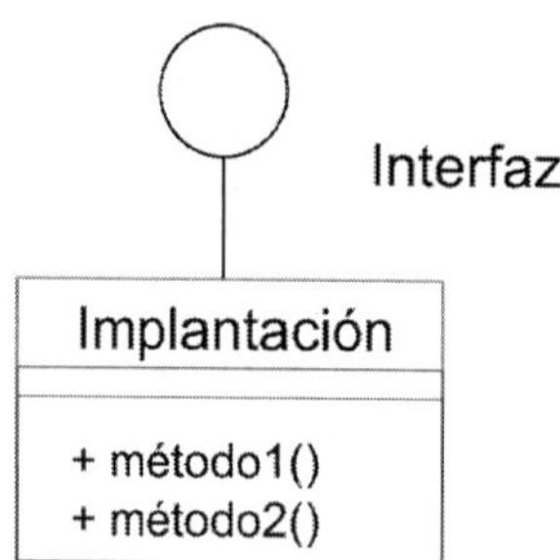


*Figura 6.51 - Representación lollipop de una interfaz y de la relación de realización*

■ Observación

*Una misma clase puede realizar varias interfaces. Se trata de un caso particular de herencia múltiple. No puede darse ningún conflicto, ya que en la clase de realización sólo se heredan las firmas de los métodos. Si hay varias interfaces con la misma firma, ésta se implanta en la clase común de realización mediante un solo método.*

Las clases también pueden depender de una interfaz para realizar sus operaciones. La interfaz se emplea entonces como tipo dentro de la clase (atributo, parámetro o variable local de uno de los métodos).

Decimos que una clase que depende de una interfaz es cliente de ella.

La figura 6.52 muestra la relación de dependencia entre una clase y una interfaz, representado según la figura 6.49 donde tiene forma de lollipop.

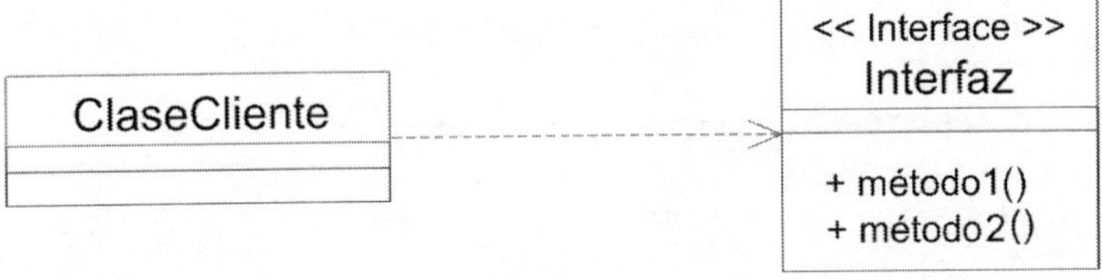


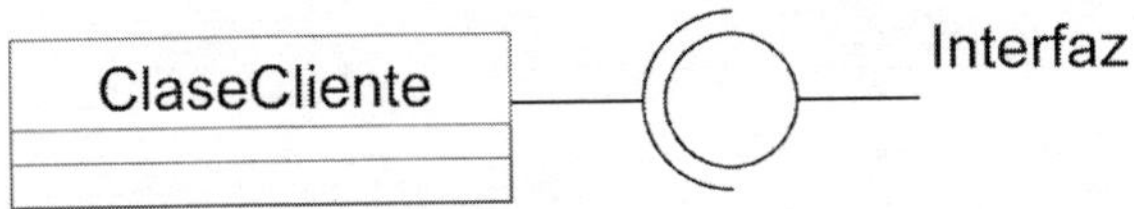


*Figura 6.52 - Relación de dependencia entre una clase y una interfaz*

Ejemplo

Para poder organizar una carrera se necesitan caballos. La clase `Carrera` depende por tanto de la interfaz `CaballoCarrera` (ver figura 6.53).

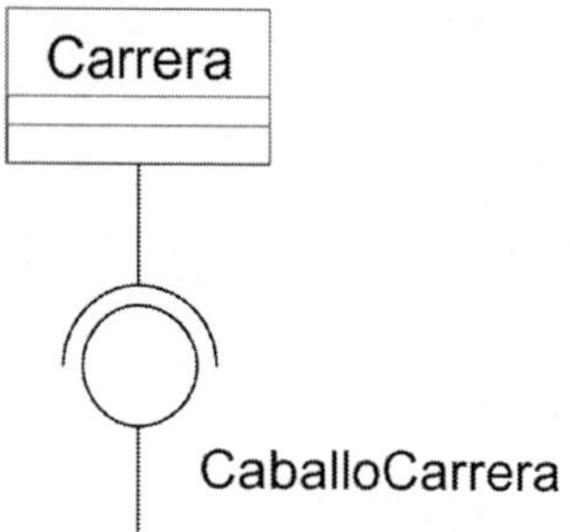


*Figura 6.53 - Ejemplo de dependencia entre una clase y una interfaz*

## 6. Los diferentes estereotipos de clase

Un estereotipo sirve para especializar un elemento UML, como lo hacen los estereotipos de clase «`abstract`» e «`interface`». A continuación describimos los principales estereotipos de clase.

«`abstract`»: este estereotipo indica que una clase es abstracta.

«`auxiliary`»: se trata de una clase secundaria de un sistema. Las clases secundarias sirven de soporte a las clases principales.

«`focus`»: se trata de una clase principal de un sistema. Este estereotipo se opone al estereotipo «`auxiliary`».

«`implementation class`»: una clase de implementación proporciona la realización de una clase «`type`».

«`type`»: una clase «`type`» se corresponde con un tipo de datos abstracto que introduce atributos y métodos abstractos, pero sin proporcionar ninguna realización. Dicha clase es abstracta y se distingue de una interfaz por la introducción de atributos.

«`interface`»: este estereotipo precisa que una clase sea una interfaz.

«`utility`»: este estereotipo introduce la noción de clase utilitaria que solamente posee atributos de clase dotados de la propiedad `{readOnly}`, es decir, constantes así como métodos de clase. Dicha clase no puede ser instanciada.

«`enumeration`»: una enumeración es una clase particular que introduce un tipo de datos cuyos valores se precisan mediante una lista fija de constantes. Estos valores se denominan literales.

Una enumeración se representa gráficamente por esta lista de literales.

Ejemplo

La figura 6.54 ilustra una enumeración en la que la lista de literales se corresponde con los distintos estados de un caballo durante una carrera de obstáculos.

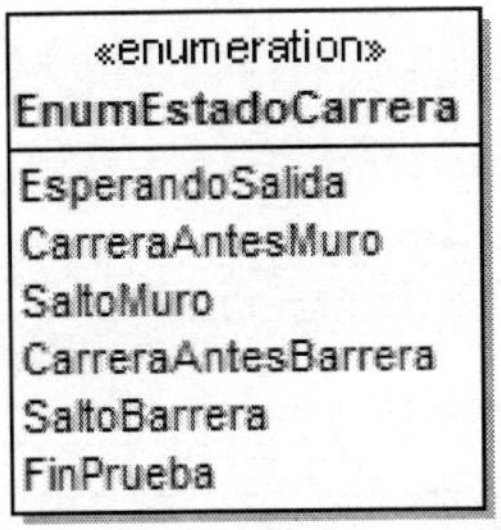

«enumeration»
**EnumEstadoCarrera**

EsperandoSalida
CarreraAntesMuro
SaltoMuro
CarreraAntesBarrera
SaltoBarrera
FinPrueba

*Figura 6.54 - Ejemplo de enumeración*

## 7. Las clases template

Una clase concreta es un modelo que puede instanciarse para crear objetos. De forma análoga, una clase template es un modelo de clases. Posee parámetros que le confieren un aspecto genérico. Estos parámetros están tipados de forma similar a los parámetros de un método, utilizando todos los tipos disponibles. El principal tipo que encontramos es `Type`, un tipo estándar de UML, como `Integer` o `String`. Sirve para fijar el tipo de los atributos, de los parámetros de método, etc.

**Observación**

*`Type` es una clase del metamodelo de UML. El metamodelo es un modelo UML donde los elementos descritos son elementos de UML. Contiene la descripción de las clases, de los tipos, de las asociaciones, de los atributos, de los métodos, etc. De este modo, la clase `Type` describe todos los tipos que se encuentran en un modelo UML, incluidos en el metamodelo. Las instancias de `Type` son tanto los tipos estándar de UML como las clases de cualquier modelo o metamodelo. Por ejemplo, `Integer`, `String`, la clase `Caballo` son instancias de `Type`. La clase del metamodelo `Class` que describe las clases y la propia clase `Type` son también instancias de `Type`. Precisamos también que no es necesario conocer el metamodelo de UML para utilizar las clases template.*

El valor de estos parámetros está fijado por una relación de enlace (binding) del template que describe el enlace entre una clase instanciada y su clase template. Esta relación de enlace es el equivalente, para las clases template, de la relación de instanciación que vincula un objeto con su clase.

La representación clásica de una clase template es comparable a la de una clase. Los parámetros se introducen en un rectángulo situado en la esquina superior derecha de la representación de la clase respetando la siguiente sintaxis:

```
nombreParámetro : type=valorDefecto
```

Donde `nombreParámetro` es el nombre del parámetro, `type` su tipo, y `valorDefecto` el valor por defecto del parámetro. El tipo y el valor por defecto son opcionales.

Ejemplo

La figura 6.55 ilustra la representación de la clase template `ColecciónGenérica`. Posee un parámetro `T` que tiene como tipo la clase `Type`. Implementa una colección cuyos elementos se almacenan en un array introducido por el atributo `contenido`. El método `agrega` inserta un elemento, el método `retira` extrae un elemento y el método `getContenido` devuelve su contenido en forma de array.

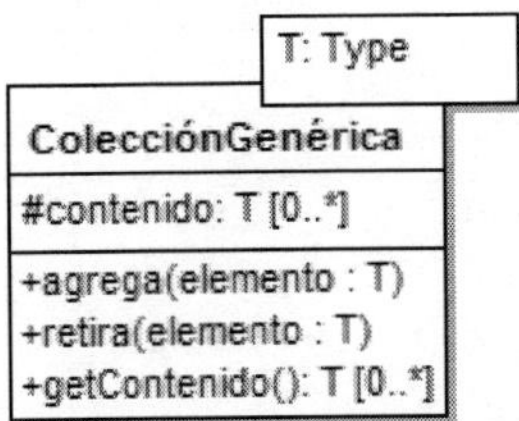


*Figura 6.55 - Ejemplo de clase template*

La relación de enlace está basada en la palabra clave `bind`, que permite detallar cómo se fija el valor de cada parámetro. La sintaxis del enlace es la siguiente:

```
<<bind>> <nombreParámetro -> valor, ... >
```

Ejemplo

La figura 6.56 ilustra la relación de enlace entre la clase `MiColección` que describe mi colección de caballos y la clase template `ColecciónGenérica`. El valor de `T` se fija igual a `Caballo`.

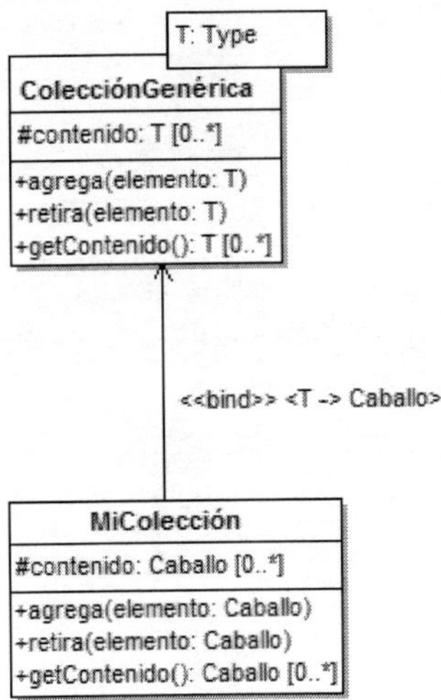


*Figura 6.56 - Ejemplo de relación de enlace de una clase template*

La figura 6.57 es otra representación donde la clase `MiColección` no se ha detallado, lo cual no es obligatorio.

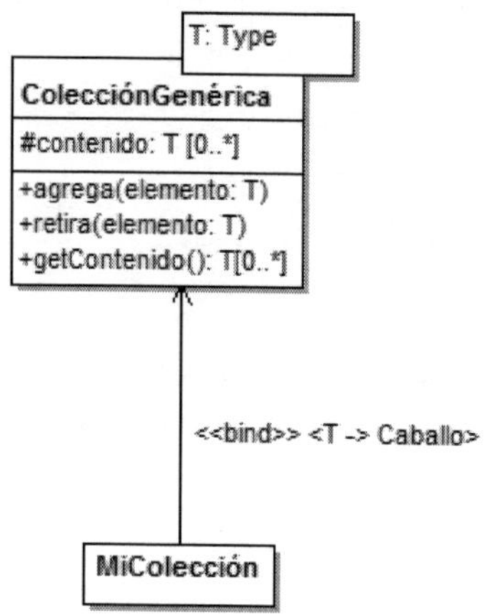


*Figura 6.57 - Otra representación de la relación de enlace*

# 8. Los objetos o instancias

## 8.1 La representación de los objetos

El diagrama de clases es una representación estática del sistema. También puede mostrar los objetos, es decir, en un momento determinado, las instancias creadas y sus vínculos cuando el sistema está activo.

Las instancias se representan dentro de un rectángulo con su nombre subrayado y, eventualmente, el valor de uno o varios atributos.

El nombre de una instancia presenta la forma siguiente:

```
nombreInstancia : nombreClase
```

El nombre de la instancia es opcional.

El valor del atributo presenta esta forma:

```
nombreAtributo = valorAtributo
```

Ejemplo

La figura 6.58 muestra la instancia `Jorgelina`, instancia de la clase `Caballo`, cuya descripción se da en la figura 6.8.

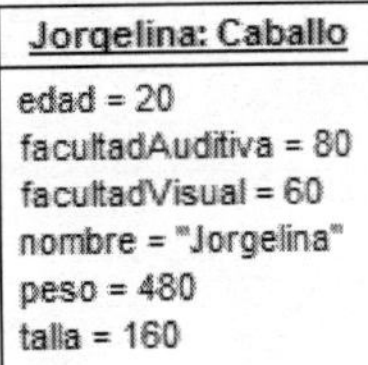


*Figura 6.58 - Ejemplo de objeto: la llegua Jorgelina*

## 8.2 La relación de instanciación

La relación de instanciación describe el vínculo que existe entre una instancia y su clase. Esta relación se describe en el nombre de la instancia cuyo sufijo es el nombre de la clase. También es posible precisar esta relación entre la instancia y su clase utilizando una relación de dependencia dotada del estereotipo «`instanceOf`». Esta última representación es, sin embargo, menos habitual.

Ejemplo

La figura 6.59 muestra la instancia `Jorgelina` y su clase `Caballo`. La relación de instanciación se indica de dos maneras. En primer lugar, el nombre Jorgelina tiene como sufijo el nombre Caballo. A continuación, la figura incluye una relación de dependencia entre `Jorgelina` y la clase `Caballo`. Esta relación está dotada del estereotipo «`instanceOf`».

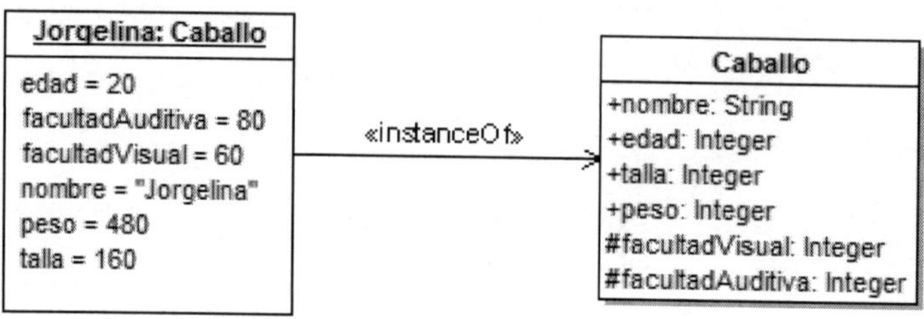


*Figura 6.59 - Representación de la relación de instanciación mediante la relación de dependencia*

## 8.3 Los vínculos entre objetos

Los vínculos entre instancias se representan mediante simples líneas continuas. Estos vínculos son los elementos de las relaciones interobjetos. Por este motivo, de manera similar a como se hace con los nombres de los objetos, el nombre de los vínculos se representa gráficamente con un estilo subrayado y tiene como sufijo el nombre de la asociación. Es posible, también, representar el nombre de los roles sobre la representación gráfica de los vínculos. Estos nombres de rol no están subrayados, puesto que no se corresponden ni con instancias ni con ocurrencias.

Ejemplo

La figura 6.60 ilustra un ejemplo de representación de objetos. Las clases correspondientes están representadas encima. Los distintos enlaces que unen los productos y los clientes muestran representaciones diferentes. El enlace entre `Heno` y `Fien` muestra únicamente los roles. El enlace entre `Paja` y `Fien` muestra únicamente el nombre del enlace, constituido por dos puntos seguidos del nombre de la asociación. El enlace entre `Paja` y `Lorenzo` muestra el rol `productoComprado` y el nombre del enlace tiene como sufijo el nombre de la asociación. Por último, el enlace entre `Agua` y `Lorenzo` no muestra ninguna de sus características.

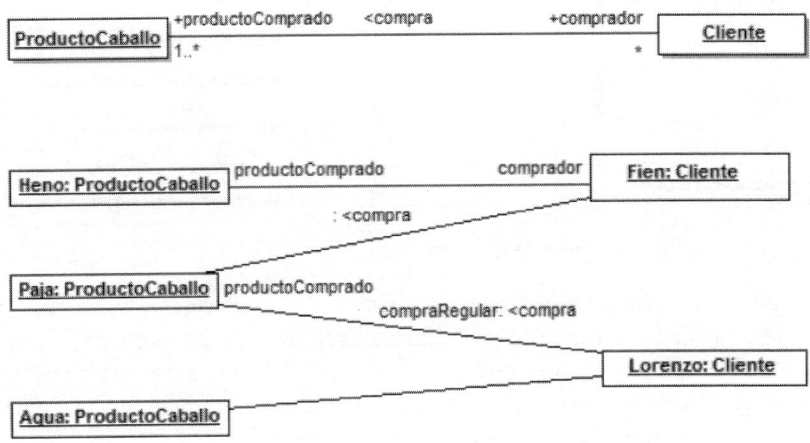


*Figura 6. 60 - Ejemplos de representación de objetos*

# 9. Diagrama de estructura compuesta

## 9.1 La descripción de un objeto compuesto

La finalidad principal del diagrama de estructura compuesta es describir con precisión objetos compuestos. Estos diagramas no sustituyen a los diagramas de clases, sino que los completan.

En los diagramas de estructura compuesta, el objeto compuesto se describe mediante un clasificador, mientras que sus componentes se describen mediante las partes. Un clasificador y una parte están asociados a una clase, cuya descripción completa se realiza en un diagrama de clases.

Observemos el objeto compuesto descrito en el diagrama de clases de la figura 6.61. Posee un componente derivado de una composición fuerte y otro derivado de una agregación.

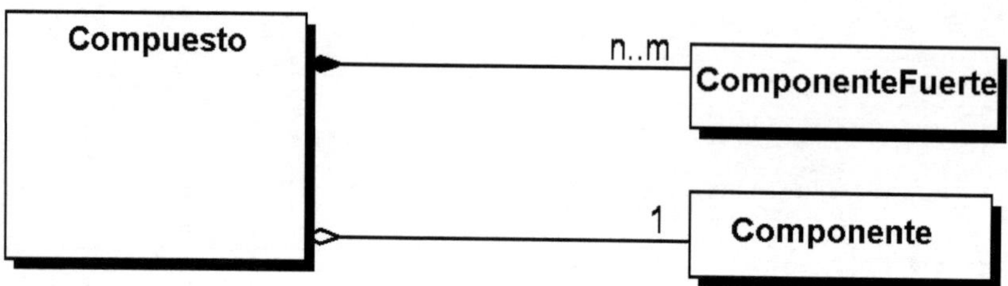


*Figura 6.61 - Objeto compuesto*

La figura 6.52 muestra el diagrama de estructura compuesta correspondiente a ese objeto. Los componentes están integrados dentro del clasificador que describe el objeto compuesto. El tipo de las partes es la clase del componente. La cardinalidad se indica entre corchetes. Su valor por defecto es uno. Los componentes derivados de agregaciones aparecen representados mediante una línea de puntos, los componentes derivados de composiciones fuertes aparecen representados mediante una línea continua.

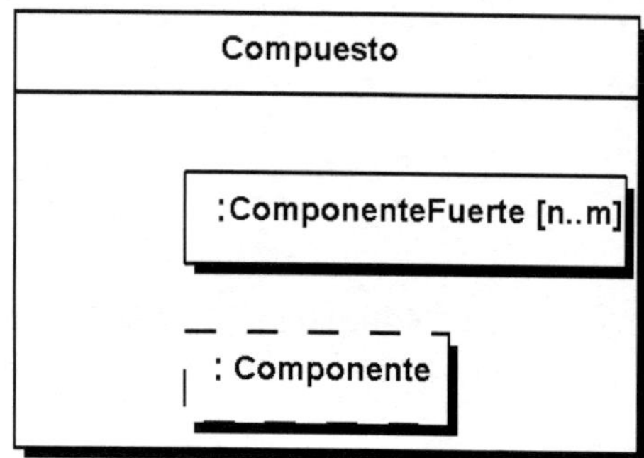


*Figura 6.62 - Diagrama de estructura compuesta*

Ejemplo

La figura 6.63 muestra un ejemplo de diagrama de estructura compuesta en el que se describe un automóvil en tanto que objeto compuesto. El diagrama de clases correspondiente aparece representado abajo.

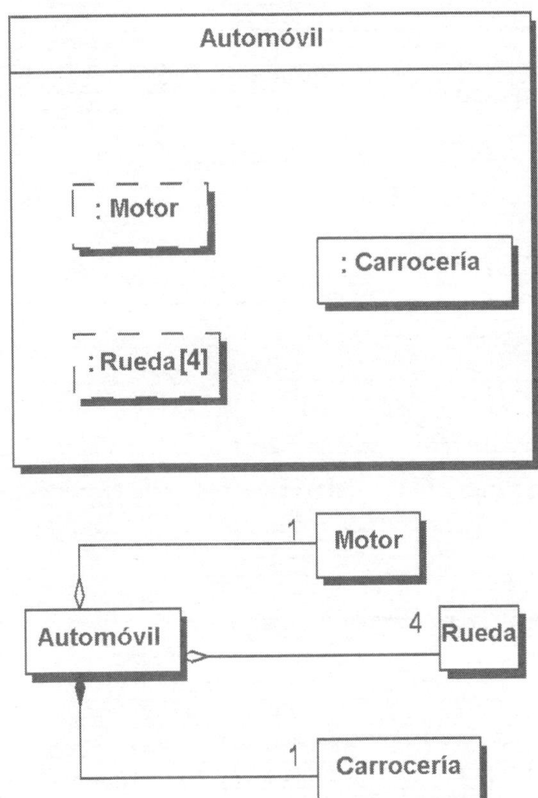


*Figura 6.63 - Ejemplo de diagrama de estructura compuesta*

■Observación

*En el diagrama de estructura compuesta, `Motor`, `Carrocería` y `Rueda` no son clases, sino partes. Las partes se consideran siempre dentro de clasificadores.*

El diagrama de clases de la figura 6.64 muestra nuevamente un automóvil en tanto que objeto compuesto. Introduce la asociación vinculada entre las ruedas y los semiárboles que se ocupan de la transmisión entre el motor y las ruedas delanteras, que son las ruedas motrices.

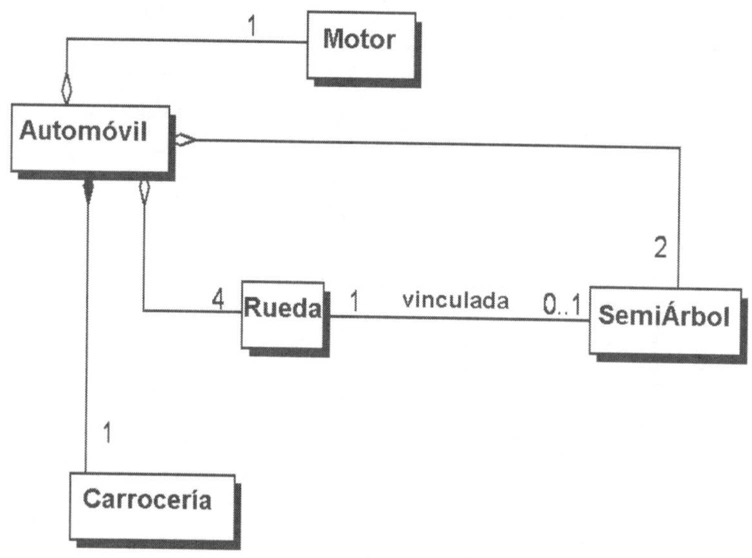


*Figura 6.64 - Diagrama de clases del objeto compuesto Automóvil con los semiárboles*

La cardinalidad de la asociación vinculada es 0..1 en el extremo del semiárbol. En efecto, la cardinalidad de las ruedas delanteras es uno y la de las traseras es cero. Esta última información no puede ser descrita en el diagrama de clases, a menos que se introduzcan dos subclases de `Rueda`: `RuedaDelantera` y `RuedaTrasera`. No obstante, el inconveniente de incorporar dos subclases para precisar una cardinalidad es que el diagrama de clases se hace más enrevesado. La opción no es, por tanto, demasiado deseable.

El diagrama de estructura compuesta permite especificar la función de una parte. La función describe el uso de la parte dentro del objeto compuesto. La figura 6.65 introduce tres partes para las ruedas correspondientes a la rueda delantera izquierda, la rueda delantera derecha y las dos ruedas traseras, respectivamente. La cardinalidad de las partes se adapta en consecuencia. El nombre de la función se indica en la parte antes del tipo.

**Observación**

*Esta notación no es la misma que la usada en el diagrama de objetos. Efectivamente, la notación para especificar una instancia utiliza el estilo subrayado.*

En la figura 6.65 se han introducido también dos partes correspondientes a cada semiárbol.

Entre cada parte correspondiente a una rueda delantera y cada parte correspondiente a un semiárbol, un conector representa la asociación `vinculada`. Los conectores sirven para unir dos partes. Están tipificados por una asociación interobjetos, del mismo modo que una parte está tipificada por una clase.

**Observación**

*Si existen varios conectores entre dos partes y éstos están tipificados por la misma asociación, es posible distinguirlos atribuyéndoles nombres de función al modo de los nombres de función de las partes.*

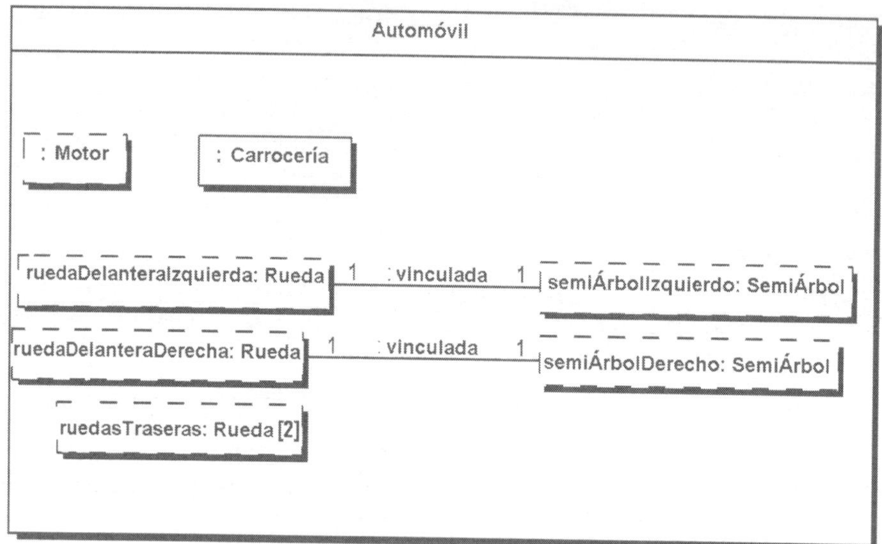


*Figura 6.65 - Diagrama de estructura compuesta con funciones y conectores*

Los conectores pueden también vincular las partes entre ellas a través de puertos. Un puerto es un punto de interacción. Posee una interfaz que constituye su tipo y define el conjunto de interacciones posibles. Las interacciones definidas por un puerto se hacen con los otros puertos vinculados a él mediante un conector.

Los puertos también pueden introducirse en los clasificadores. En ese caso, el objetivo de los puertos es servir de pasarela entre las partes internas del clasificador y los objetos externos a éste (su entorno).

Desde el punto de vista de la encapsulación, se trata de puertos generalmente públicos. Y se conocen, por tanto, fuera del clasificador.

**Observación**

*Un puerto definido en el clasificador puede también definirse como privado. Se reserva entonces a una comunicación interna entre el clasificador y sus partes. No realiza funciones de pasarela entre el interior y el exterior del clasificador.*

**Observación**

*Una parte puede poseer varios puertos, cada uno de ellos dotado de su propia interfaz. Varios puertos de una misma parte pueden tipificarse con la misma interfaz. En esos casos es posible distinguirlos asignándoles nombres de función diferentes, a la manera de lo que se hace con las partes y los conectores.*

La figura 6.66 muestra la misma descomposición en partes del objeto `Automóvil` que en el último ejemplo. Entre el motor y los semiárboles de transmisión se han agregado algunos conectores. Los conectores entre las partes están unidos a través de un puerto representado en forma de cuadrado blanco. También se ha añadido un puerto en el clasificador, que está tipificado por la interfaz `Orden` y conectado a un puerto del motor igualmente tipificado por esa interfaz.

En lo que se refiere a las interacciones, la figura muestra que:

- La clase `Automóvil` puede interactuar con el exterior para recibir órdenes destinadas al motor y que le son transmitidas;
- El motor se comunica con los semiárboles (transmisión de movimiento);
- Cada semiárbol se comunica con las ruedas (transmisión de movimiento).

**Observación**

*Los conectores no están tipificados por razones de simplificación. De igual modo, la interfaz de los puertos de los semiárboles, de las ruedas y del puerto del motor conectado a los semiárboles no se ha indicado. Podría tratarse de la interfaz `Transmisión`.*

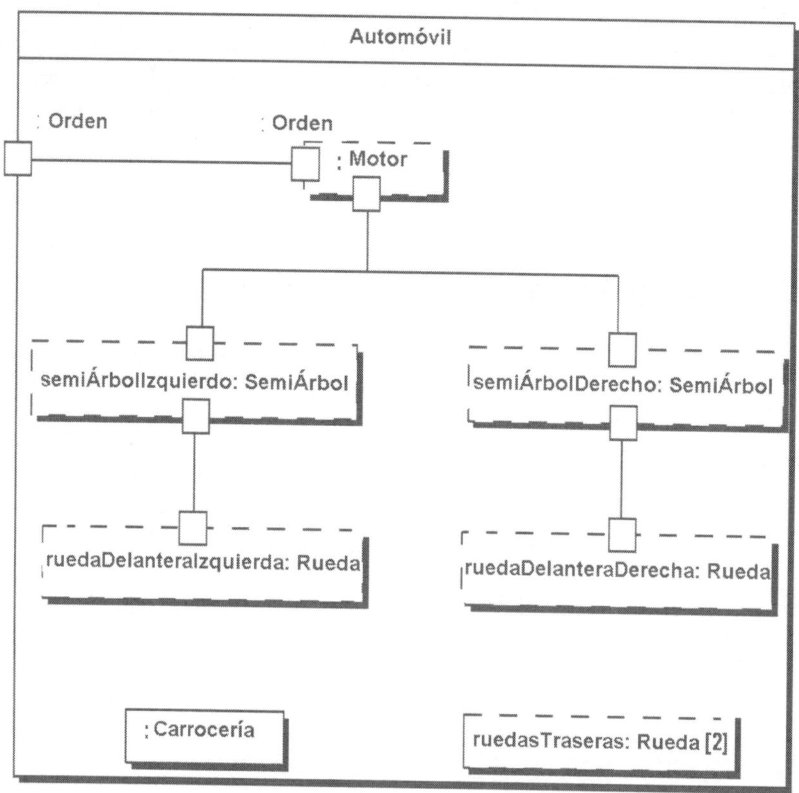


*Figura 6.66 - Diagrama de estructura compuesta en el que se han introducido una serie de puertos*

## 9.2 La colaboración

Una colaboración describe un conjunto de objetos que interactúan entre sí con el fin de ilustrar la funcionalidad de un sistema. Cada objeto participa en esa funcionalidad efectuando un papel concreto.

En las colaboraciones, los objetos se describen como en un clasificador, con los mismos elementos: partes, conectores, puertos, etc.

Las colaboraciones pueden usarse para describir los patrones de diseño (*design patterns*) utilizados en la programación con objetos.

La figura 6.67 muestra el diagrama de clases de uno de esos patrones; a saber, el patrón `Composite`.

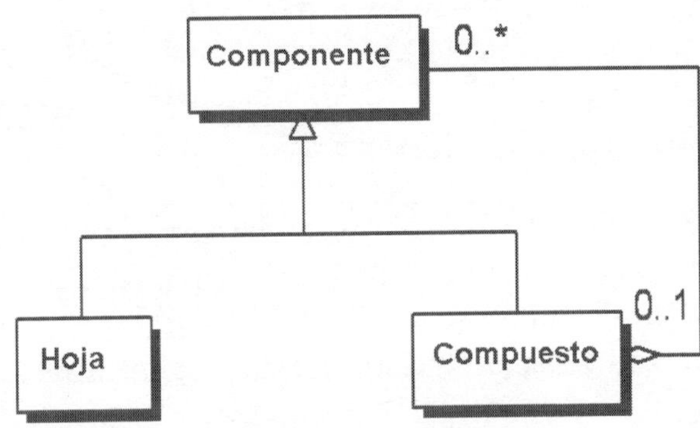


*Figura 6.67 - Pattern* `Composite`

La finalidad del patrón `Composite` es ofrecer un marco de diseño de una composición de objetos cuya profundidad puede variar. Un componente puede ser una hoja o un objeto compuesto, a su vez, por hojas y otros compuestos. Uno de los ejemplos que mejor ilustran este tipo de patrón es el sistema de archivos del disco duro de un ordenador personal, compuesto de archivos y carpetas. Cada carpeta puede, a su vez, contener archivos u otras carpetas.

En la figura 6.68 se muestra una colaboración en la que se describe el patrón `Composite`. En ella están representadas los dos partes de la colaboración, a saber, la de la clase `Hoja` y la de la clase `Compuesto`. Toda la hoja está necesariamente contenida en un solo y único compuesto, es decir, que existe al menos un compuesto. Los compuestos pueden estar contenidos en otros compuestos o no (caso del compuesto raíz).

**Observación**

*Las colaboraciones no sustituyen el diagrama de clases, sino que lo completan. Como mencionamos al principio: el diagrama de estructura compuesta no está llamado a reemplazar el diagrama de clases, sino a completarlo.*

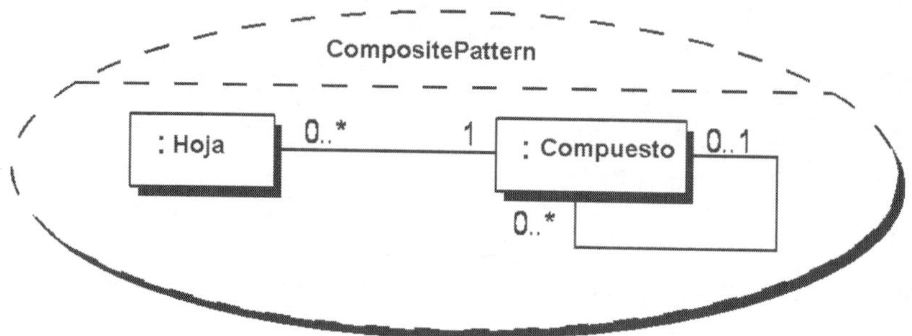


*Figura 6.68 - Colaboración en la que se describe el patrón* `Composite`

El diagrama de estructura compuesta ofrece la posibilidad de describir una aplicación de una colaboración fijando las funciones de las partes. Es lo que hemos hecho en la figura 6.69 tomando nuestro ejemplo de archivos como aplicación de la colaboración del patrón `Composite`.

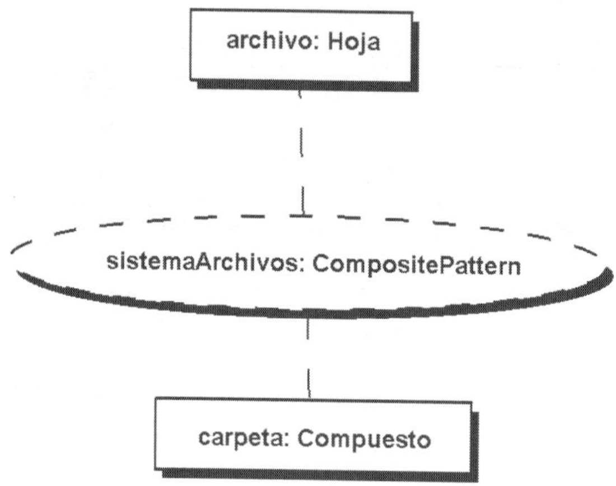


*Figura 6.69 - Aplicación de la colaboración* `Composite` *al sistema de archivos*

# 10. Conclusión

En el presente capítulo hemos estudiado los diagramas de clases. Las clases describen los atributos y los métodos de sus instancias, así como los atributos y métodos de clase.

Las asociaciones entre objetos son obligatorias al elaborar un diagrama de clases. Dichas asociaciones constituyen la base de la interacción de las instancias a través del envío de mensajes cuando el sistema está activo.

Las relaciones de herencia entre clases son, asimismo, indispensables, ya que favorecen la factorización de elementos comunes, permitiendo así reducir el tamaño del diagrama.

La expresión de las especificaciones en UML, en lenguaje natural o en OCL conduce a enriquecer aún más la semántica expresada en el diagrama.

Por último, hemos estudiado el diagrama de estructura compuesta que complementa el diagrama de clases ofreciendo una descripción más fina de los objetos compuestos.

# 11. Ejercicios

## 11.1 La jerarquía de los caballos

Tenemos las clases `Yegua`, `Semental`, `Potro`, `Potranca`, `Caballo`, `CaballoMacho` y `CaballoHembra`, así como las asociaciones `padre` y `madre`. Establezca la jerarquía de las clases haciendo figurar en ella ambas asociaciones.

Utilice las especificaciones `{incomplete}`, `{complete}`, `{disjoint}` y `{overlapping}`.

Introduzca la clase `Manada`. Establezca la asociación de composición entre esta clase y las clases ya introducidas.

## 11.2 Los productos para caballos

Modele los aspectos estáticos del texto siguiente en forma de diagrama de clases.

Una central de caballos vende diferentes tipos de productos para caballos: productos de mantenimiento, alimentación, equipamiento (para montar el caballo), herraje.

Un pedido contiene una serie de productos y especifica la cantidad de cada uno de ellos. En caso necesario, se puede elaborar un presupuesto antes de pasar el pedido. Si alguno de los productos no está en stock, a petición del cliente el pedido puede dividirse en varias entregas. Cada entrega da lugar a una factura.

# Capítulo 7
# Estructuración de los elementos de modelado

## 1. Introducción

UML describe los empaquetados gracias a un diagrama específico. Un empaquetado es una agrupación de elementos de modelado: clases, componentes, casos de uso, otros empaquetados, etc.

Los empaquetados de UML resultan útiles durante el modelado de sistemas importantes para reagrupar los diferentes elementos. La agrupación estructura de ese modo el modelado.

## 2. Los empaquetados y el diagrama de empaquetado

Los empaquetados se representan con una carpeta (ver figura 7.1) y constituyen un conjunto de elementos de modelado UML.

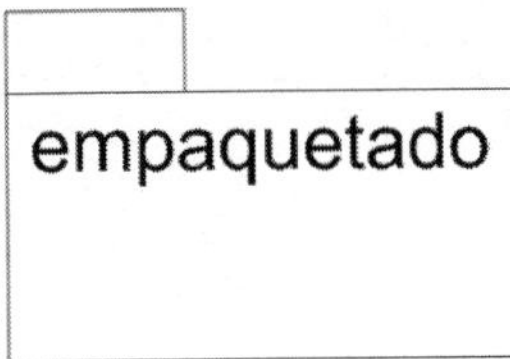


*Figura 7.1 - Representación gráfica de un empaquetado*

Ejemplo

La figura 7.2 muestra el empaquetado que representa los diferentes elementos de modelado de un criadero de caballos.

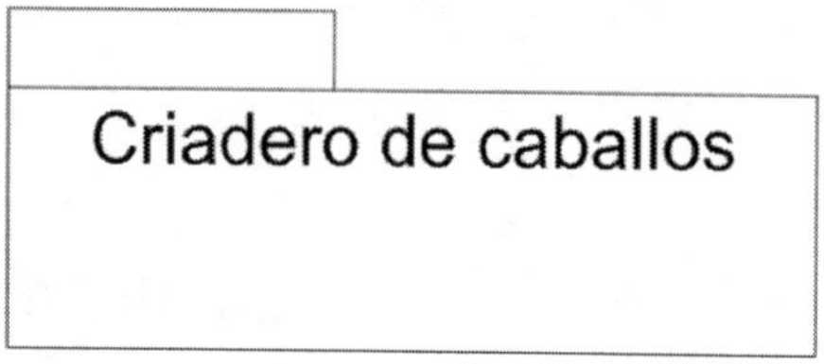

Criadero de caballos

*Figura 7.2 - Ejemplo de empaquetado*

El contenido de un empaquetado se describe mediante un diagrama de empaquetado que representa los diferentes elementos del mismo con su propia representación gráfica. Estos elementos pueden ser clases, componentes, casos de uso, otros empaquetados, etc.

Los elementos de un empaquetado pueden incluirse directamente dentro de la carpeta que lo representa.

Ejemplo

El contenido del empaquetado `Criadero de caballos` se ilustra a través de su diagrama. Éste consta de tres empaquetados que contienen casos de uso y clases (ver figura 7.3).

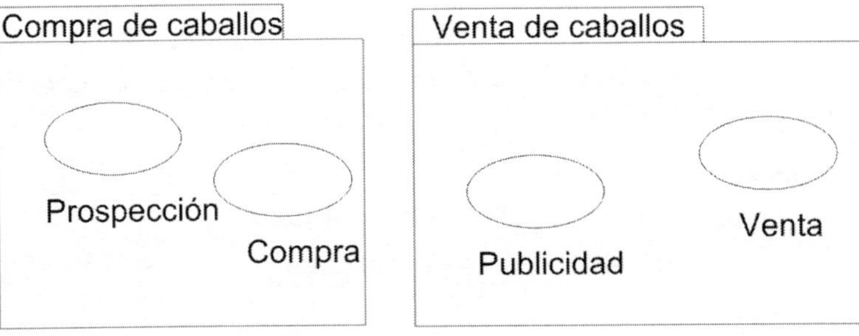


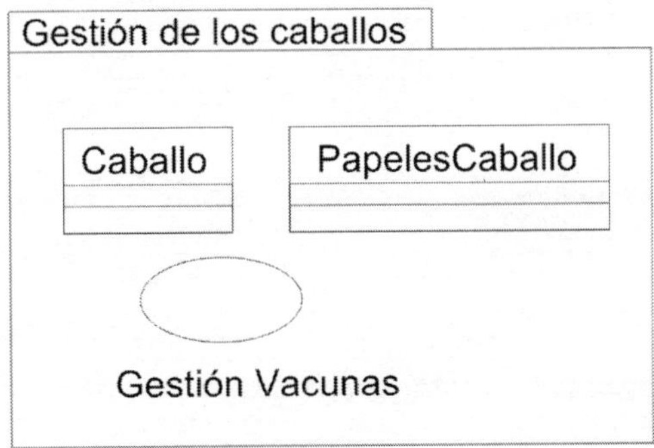


*Figura 7.3 - Diagrama de empaquetado que representa un criadero de caballos*

Los elementos incluidos en el empaquetado pueden ser accesibles en el exterior o estar encapsulados dentro del mismo. Por defecto, los elementos son accesibles en el exterior.

La encapsulación se representa mediante un signo más o un signo menos delante del nombre del elemento. El signo más significa que no hay encapsulación y que el elemento es visible fuera del empaquetado. El signo menos significa que el elemento está encapsulado y no es visible en el exterior.

Ejemplo

La figura 7.4 muestra el empaquetado `Criadero de caballos` para el cual ha sido precisa la encapsulación.

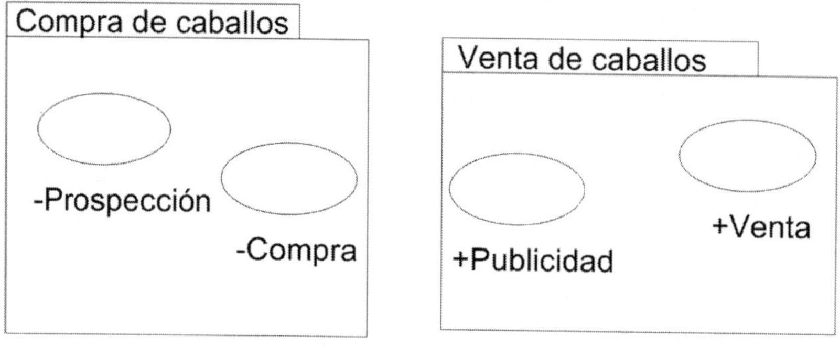


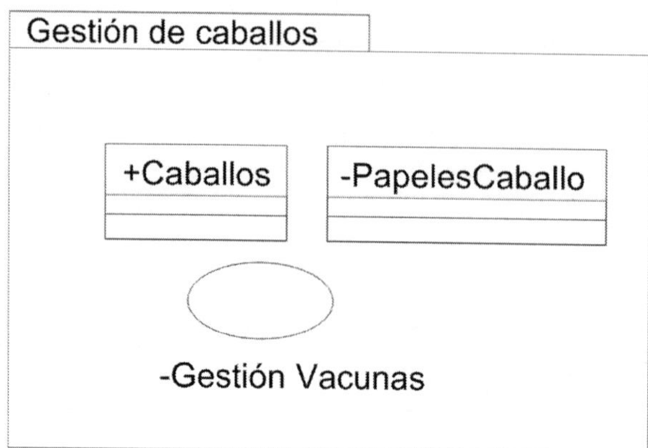


*Figura 7.4 - Diagrama de empaquetado con elementos encapsulados y visibles*

## 3. Las relaciones de importación y de acceso entre empaquetados

Para que un empaquetado pueda utilizar los elementos de otro, existen dos tipos de relación:

- La relación de importación consiste en llevar un elemento del empaquetado de origen al empaquetado de destino. El elemento forma parte entonces de los elementos visibles del empaquetado de destino;
- La relación de acceso consiste en acceder a un elemento del empaquetado de origen desde el empaquetado de destino. El elemento no forma parte entonces de los elementos visibles del empaquetado de destino.

Sólo es posible importar o acceder a un elemento si éste está definido como visible en el empaquetado de origen.

Ambas relaciones pueden aplicarse también a los empaquetados completos: importan o acceden a todos los elementos del empaquetado de origen definidos como visibles.

Ambas son relaciones de dependencia, especializadas con ayuda de los estereotipos «`import`» o «`access`».

Ejemplo

En el empaquetado `Criadero de caballos`, los empaquetados `Compra de caballos` y `Venta de caballos` importan la clase `Caballo`. El resultado habría sido el mismo si ambos empaquetados hubieran importado el empaquetado `Gestión de los caballos`, ya que la clase `Caballo` es la única pública.

La figura 7.5 muestra las dos relaciones de importación.

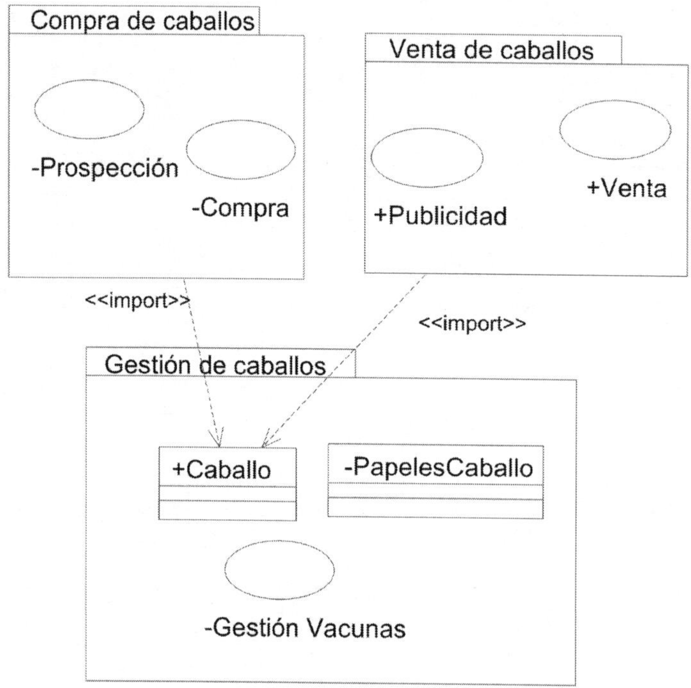


*Figura 7.5 - Relaciones de importación entre empaquetados*

## 4. La relación de fusión entre dos empaquetados

La relación de fusión entre dos empaquetados se ilustra en la figura 7.6. La existencia de esta relación genera la fusión del contenido no privado del empaquetado de destino en el contenido del empaquetado de origen.

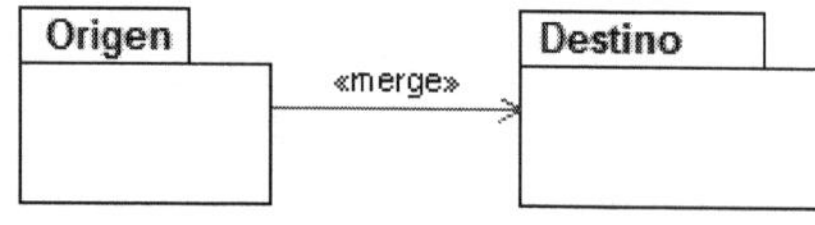


*Figura 7.6 - Relación de fusión entre dos empaquetados*

Las reglas generales que gobiernan la fusión entre un empaquetado de origen y un empaquetado de destino son las siguientes:

1. La relación de fusión se transforma en una relación de importación conservando la misma orientación. Los elementos públicos del empaquetado de destino se importan en el empaquetado de origen.
2. Para cada elemento del empaquetado de destino que puede especializarse (como las clases, los casos de uso, etc.) y para el que no existe ningún elemento con el mismo nombre en el empaquetado de origen, se crean un nuevo elemento con el mismo nombre en este empaquetado. A continuación, se introduce una relación de especialización desde todos los elementos del empaquetado de origen hacia los elementos del empaquetado de destino que poseen el mismo nombre. Todas las propiedades heredadas de esta manera en los elementos del empaquetado de origen se redefinen. Estas propiedades redefinidas pertenecen, por consiguiente, a los elementos del empaquetado de origen.
3. Las relaciones de especialización existentes entre los elementos del empaquetado de destino se vuelven a introducir entre los elementos del mismo nombre en el empaquetado de origen.
4. Por cada empaquetado presente en el empaquetado de destino y para el que no exista un empaquetado con el mismo nombre en el empaquetado de origen, se crea un nuevo empaquetado con el mismo nombre en este empaquetado. A continuación, se define una relación de fusión entre todos los empaquetados del empaquetado de origen y los empaquetados del empaquetado de destino que poseen el mismo nombre. Las reglas de la fusión se aplican, de esta manera, de forma recursiva a los empaquetados anidados.
5. Las relaciones de importación y de acceso existentes entre los empaquetados del empaquetado de destino se vuelven a introducir entre los empaquetados con el mismo nombre en el empaquetado de origen.
6. Los elementos del empaquetado de destino que no pueden generalizarse o especializarse se copian en el empaquetado de origen. Sus relaciones con los demás elementos en el empaquetado de origen se vuelven idénticas a las del empaquetado de destino.

**Observación**

*La fusión entre dos empaquetados se introduce con un estado de relación, y no un estado de operación. La aplicación de las reglas de fusión determina la descripción del empaquetado de origen.*

Ejemplo

La figura 7.7 ilustra la relación de fusión. El empaquetado `Jockeys` es el empaquetado de origen de la relación de fusión. Introduce descripciones específicas de los jinetes profesionales (salario, caballeriza) mientras que el empaquetado de destino, el empaquetado `Jinetes`, introduce una descripción general de los jinetes. Todos los elementos del empaquetado `Jinetes` son públicos.

La figura 7.8 ilustra la descripción del empaquetado `Jockeys` de manera que está determinada por la aplicación de reglas de la relación de fusión. Las clases cuyo nombre está prefijado por `Jinetes::` son clases del empaquetado `Jinetes` que se han importado en el empaquetado `Jockeys` (ver la regla 1). Las clases `Caballo` y `Persona` se han introducido en el empaquetado `Jockeys`. Heredan de las clases `Caballo` y `Persona` del empaquetado `Jinetes` donde redefinen los atributos heredados (ver la regla 2). La clase `Jinete` que existía en el empaquetado `Jockeys` hereda de la clase `Persona` del mismo empaquetado (ver la regla 3) y de la clase `Jinete` del empaquetado `Jinetes` donde redefine los atributos `antigüedad` y `montura`.

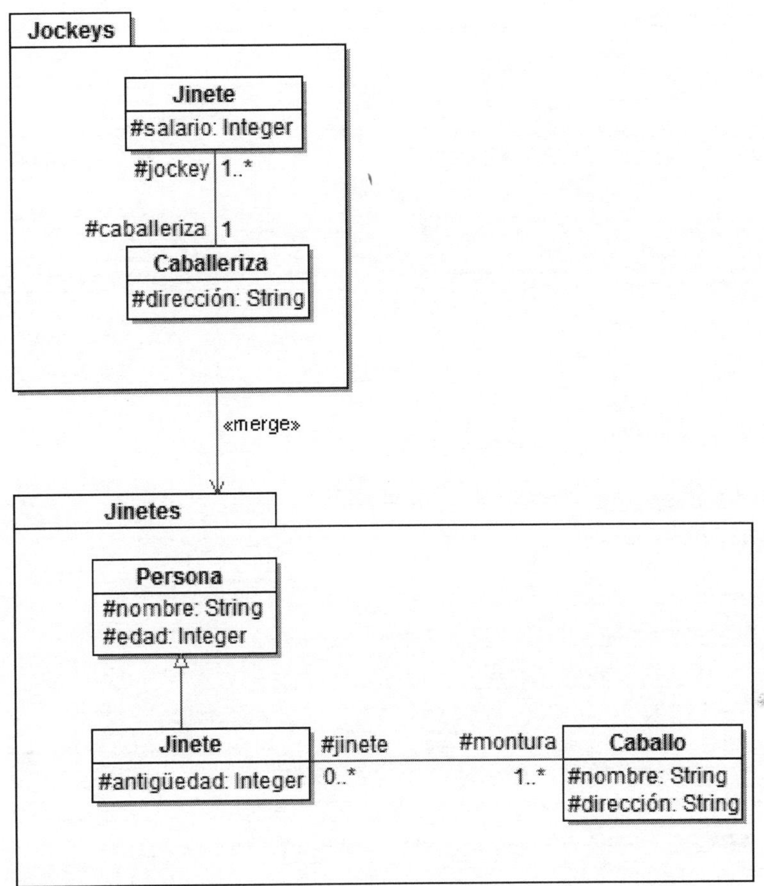


*Figura 7.7 - Relaciones de fusión entre el empaquetado* `Jockeys` *y el empaquetado* `Jinetes`

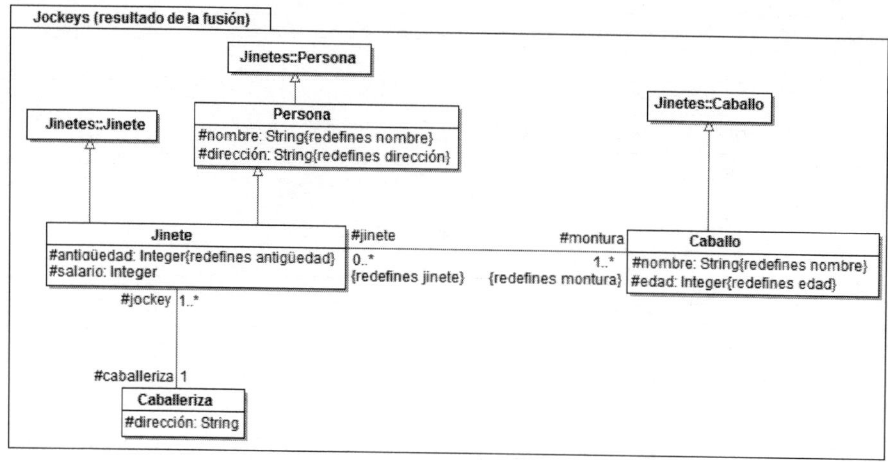


*Figura 7.8 - El empaquetado* `Jockeys` *tal y como se describe mediante su relación de fusión con el empaquetado* `Jinetes`

## Observación

*La relación de fusión entre empaquetados se utiliza de manera intensiva para organizar el metamodelo de UML. Este metamodelo se estructura en cuatro niveles numerados de $L_0$ a $L_3$. El nivel $L_0$ contiene únicamente los elementos para modelar las jerarquías de clases que se encuentran en los lenguajes de programación orientados a objetos más sencillos. El nivel $L_3$ incluye la capacidad de describir cualquier diagrama UML. El nivel $L_{i+1}$ se obtiene a partir del nivel $L_i$ asociando por fusión los empaquetados del nivel $L_{i+1}$ con empaquetados del nivel $L_i$.*

## 5. Los empaquetados template

En el capítulo Modelado de objetos, hemos introducido la noción de clase template. Esta constituye un modelo genérico para las demás clases. La genericidad se confiere mediante uno o varios parámetros.

Ocurre lo mismo con los empaquetados. UML ofrece la posibilidad de elaborar un empaquetado template dotado de parámetros y, a continuación, fijar su valor en la relación de enlace.

Ejemplo

La figura 7.9 ilustra un ejemplo de empaquetado template. Los parámetros son las dos clases del empaquetado, el atributo `característica` y el tipo `T`. Las clases son de tipo `Class`, la clase del metamodelo de UML que describe las clases. El atributo `característica` es de tipo `Property`, la clase que describe los atributos. Las instancias de la clase `Type` son por lo general todas las clases y todos los tipos estándar.

Este empaquetado describe de manera genérica la asociación entre uno o varios propietarios y su(s) propiedad(es), teniendo en cuenta las divisiones. La característica de la propiedad se introduce, pero su nombre y su tipo son genéricos.

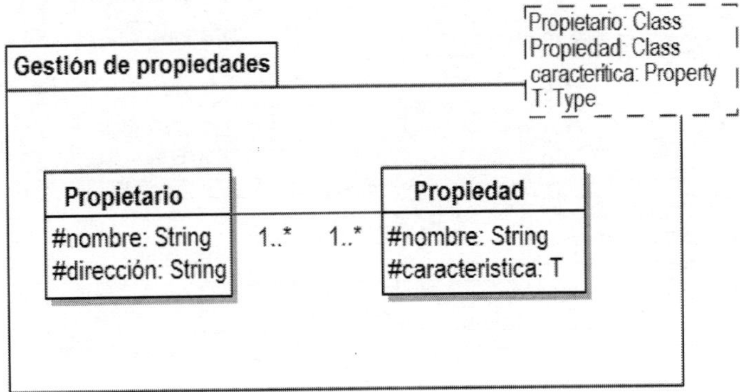


*Figura 7.9 - Ejemplo de empaquetado template*

La figura 7.10 ilustra el primer ejemplo de enlace de este empaquetado template. Está vinculado con el template de gestión de una caballeriza. Una caballeriza posee caballos de carrera, lo que explica el enlace entre `Propietario` y `Caballeriza` y el enlace entre `Propiedad` y `CaballoCarreras`. La característica de un caballo de carreras es su raza, de ahí el enlace entre `característica` y `raza` y entre `T` y `Raza`.

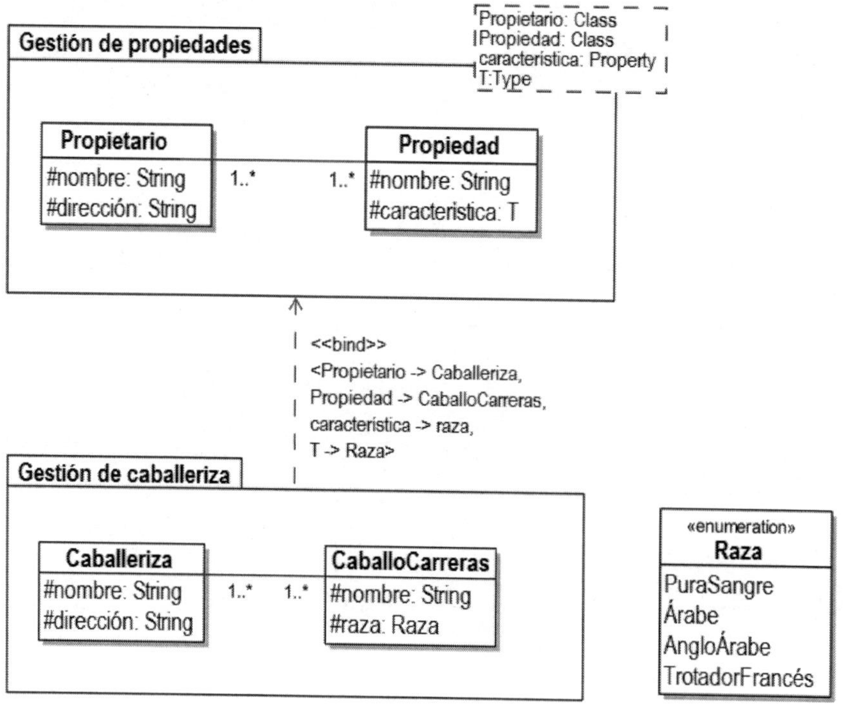


*Figura 7.10 - Primer ejemplo de la relación de enlace de un empaquetado template*

La figura 7.11 ilustra el segundo ejemplo de enlace de este empaquetado template. Está vinculado con el template de gestión de un criadero. Un criadero posee caballos de tiro, de ahí el enlace entre `Propietario` y `Criadero` y el enlace entre `Propiedad` y `CaballoTiro`. La característica de un caballo de tiro es su peso, lo que nos conduce al enlace entre `característica` y `peso` y al enlace entre `T` e `Integer`.

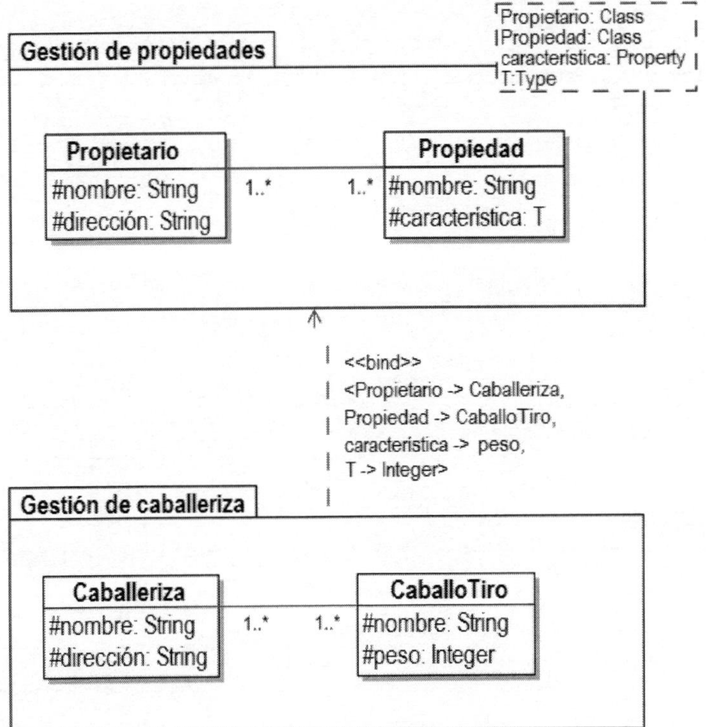


*Figura 7.11 - Segundo ejemplo de la relación de enlace de un empaquetado template*

## 6. Conclusión

Los empaquetados son útiles para estructurar el modelado de un sistema de información importante. Los empaquetados *sistema* contienen empaquetados de mayor nivel que, a su vez, albergan otros empaquetados y así sucesivamente hasta llegar a los elementos básicos del modelado, como las clases o los casos de uso.

La relación de fusión y los empaquetados template son elementos potentes para estructurar el modelado de un sistema de información.

# Capítulo 8
# Modelado del ciclo de vida de los objetos

## 1. Introducción

Una vez estudiadas las interacciones y los aspectos estáticos de los objetos del sistema, procederemos a abordar su ciclo de vida. El ciclo de vida de un objeto representa las diferentes etapas o estados por los que pasa para llegar, dentro del sistema, a realizar un objetivo. Un estado corresponde a un momento de actividad o de inactividad del objeto. La inactividad se produce cuando el objeto espera a que otros objetos concluyan una actividad.

Estudiaremos la noción de evento, que hace que el objeto cambie de estado. El cambio de estado consiste en traspasar una transición.

El diagrama de estados-transiciones ilustra el conjunto de estados del ciclo de vida de un objeto separados por transiciones. Cada transición se asocia a un evento.

Examinaremos detalladamente la noción de señal. Veremos también que es posible asociar condiciones para traspasar transiciones y administrar así las alternativas. Estudiaremos cómo la unión y la alternativa facilitan la elaboración de diagramas de estados-transiciones.

Analizaremos la noción de estado compuesto con el fin de simplificar la escritura del diagrama de estados-transiciones. Veremos que es posible disponer de subestados que evolucionen en paralelo.

Por último, presentaremos el diagrama de timing, diagrama que describe los cambios de estado de un objeto cuando éstos se producen exclusivamente en función del tiempo.

## 2. La noción de estado

El estado de un objeto corresponde a un momento de su ciclo de vida. Mientras se encuentran en un estado, los objetos se limitan a esperar una señal procedente de otros objetos. Cuando ocurre esto decimos que están inactivos. Sin embargo, también pueden estar activos y realizar actividades. Una actividad es la ejecución de una serie de métodos y de interacciones con otros objetos. Está vinculada a un objetivo. En el capítulo Modelado de las actividades, estudiaremos detalladamente su descripción con ayuda de los diagramas de actividades.

Ejemplo

En un concurso de salto de obstáculos, los caballos se encuentran en estado de reposo antes de empezar la competición. Se trata de un estado inactivo y a la espera de la orden de salida.

Cuando saltan un obstáculo, los caballos están en un estado activo que concluye al acabar de saltar el obstáculo.

Los estados del ciclo de vida de un objeto contienen un estado inicial –que corresponde al estado del objeto justo después de su creación– y uno o varios estados finales o de terminación. Los estados de terminación corresponden a la fase de destrucción del objeto. También puede ocurrir que no exista estado final o de terminación dado que el ciclo de vida de un objeto puede estar formado por un bucle infinito.

# 3. El cambio de estado

## 3.1 Noción de evento y de señal

Un evento es un hecho que activa el cambio de estado. UML define cinco tipos de eventos:

- AnyReceivedEvent: corresponde a un evento cualquiera. Sin embargo, solo provoca un cambio de estado si ningún otro evento con un tipo diferente a AnyReceivedEvent provoca al mismo tiempo un cambio de estado. La sintaxis de este evento es la palabra clave `all`.
- CallEvent: un evento CallEvent se produce cuando se invoca al método correspondiente.
- ChangeEvent: un evento ChangeEvent se produce cuando se produce un cambio en el sistema. Este cambio se describe mediante una expresión lógica que es verdadera en el momento en que se produce el evento.
- TimeEvent: un evento TimeEvent se especifica mediante una instrucción que indica un tiempo absoluto o relativo. Si el tiempo es relativo, la instrucción adopta la sintaxis `after expresión`. Si el tiempo es absoluto, la instrucción adopta la sintaxis `at expresión`. En ambos casos, cuando se alcanza el momento indicado, se produce el evento.
- SignalEvent: un evento SignalEvent se produce cuando se recibe una señal.

**Observación**

*La señal puede ser emitida por cualquier objeto, incluso por el propio objeto que está a la espera de la señal para cambiar de estado.*

UML propone describir las señales mediante clases. Las señales emitidas y recibidas son entonces instancias de una clase de señales. Para distinguirlas del resto de clases, las clases de señales se describen con el estereotipo «`señal`». Los atributos de los objetos de esas clases son los parámetros de mensaje. La descripción mediante clases conduce a la organización de las señales de manera jerárquica.

**Observación**

*UML no obliga a describir de forma precisa los eventos. En una primera fase de modelado, los eventos pueden especificarse sólo con su nombre.*

Ejemplo

La figura 8.1 muestra la jerarquía de señales que pueden recibir el jinete y su caballo. Son señales emitidas por el juez o bien por uno de los obstáculos.

**Observación**

*Consideramos que un obstáculo puede emitir señales al mismo título que el juez. No hay que olvidar que en modelado mediante objetos, todos los objetos deben interactuar unos con otros, aunque en el mundo real sean pasivos.*

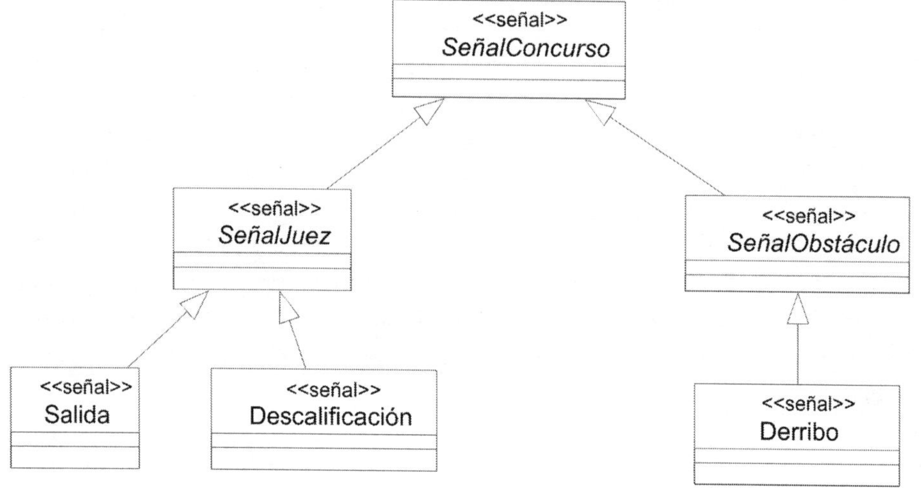


*Figura 8.1 - Ejemplo de jerarquía de clases que representan señales*

**Observación**

*La operación consistente en describir una estructura, en este caso en describir un mensaje mediante una clase, se conoce como reificación. Reificar es transformar en cosa. En la orientación a objetos, por tanto, es transformar en objeto.*

## 3.2 La transición

Una transición es un vínculo orientado entre dos estados que expresa que el objeto puede pasar del estado inicial de la transición al estado de destino. Cuando el objeto realiza este paso del estado inicial al estado de destino, decimos que se ha traspasado la transición.

Las transiciones se asocian generalmente a eventos. En esos casos, la transición se traspasa si el objeto se encuentra en el estado inicial de la transición y si se produce el evento. Este traspaso tiene lugar tanto si el objeto está activo como si no. Si está inactivo, el traspaso se produce inmediatamente, mientras que si está activo, éste tiene lugar cuando finaliza la actividad asociada al estado.

Ejemplo

Cuando el jinete y el caballo reciben la orden de salida del juez pasan del estado de espera al estado de carrera. Se trata de un evento SignalEvent. Si se produce cualquier otro evento, pasan al estado de descalificación. Se trata, entonces, de un evento AnyEvent.

Un caballo recibe el mensaje de trotar. Pasa al estado de trote. Se trata de un evento CallEvent.

Un consejero en el mundo equino ostenta el estado de micro-emprendedor. Cuando su cifra de negocios anual supere un importe fijado por la ley, pierde su estado de micro-emprendedor. Se trata de un evento ChangeEvent.

A las 17h00, se lava a los caballos de la caballería. Se trata de un evento TimeEvent.

Las transiciones automáticas no se asocian a eventos, sino que se traspasan cuando el objeto termina la actividad vinculada al estado inicial. En esos casos es preciso asociar una actividad al estado inicial.

Ejemplo

Cuando el jinete y el caballo terminan el recorrido pasan automáticamente al estado final.

Una transición reflexiva posee el mismo estado inicial y final. Si la transición está asociada a un evento, la recepción de éste no hace cambiar el estado. Si la transición es reflexiva y automática resulta útil para realizar una actividad en bucle.

**Observación**

*Si un evento asociado a una transición reflexiva no hace cambiar el estado del objeto, su recepción puede provocar reacciones como la llamada a un método del objeto o el envío de una señal a otros objetos.*

Ejemplo

Mientras el caballo se niegue a saltar un obstáculo permanecerá en el estado de carrera que precede a dicho obstáculo. El número de intentos aumenta de uno en uno.

## 4. Elaboración del diagrama de estados-transiciones

El diagrama de estados-transiciones representa el ciclo de vida de las instancias de una clase (o una parte de este ciclo).

Describe los estados, las transiciones que los vinculan y los eventos que provocan el traspaso de las transiciones.

Este tipo de diagramas sólo resulta útil para los objetos que tienen un ciclo de vida. Otros objetos, simplemente portadores de información, no cambian de estado a lo largo de su vida y, por tanto, resulta inútil crear un diagrama de estados-transiciones para ellos.

### 4.1 Representación gráfica de los elementos básicos

Los estados se representan mediante un rectángulo de esquinas redondeadas con su nombre en el interior. La figura 8.2 muestra la representación gráfica de un estado.

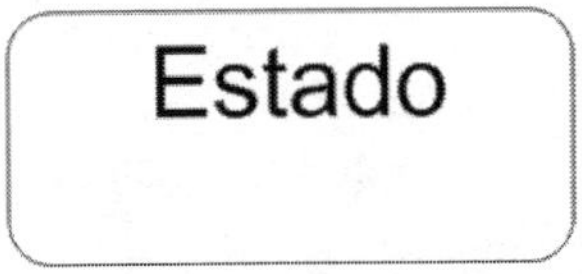

Estado

*Figura 8.2 - Representación gráfica de un estado*

En un diagrama de estados-transiciones, el primer estado corresponde al estado inicial del objeto a la salida de su fase de creación. Este estado es único en un diagrama de estados-transiciones.

El estado inicial se representa mediante un punto negro (ver figura 8.3).

*Figura 8.3 - Representación gráfica del estado inicial*

Un estado final corresponde al final del ciclo de vida descrito por el diagrama de estados-transiciones.

Un estado final se representa con un punto negro rodeado de un círculo (ver figura 8.4).

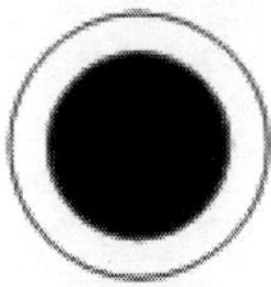

*Figura 8.4 - Representación gráfica de un estado final*

Un estado de terminación se representa mediante una cruz como muestra la figura 8.5. Cuando se alcanza este estado, significa que termina el ciclo de vida del objeto y este se destruye.

*Figura 8.5 - Representación gráfica del estado de terminación*

Una transición entre dos estados se representa mediante una línea negra con una flecha en un extremo que une ambos estados (ver figura 8.6). El evento que determina el traspaso de la transición se indica al lado de la transición. Si la transición es automática no se indica ningún evento.

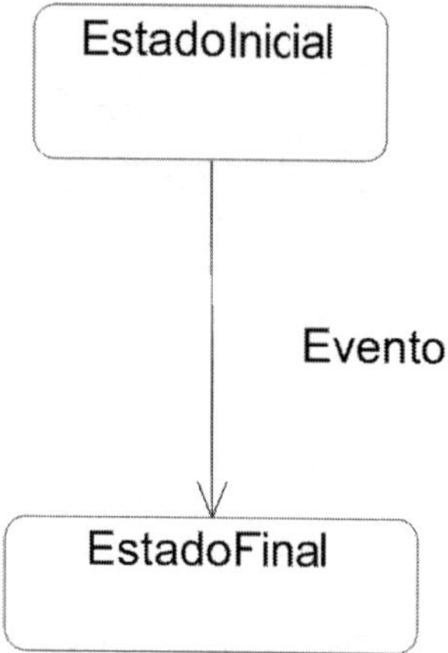


*Figura 8.6 - Representación gráfica de una transición*

Una transición reflexiva posee el mismo estado inicial y final (ver figura 8.7).

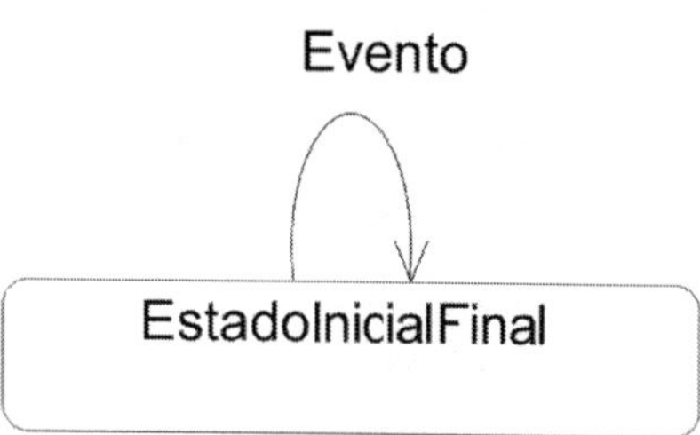


*Figura 8.7 - Representación gráfica de una transición reflexiva*

Ejemplo

En un concurso de obstáculos, la prueba consiste en que cada participante salte dos o tres obstáculos diferentes. A veces, ocurre que el caballo se niega a saltar el obstáculo, entonces el jinete vuelve a intentar el salto. La figura 8.8 representa el diagrama de estados-transiciones que describe la prueba del objeto "participante en la prueba". Los obstáculos son el muro y la barrera respectivamente. El diagrama contiene transiciones reflexivas y automáticas.

**Observación**

*La posibilidad de saltar nuevamente un obstáculo se limita a dos intentos, sin contar el intento inicial. Si tras estos intentos el participante no supera el obstáculo, queda eliminado. Más adelante veremos cómo tener en cuenta esta especificación.*

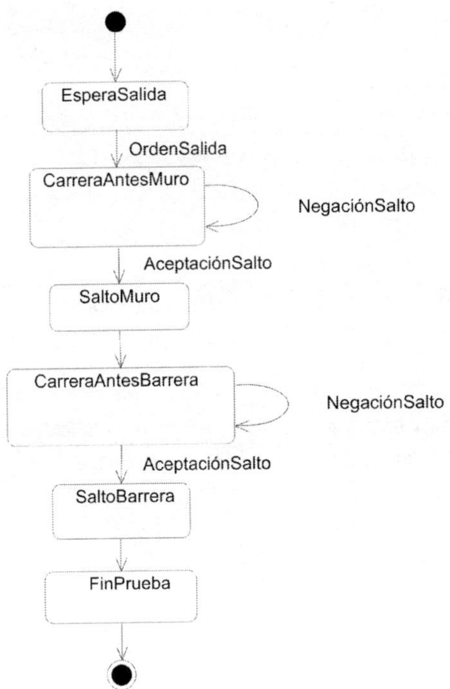


*Figura 8.8 - Ejemplo de diagrama de estados-transiciones*

## 4.2 Condiciones de guarda

Es posible asociar condiciones a una transición, éstas se conocen como condiciones de guarda. Para traspasar la transición, además de realizar el evento asociado a ella, en caso de que exista, es preciso que la condición se cumpla.

Las condiciones de guarda se escriben entre corchetes. Si hay un evento asociado a la transición, la condición se expresa a la derecha del nombre del evento (ver figura 8.9).

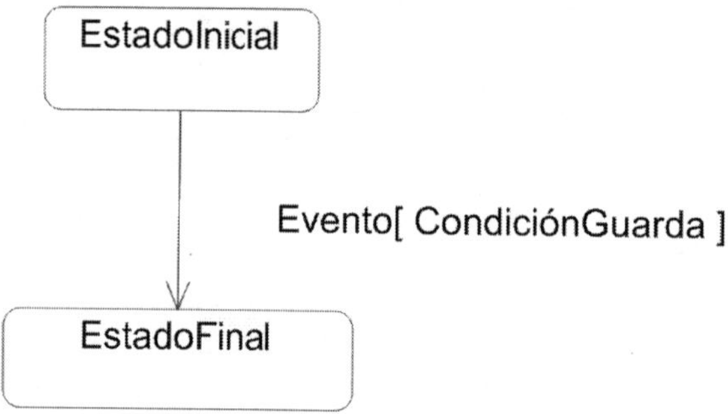


*Figura 8.9 - Condición de guarda*

Ejemplo

En caso de que el caballo se niegue a saltar un obstáculo, el participante tiene derecho a intentarlo de nuevo dos veces. Queda descalificado, por tanto, tras la tercera tentativa fallida.

La figura 8.10 muestra cómo tener en cuenta el número máximo de intentos fallidos retomando el ejemplo de la figura 8.8 (sólo se muestra el primer obstáculo).

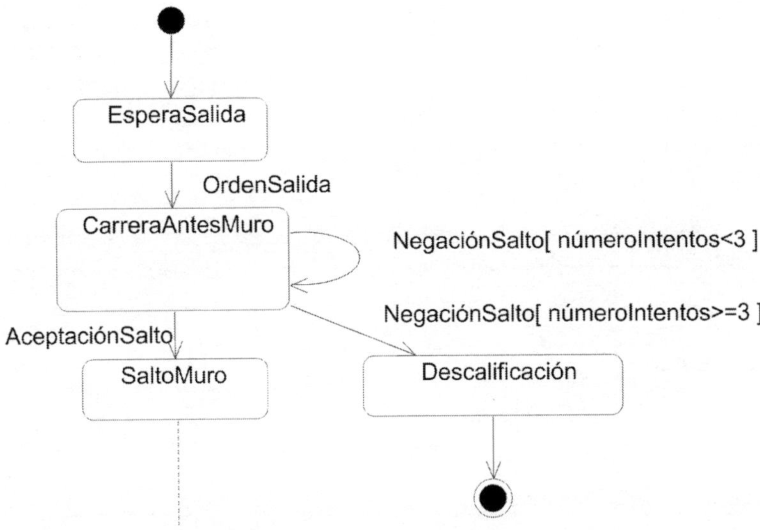


*Figura 8.10 - Ejemplos de condiciones de guarda*

## 4.3 Las actividades vinculadas a un estado o al traspaso de una transición

Podemos especificar diferentes actividades:

- durante el estado;
- al traspasar la transición;
- en la entrada y en la salida del estado;
- dentro del estado, al recibir un evento.

Una actividad es una serie de acciones. Una acción consiste en asignar un valor a un atributo, crear o destruir un objeto, efectuar una operación, invocar a un método de otro objeto o del propio objeto, etc. El otro objeto se designará con su nombre, al igual que que en los diagramas de interacción estudiados en el capítulo Modelado de la dinámica.

La figura 8.11 muestra la representación gráfica de las diferentes posibilidades. Las actividades precedidas de la palabra clave `entry/` se ejecutan a la entrada de un estado. La palabra clave `do/` introduce la actividad realizada durante el estado. Las actividades precedidas del nombre de un evento se ejecutan si se ha recibido el evento. Las actividades precedidas de la palabra clave `exit/` se ejecutan en la salida del estado.

También es posible especificar la actividad durante el traspaso de la transición. En este caso, la actividad debe estar precedida del signo / después del evento y de la condición de guarda, en caso de que existan.

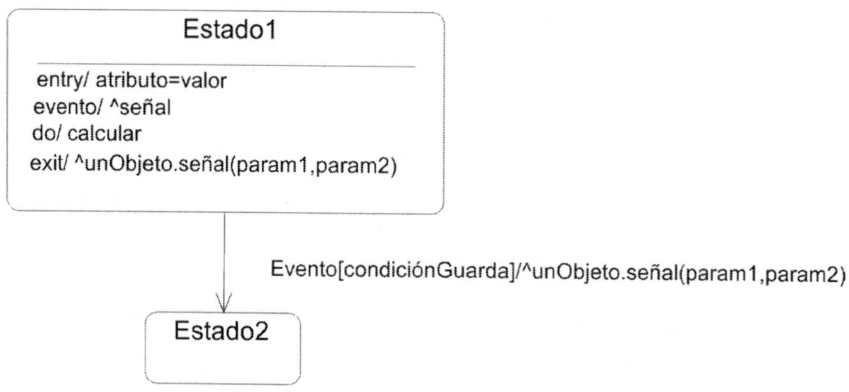


*Figura 8.11 - Actividades ejecutadas durante un estado o al traspasar una transición*

Ejemplo

La figura 8.12 muestra el uso de las actividades dentro de un estado o bien al traspasar una transición. Esto permite administrar el valor de los atributos `númeroPuntosPenalización` y `númeroIntentos` de la clase `Participante`. El número de puntos de penalización aumenta si se derriba el muro, hecho que se traduce en la recepción del evento `derribo` durante el estado `SaltoMuro`. El número de intentos se inicia en uno y va aumentando con cada negativa a saltar durante la transición correspondiente.

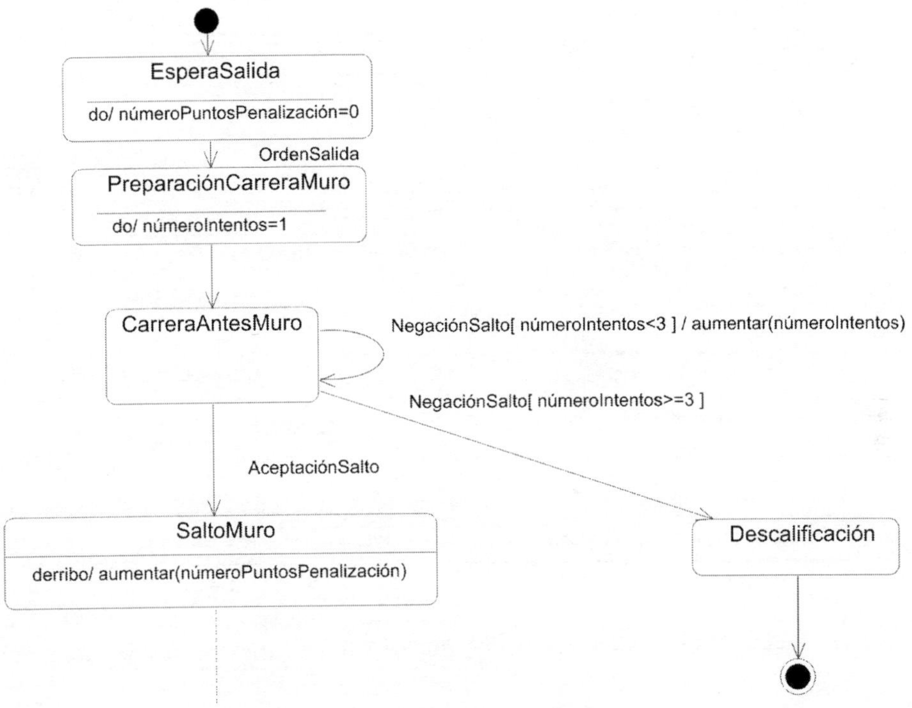


*Figura 8.12 - Ejemplos de actividades dentro de un estado o al traspasar una transición*

## 4.4 La unión y la alternativa

La unión conecta varios estados de origen con varios estados de destino, lo que evita describir explícitamente todas las transiciones. Las figuras 8.13 y 8.14 son equivalentes: existen las mismas transiciones de un estado de origen a un estado de destino en ambos casos. La figura 8.13 no utiliza la unión, mientras que sí se implementa en la figura 8.14.

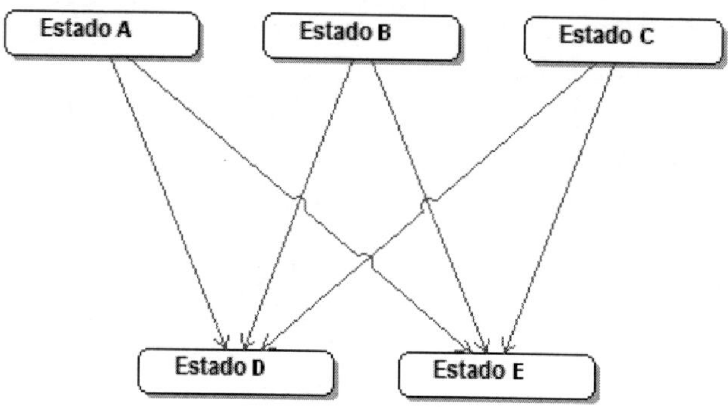


*Figura 8.13 - Ejemplo de transiciones múltiples entre tres estados de origen y dos estados de destino sin unión*

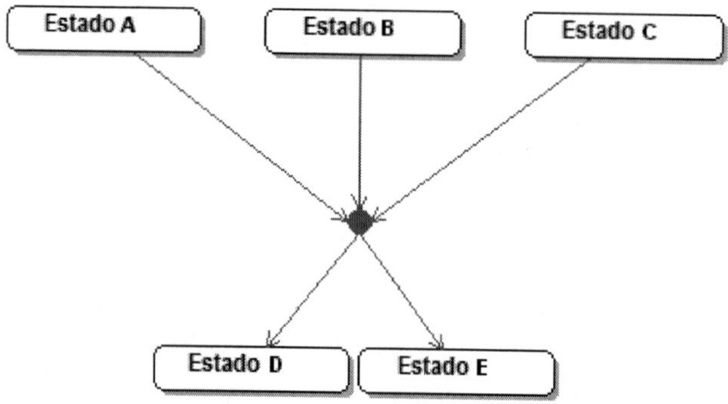


*Figura 8.14 - Ejemplo de transiciones múltiples entre tres estados de origen y dos estados de destino con unión*

La alternativa conecta un estado de origen con varios estados de destino. A diferencia de la unión, la alternativa equivale a una única transición. Las salidas de la alternativa deben estar dotadas de condiciones de guarda que se excluyan entre sí, es decir, que no puedan ser verdaderas simultáneamente. La figura 8.15 ilustra la representación gráfica de la alternativa.

*Figura 8.15 - La alternativa*

Ejemplo

Las figuras 8.16 y 8.17 muestran respectivamente la implementación de la alternativa y de la unión. Retoman el ejemplo de la figura 8.12. Una alternativa puede remplazarse, siempre, por una unión. La semántica es equivalente, pues las condiciones de guarda se excluyen. La alternativa conserva la ventaja de que impone esta exclusión. Por el contrario, no es posible remplazar una unión por una alternativa, salvo si las condiciones son excluyentes.

Conviene también destacar otro punto: en ambas figuras, el número de intentos se ha inicializado a 0 y no a 1, como en la figura 8.12. En efecto, este número se ha incrementado tras la carrera antes del muro y antes de la alternativa o la unión. La semántica no se ve modificada, pero la lectura resulta más sencilla.

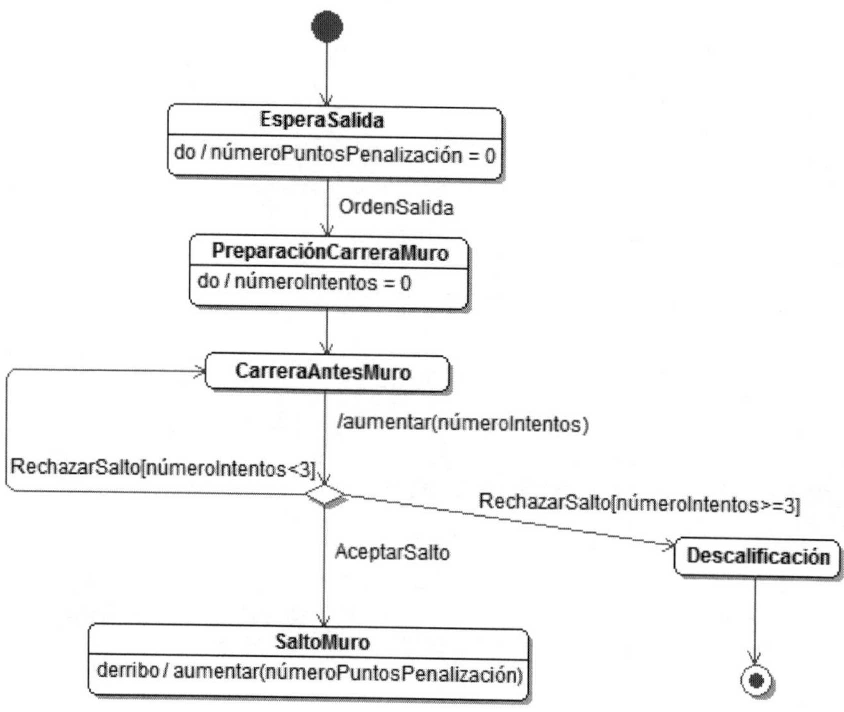


*Figure 8.16 - Implementación de la alternativa*

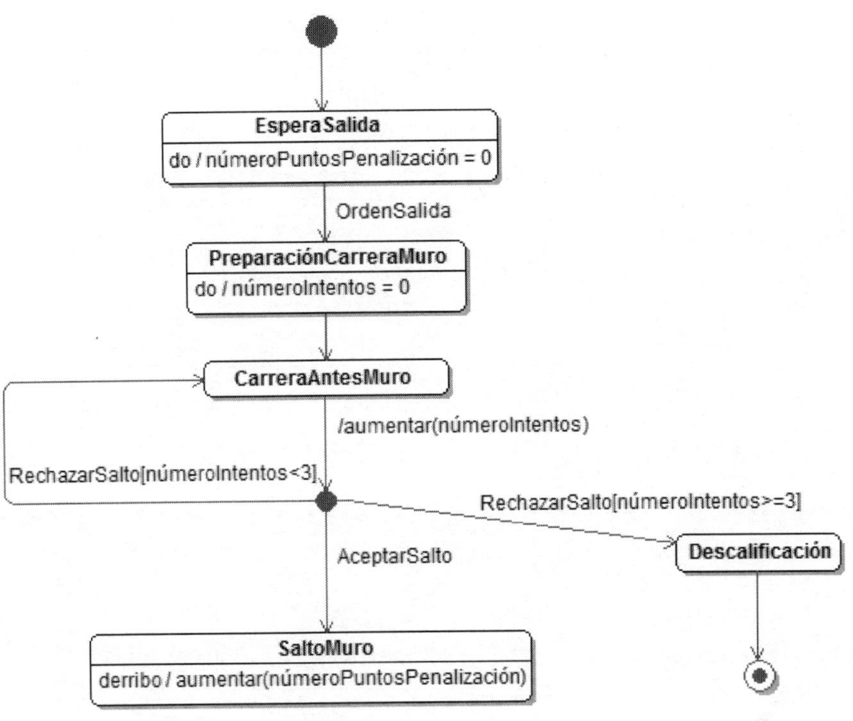


*Figura 8.17 - Implementación de la unión*

## 4.5 Los estados compuestos

El propio estado puede ser descrito con un diagrama de estados-transiciones. Este tipo de estados se conoce como estados compuestos. Los estados que lo componen reciben el nombre de subestados.

El principio es simple: cuando el objeto pasa al estado compuesto, pasa también al subestado inicial del diagrama interno de estados-transiciones. Si el objeto traspasa una transición que le hace salir del estado compuesto, sale a su vez de los subestados.

La figura 8.18 muestra un estado compuesto. Un diagrama interno de estados-transiciones puede tener uno o varios estados finales o no tener ninguno.

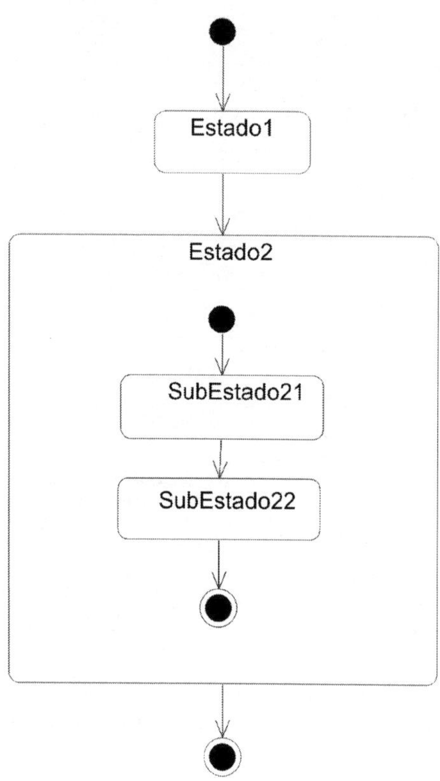


*Figura 8.18 - Estado compuesto*

La figura 8.19 muestra otra representación de un estado compuesto con tres subestados. Está basada en la representación de un punto de salida que constituye subestados. Un punto de entrada se representa por un disco sencillo. Un punto de salida se representa por un disco que contiene una cruz.

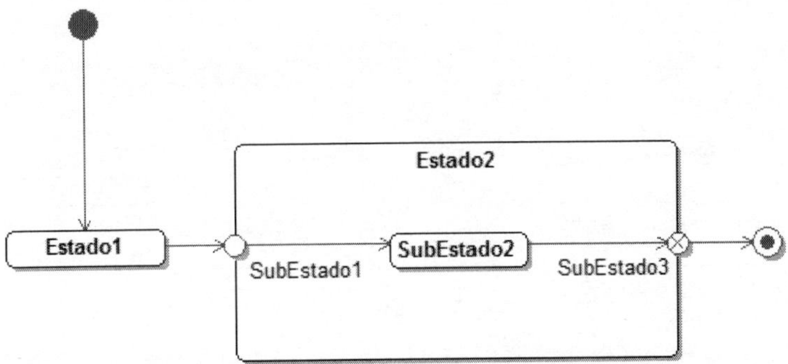


*Figura 8.19 - Otra representación de un estado compuesto con puntos de entrada y de salida*

Cuando un objeto abandona un estado compuesto, es posible memorizar el subestado activo con el fin de volver a él. Para ello, es preciso utilizar el subestado especial de memoria H que representa el último subestado activo memorizado en el estado compuesto.

La figura 8.20 muestra el subestado especial de memoria.

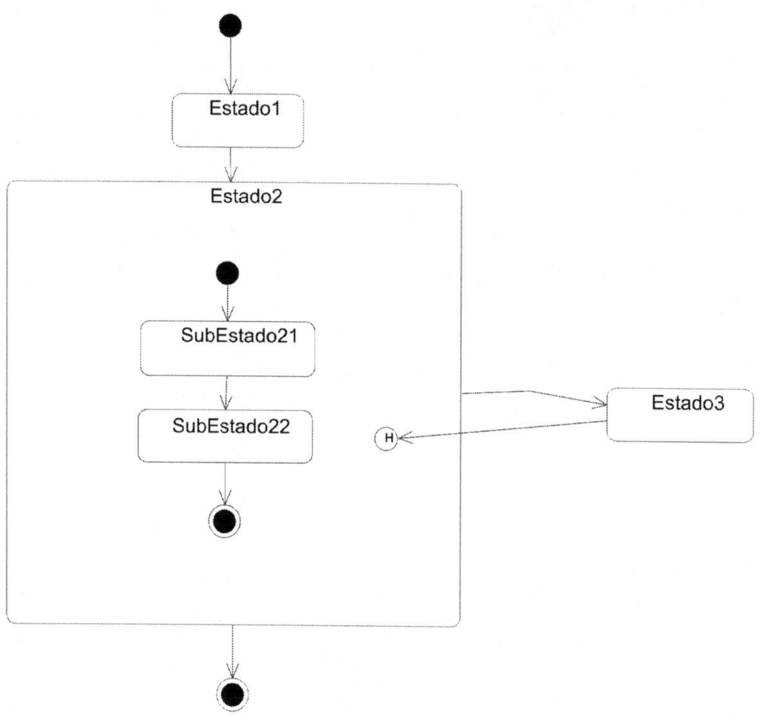


*Figura 8.20 - Subestado de memoria*

**Observación**

*Un subestado puede estar compuesto a su vez de otros subestados. En ese caso, existen dos subestados de memoria* `H` *y* `H*`*. El primero permite volver al subestado que se encuentra en el nivel más elevado mientras que el segundo facilita el regreso al subestado anidado.*

Ejemplo

Una vez dada la orden de salida, y hasta el último salto, los participantes se encuentran en el estado `Concurso`. Pueden ser descalificados en cualquier momento, pero la descalificación deberá ser confirmada (en caso de polémica, por ejemplo). Si se anula, la prueba vuelve a iniciarse en el estado en el que quedó en el momento de su interrupción.

La figura 8.21 muestra dicho funcionamiento utilizando un subestado de memoria para volver al último subestado del concurso en caso de anularse una descalificación.

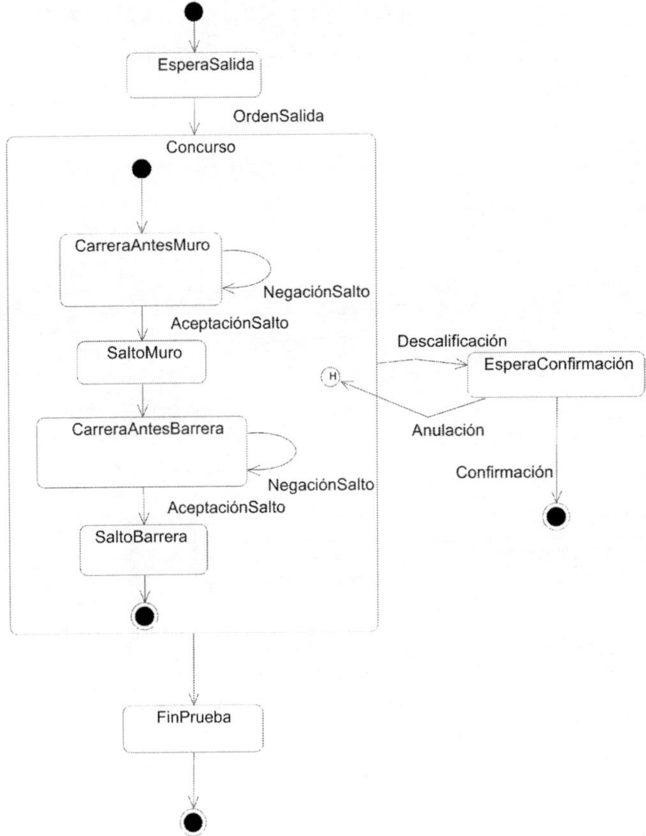


*Figura 8.21 - Subestados de memoria del estado* `Concurso`

Dentro de un objeto compuesto, es posible encontrar subestados que evolucionen en paralelo. Para ello, existe una transición de tipo *horquilla* con varios subestados finales. Una vez franqueada la transición, el objeto se encuentra en todos los subestados iniciales.

La transición de tipo reunión posee varios subestados iniciales y un único estado final. Es preciso que el objeto se encuentre en todos los subestados iniciales para que se traspase la transición.

La figura 8.22 muestra la representación de ambos tipos de transición. Las partes del estado compuesto o los subestados que evolucionan en paralelo se denominan regiones. El estado compuesto contiene dos regiones separadas por un trazo discontinuo.

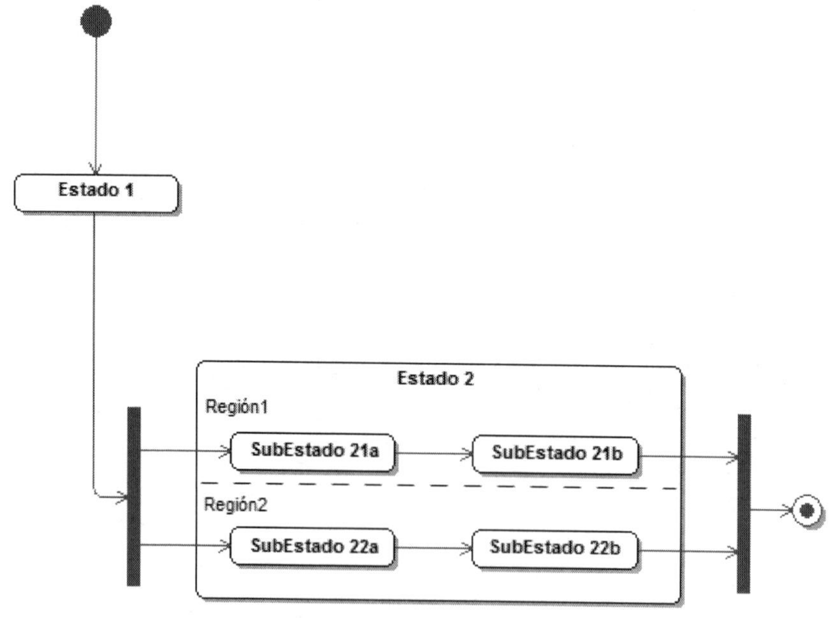


*Figura 8.22 - Subestados paralelos y transiciones de horquilla y de reunión*

La figura 8.23 proporciona otra representación del mismo diagrama de estados-transiciones. La transición de tipo horquilla y la de tipo reunión se han reemplazado por subestados iniciales y subestados finales. La semántica de la figura 8.23 es idéntica a la de la figura 8.22.

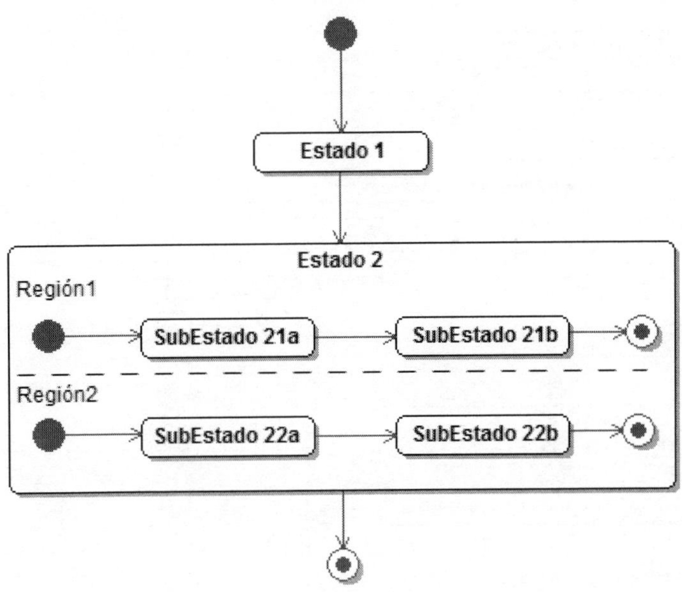


*Figura 8.23 - Subestados paralelos con múltiples subestados iniciales y finales*

Ejemplo

Un salto se puede descomponer en varios subestados, diferentes para el caballo y para el jinete, pero que tienen lugar simultáneamente. Presentamos esta situación en la figura 8.24. En el estado `SaltoMuro`, los subestados del caballo y del jinete están ubicados en dos regiones diferentes para distinguirlos. Al principio, el caballo se encuentra en el subestado `Aproximación`, después se levanta y se sitúa en el subestado `Elevación` y por último pasa al subestado `Planeo`. El jinete permanece en el subestado `PosiciónSalto` durante el salto.

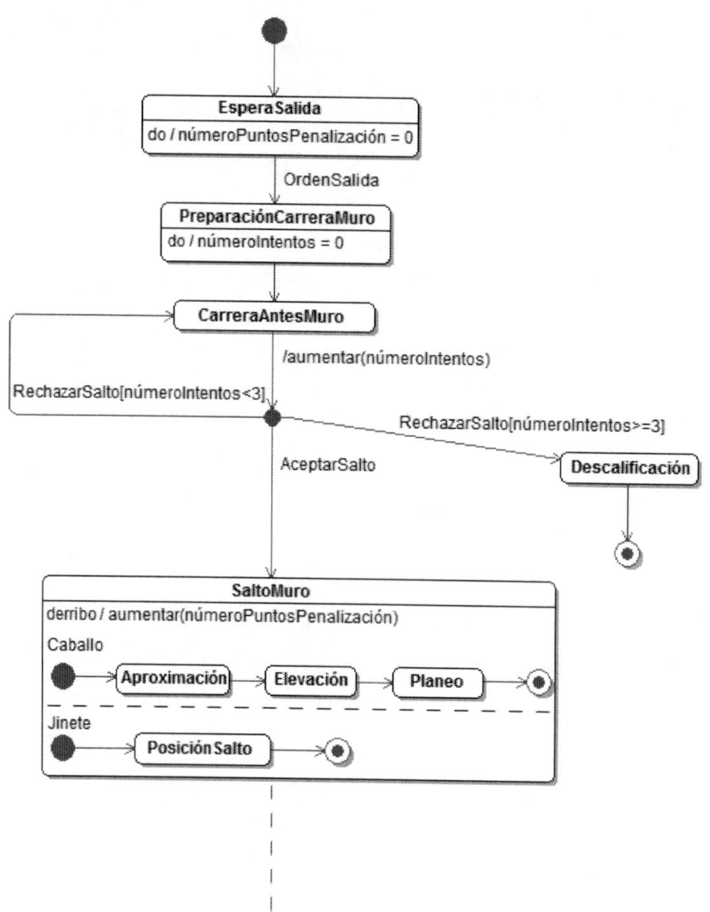


*Figura 8.24 - Subestados paralelos del estado* `SaltoMuro`

## 5. El diagrama de timing

El diagrama de timing se introdujo para mostrar los cambios de estado de un objeto cuando éstos dependen exclusivamente del tiempo. El diagrama indica entonces la duración mínima y máxima de cada estado con ayuda de especificaciones temporales.

La figura 8.25 muestra la representación gráfica del diagrama de timing.

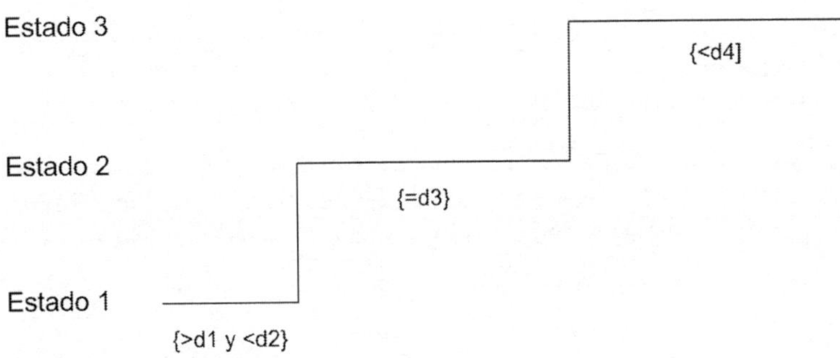


*Figura 8.25 - Diagrama de timing*

Ejemplo

En un concurso de obstáculos, el jinete debe realizar la prueba por debajo de un tiempo máximo, de lo contrario quedará eliminado. Él mismo descompone el tiempo de cada parte de la prueba para estar seguro de superarla con éxito. La figura 8.26 muestra el correspondiente diagrama de timing.

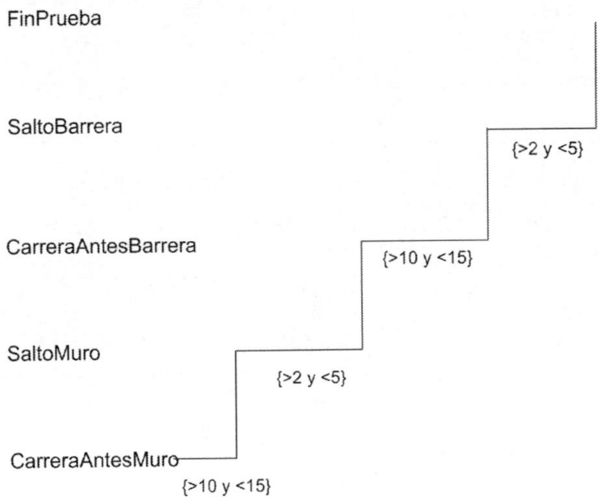


*Figura 8.26 - Ejemplo de diagrama de timing*

## 6. Conclusión

El diagrama de estados-transiciones describe el ciclo de vida de los objetos encargados de asegurar la dinámica del sistema. La descripción del ciclo de vida se realiza de forma separada para cada uno de los objetos.

Este modelado es muy importante para asegurar que los objetos respondan a las interacciones descritas en los diagramas de secuencia y comunicación estudiados en el capítulo Modelado de la dinámica.

## 7. Ejercicios

### 7.1 El ticket de apuesta trifecta

¿Por qué estados puede pasar un ticket de apuesta trifecta?

Construya el diagrama de estados-transiciones de una instancia de la clase `Ticket`.

### 7.2 La carrera de caballos

¿Por qué estados puede pasar una carrera de caballos?

Construya el diagrama de estados-transiciones de una instancia de la clase `Carrera`.

### 7.3 El tiovivo de madera

Describa los diferentes estados posibles de un tiovivo de caballos de madera y construya su correspondiente diagrama de estados-transiciones.

# Capítulo 9
# Modelado de las actividades

## 1. Introducción

El diagrama de actividades está basado en el diagrama de estados-transiciones, estudiado en el capítulo precedente. Se trata de una forma específica del diagrama de estados-transiciones en la que cada estado se asocia a una actividad y todas las transiciones son automáticas. En este tipo de diagramas, las transiciones reciben el nombre de encadenamientos.

Posteriormente, el diagrama de actividades se amplió para describir las actividades de varios objetos. De esta forma, se pueden representar los encadenamientos entre las actividades de diferentes objetos, cosa que no es posible con el diagrama de estados-transiciones. Veremos cómo designar el objeto responsable de cada actividad con ayuda de la noción de calle.

El diagrama de actividades ofrece alternativas gracias a las condiciones de guarda. Puede asimismo contener encadenamientos de tipo horquilla y reunión para administrar actividades paralelas.

Examinaremos los flujos de objetos transmitidos entre las actividades así como la emisión y la recepción de señales que hemos estudiado en el capítulo Modelado del ciclo de vida de los objetos.

Las actividades compuestas tienen como objetivo simplificar la elaboración del diagrama de actividades. Las actividades compuestas estándar tales como la alternativa, el bucle, la región de expansión o la región de actividad interrumpible ofrecen importantes posibilidades de estructuración del diagrama de actividades.

Presentaremos por último el diagrama de vista de conjunto de las interacciones.

## 2. Las actividades y los encadenamientos de actividades

### 2.1 Las actividades

Una actividad es una serie de acciones. Una acción consiste en asignar un valor a un atributo, crear o destruir un objeto, efectuar una operación, invocar un método de otro objeto o del propio objeto, enviar una señal a otro objeto o a sí mismo, etc.

La figura 9.1 muestra la representación gráfica de una actividad.

Actividad

*Figura 9.1 - Representación gráfica de una actividad*

Ejemplo

Retomamos el ejemplo de compra de una yegua introducido en el capítulo Modelado de los requisitos referente. Tanto la elección de la yegua como la comprobación de las vacunas son ejemplos de actividades.

La actividad inicial es la primera en ejecutarse y se representa con un punto negro (ver figura 9.2).

*Figura 9.2 - Representación gráfica de la actividad inicial*

La actividad final representa el término de la ejecución de las actividades de un diagrama. No tiene por qué ser única y tampoco es obligatoria.

La actividad final se representa con un punto negro rodeado de un círculo (ver figura 9.3).

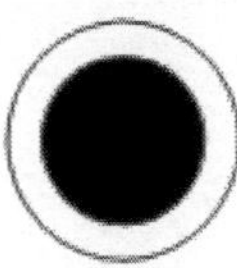

*Figura 9.3 - Representación gráfica de una actividad final*

## 2.2 Los encadenamientos de actividades

Un encadenamiento de actividades es un vínculo orientado entre dos actividades. Puede traspasarse cuando concluye la actividad inicial, lo que conduce a la activación de la actividad final.

Puede ser simple, es decir, vincular sólo dos actividades. La figura 9.4 muestra su representación gráfica.

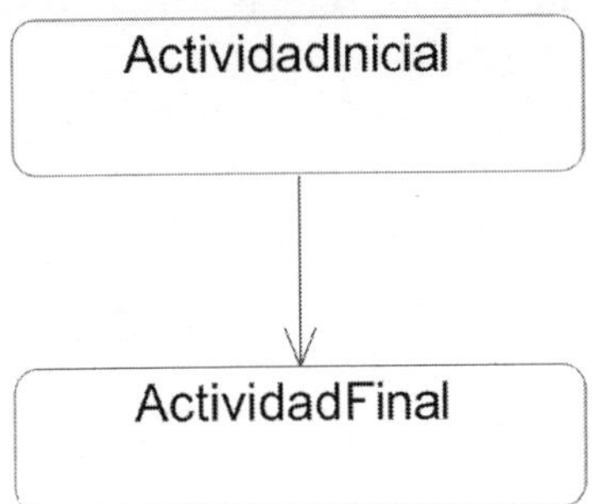


*Figura 9.4 - Representación gráfica de un encadenamiento de actividades*

Un encadenamiento de actividades puede ser también una alternativa. Las ramas de la alternativa están dotadas de condiciones de guarda que se excluyen. Le recordamos que estudiamos el tema de las condiciones de guarda en el anterior capítulo.

La representación gráfica de la alternativa se muestra en la figura 9.5.

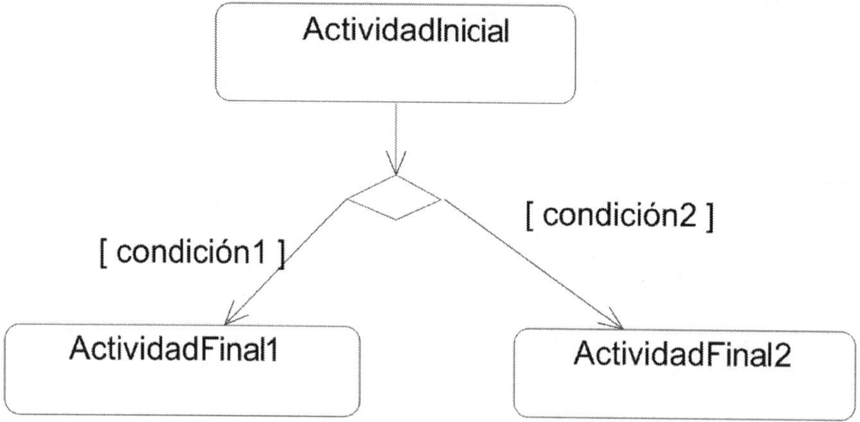


*Figura 9.5 - Representación gráfica de la alternativa*

Las diferentes ramas de una alternativa pueden, también, reunirse en una fusión de alternativa que se presenta a su vez con forma de rombo.

Ejemplo

La figura 9.6 muestra un ejemplo de alternativa donde, tras examinar los papeles de un caballo, se decide o no vacunarlo. Si se le vacuna, entonces sus papeles se actualizan. Ambas ramas de la alternativa se fusionan a continuación.

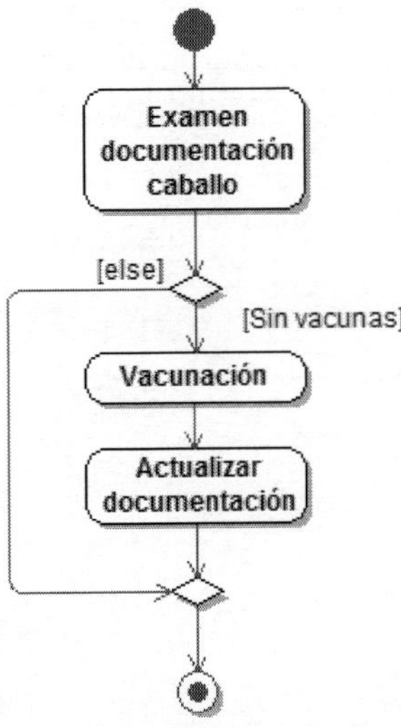


*Figura 9.6 - Ejemplo de alternativa*

Un encadenamiento de actividades de tipo horquilla posee también varias actividades de destino. Al traspasarlo, todas las actividades de destino se activan en paralelo.

La representación gráfica del encadenamiento de tipo horquilla se presenta en la figura 9.7.

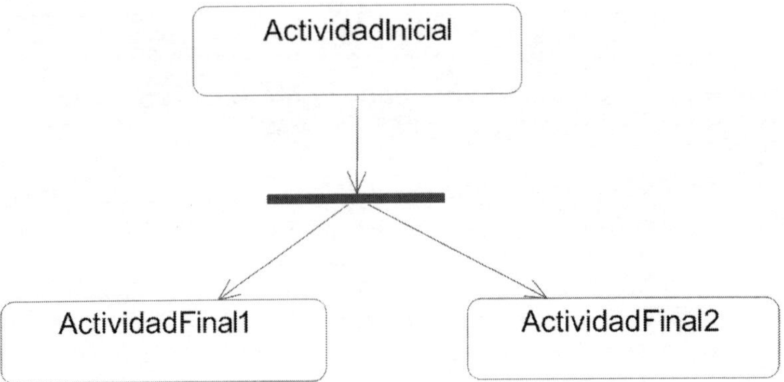


*Figura 9.7 - Representación gráfica del encadenamiento de tipo horquilla*

Un encadenamiento de actividades de tipo reunión posee varias actividades iniciales y una sola actividad final. Es preciso que todas las actividades iniciales estén terminadas para que el encadenamiento se traspase y se inicie la actividad final.

El encadenamiento de tipo reunión se muestra en la figura 9.8.

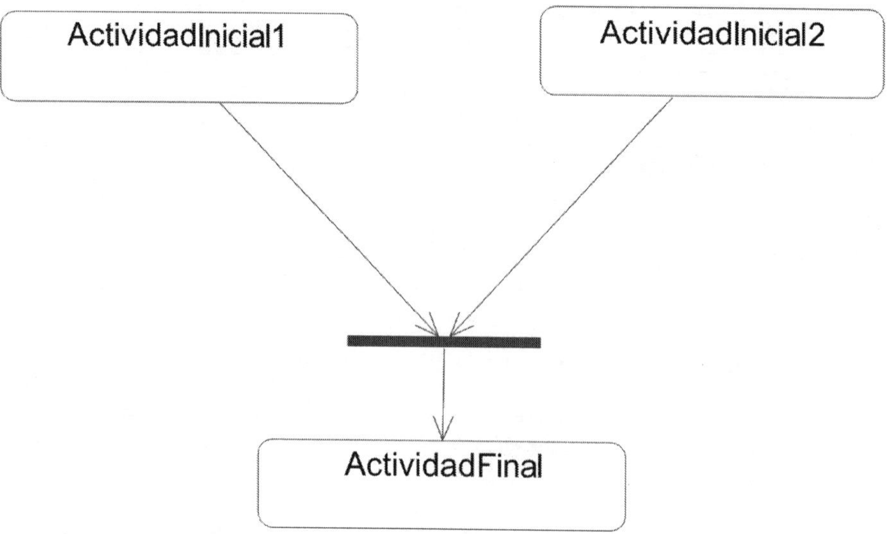


*Figura 9.8 - Representación gráfica del encadenamiento de tipo reunión*

Ejemplo

Retomamos el ejemplo de compra de una yegua. El diagrama de actividades correspondiente se describe en la figura 9.9.

La gestión de los papeles y el traslado de la yegua se tratan en paralelo, ya que el comprador puede muy bien realizar ambas actividades al mismo tiempo.

Las condiciones de guarda expresan las diferentes alternativas. Es conveniente anotar dos actividades finales, una correspondiente a la renuncia a la compra y otra correspondiente a una compra exitosa.

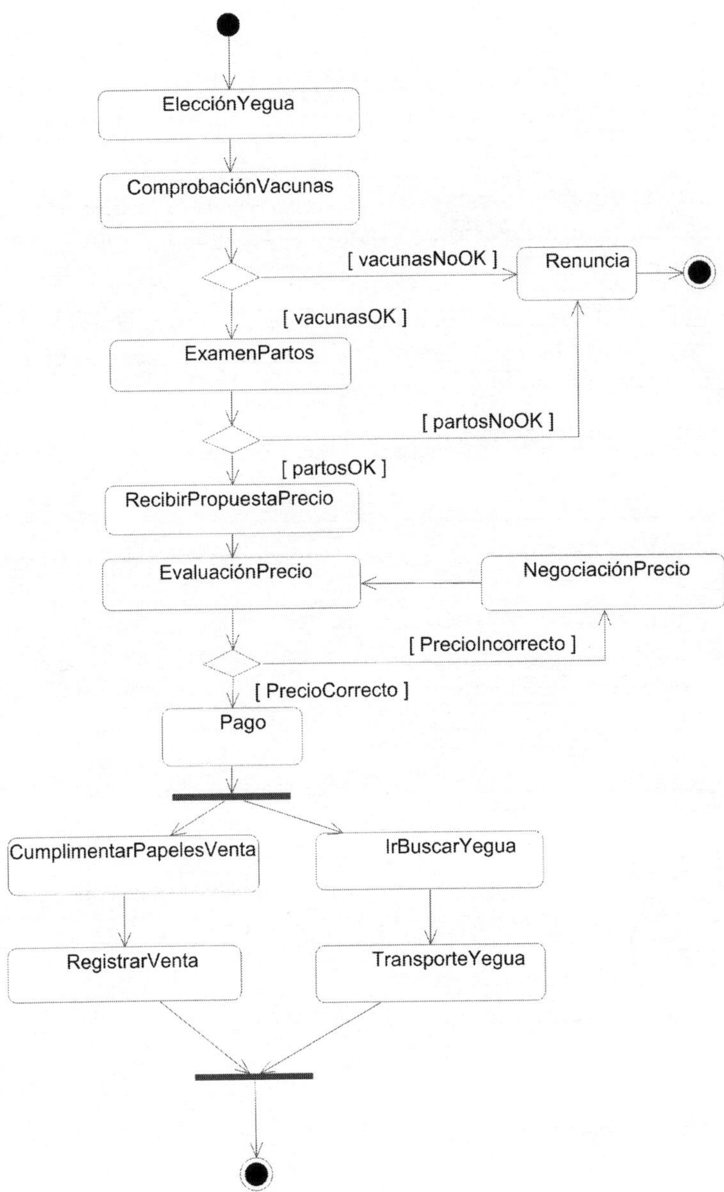


*Figura 9.9 - Ejemplo de diagrama de actividades*

## 3. Las particiones o calles

A diferencia del diagrama de estados-transiciones, el diagrama de actividades puede representar las actividades realizadas por varios objetos con sus encadenamientos.

Para ello el diagrama se divide en particiones o calles. A cada calle corresponde el objeto responsable de la realización de todas las actividades contenidas en esa calle o partición.

La figura 9.10 muestra la representación gráfica de las calles. Un encadenamiento puede cortar la línea de separación de dos calles para mostrar un cambio de objeto entre la actividad inicial y la final.

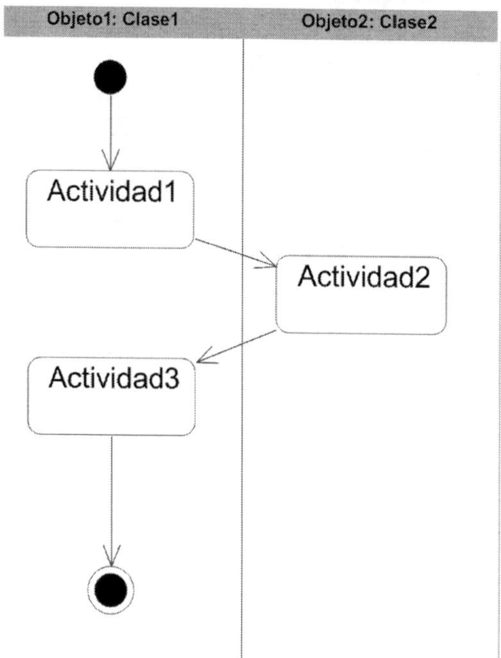


*Figura 9.10 - Las calles de un diagrama de actividades*

Ejemplo

La figura 9.11 representa el ejemplo de compra de una yegua en el que se describen las actividades relativas al comprador y a la granja de cría.

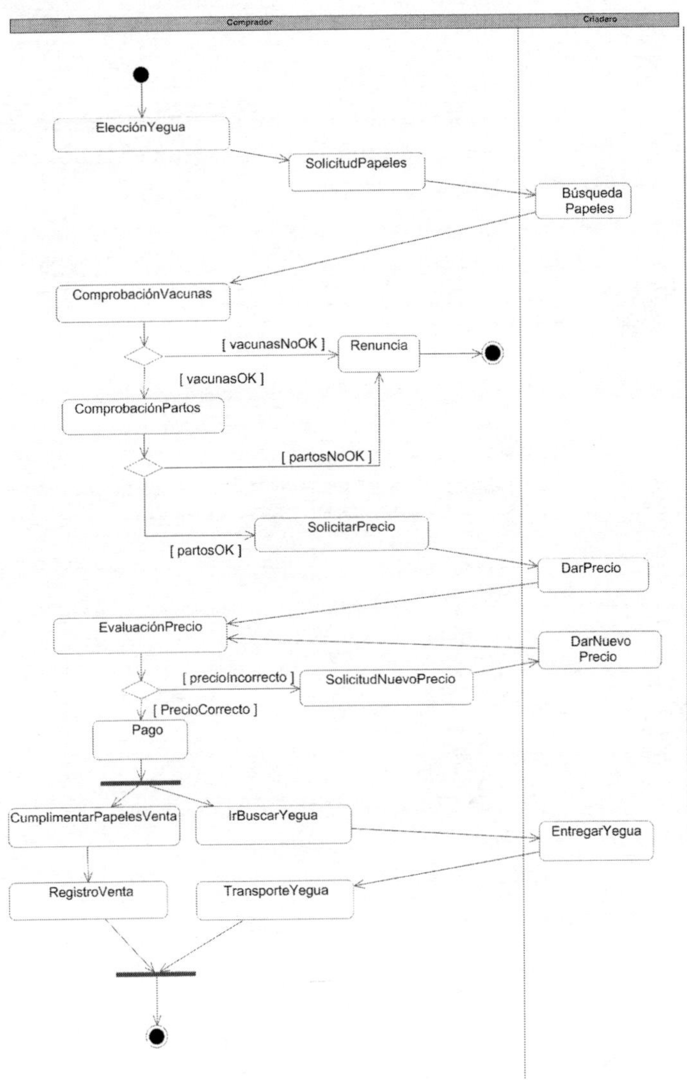


*Figura 9.11 - Ejemplo de diagrama de actividades dividido en calles*

## 4. Los flujos de objetos

Los encadenamientos de actividades pueden soportar la transmisión de objetos. Se convierten, entonces, en flujos de objetos. Es posible describir el objeto transportado entre dos actividades. La descripción de la transmisión puede realizarse de dos maneras:

- O bien el objeto transmitido se especifica entre las dos actividades, en forma de un rectángulo que contiene el nombre del objeto seguido de dos puntos seguidos del nombre de su tipo.
- O bien se opta por utilizar la notación de pines: se asocia un pin de salida a la actividad de origen y un pin de entrada a la actividad de destino. El enlace entre ambos pines representa el flujo de objetos. El nombre y el tipo de los pines son los del objeto transmitido.

Ejemplo

La figura 9.12 ilustra la transmisión de la documentación correspondiente a la montura tras la cría al comprador (ver el ejemplo de la figura 9.11), el objeto que representa la documentación está tipado por la clase `Documento`.

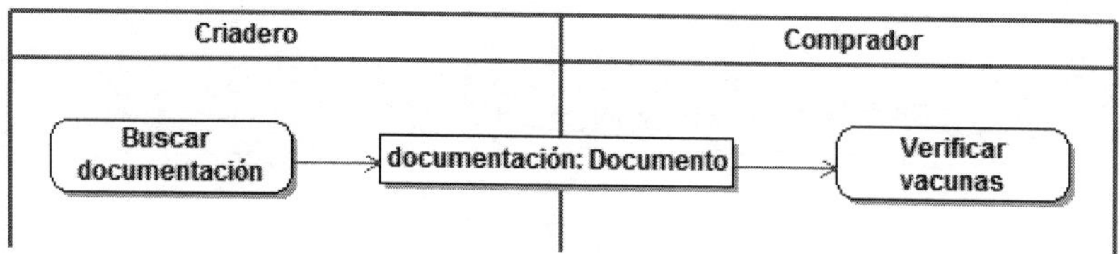


*Figura 9.12 - Transmisón de un objeto entre dos actividades mediante un flujo de objetos*

Ejemplo

La figura 9.13 representa la misma transmisión que la figura 9.12. Está basada en el uso de un pin de salida y un pin de entrada.

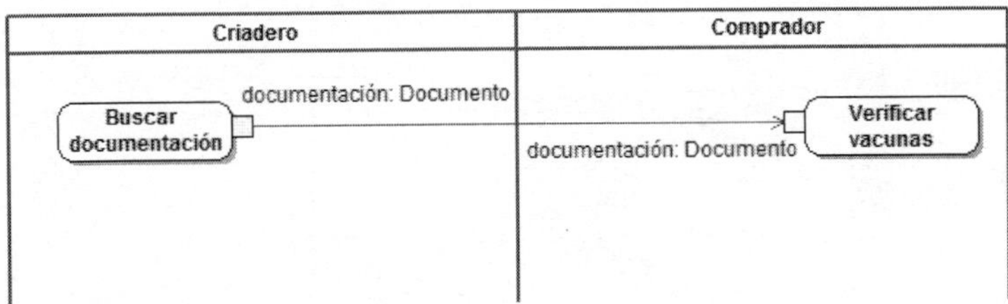


*Figura 9.13 - Transmisión de un objeto entre dos actividades mediante un flujo de objetos descrito por un pin de entrada y un pin de salida*

El flujo de objetos representa una memoria de tipo buffer correspondiente a los objetos que salen de la actividad de origen y van hacia la actividad de destino. UML ofrece la posibilidad de describir restricciones sobre esta memoria buffer:

- `{upperBound = n}` donde `n` es un valor entero que indica el tamaño máximo de la memoria buffer.
- `{ordering = orden}` donde `orden` puede tomar uno de los siguientes valores: `unordered`, `ordered`, `LIFO` y `FIFO`. Esta restricción permite fijar el orden en que se ordenan los objetos en la memoria buffer. La restricción `unordered` no impone ningún tipo de orden. La constante `ordered` significa que están ordenados según su orden intrínseco. `LIFO` indica que el último en entrar será el primero en salir. La memoria funciona entonces como una pila. `FIFO` indica que el primero en entrar será el primero en salir. La memoria funciona entonces como una fila.

Ejemplo

La figura 9.14 representa la transmisión de facturas de proveedores mediante el servicio de compras de un criadero. Estas facturas se apilan en una bandeja a disposición de la contabilidad. El tamaño máximo de la bandeja es igual a 30. Cada factura depositada en la bandeja se retira en primer lugar, de ahí la indicación de la constante `LIFO`.

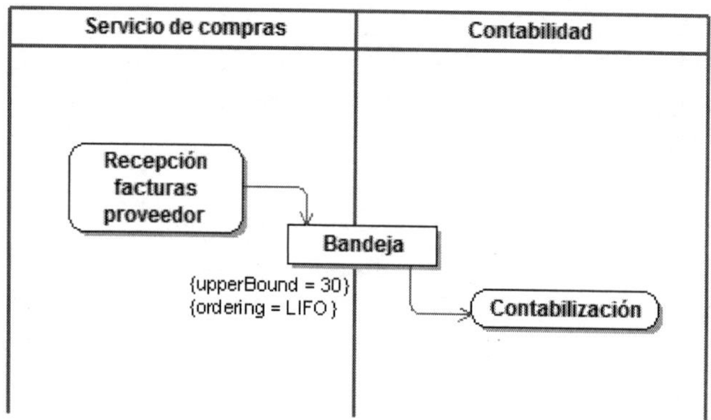


*Figura 9.14 - Restricciones de la memoria buffer almacenando un flujo de objetos*

## 5. La emisión y la recepción de señales

En el capítulo Modelado del ciclo de vida de los objetos, se ha presentado la noción de señal transmitida entre objetos. En un diagrama de actividades es posible implementar el envío asíncrono de una señal por parte de un objeto así como la recepción de una señal por un objeto. Ambas posibilidades se describen mediante actividades específicas representadas en la figura 9.15. La sección izquierda de esta figura muestra una actividad de envío de una señal. El envío es asíncrono: tras el envío de la señal, el objeto pasa a la actividad siguiente. La sección derecha muestra la recepción de una señal. Esta es bloqueante. El objeto debe recibir la señal antes de poder pasar a la actividad siguiente.

Para simplificar la escritura de los diagramas, el nombre de las actividades se corresponde con el nombre de la señal.

*Figura 9.15 - Actividades de envío y de recepción de una señal*

Ejemplo

La figura 9.16 ilustra un envío y una recepción de una señal. El servicio de compras de un criadero prepara un pedido y, a continuación, lo envía de manera asíncrona a un proveedor. Cuando finaliza el envío, el servicio de compras pasa a otra actividad, en este caso la comprobación de los pedidos en curso. En otra calle del diagrama, el proveedor espera un pedido antes de tratarlo.

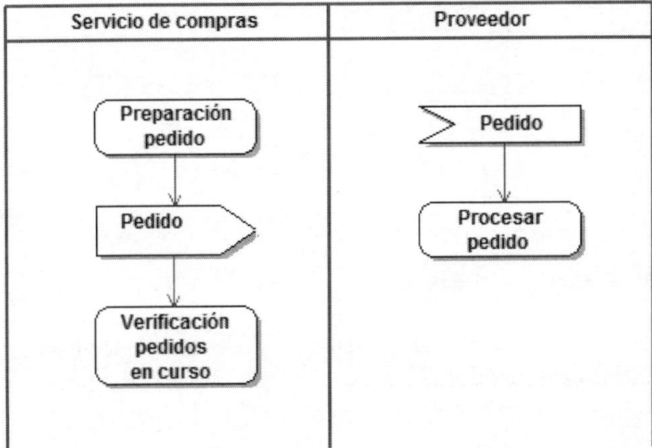


*Figura 9.16 - Ejemplo de envío y de recepción de una señal*

La recepción de una señal puede, también, estar ligada al tiempo. Se insertará un evento de descripción de tiempo en el diagrama. Se representa mediante la figura 9.17.

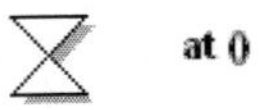

at ()

*Figura 9.17 - Evento temporal*

Ejemplo

La figura 9.18 ilustra el hecho de que la actividad de limpieza de los caballos se realiza a las 15h00.

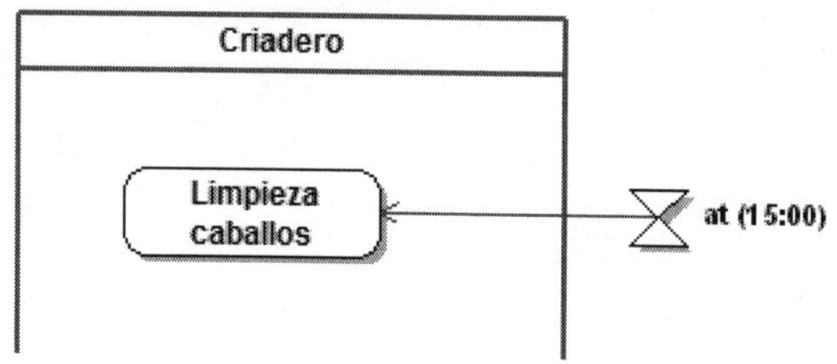


*Figura 9.18 - Ejemplo de evento temporal*

## 6. Las actividades compuestas

Una actividad puede estar compuesta de otras actividades. Cuando eso ocurre, un diagrama de actividades específico describe su composición en subactividades. Las actividades compuestas se representan en los diagramas en los que están presentes mediante un símbolo de horquilla.

La figura 9.19 muestra la composición de una actividad en subactividades. La figura 9.20 presenta la actividad sin la composición, tal y como puede utilizarse dentro de un diagrama de actividades.

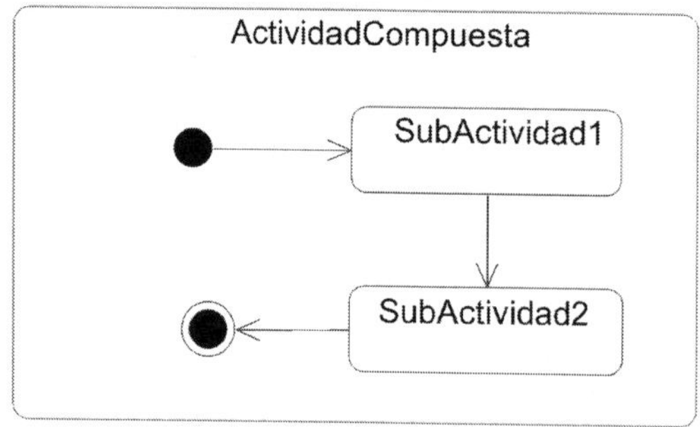


*Figura 9.19 - Composición de una actividad en subactividades*

*Figura 9.20 - Representación de una actividad compuesta*

**Observación**

*Una actividad compuesta puede estar dotada, también, de pines de entrada y de salida que permiten escribir actividades compuestas parametrizables, como las actividades de las funciones de cálculo que reciben uno o varios parámetros y devuelven un resultado.*

Ejemplo

La figura 9.21 representa la gestión del pago de una yegua integrando la negociación del precio. La gestión se incluye en el diagrama general de compra de la figura 9.22 en tanto que actividad compuesta y se representa con una horquilla.

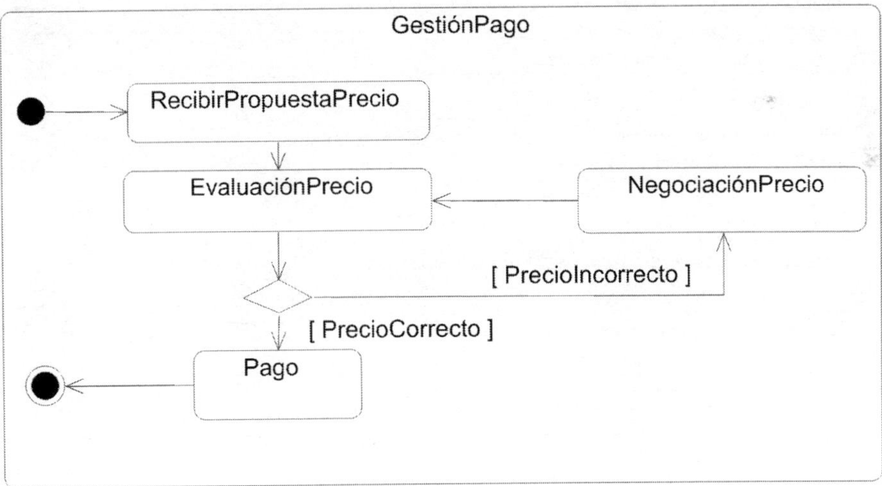


*Figura 9.21 - Ejemplo de actividad compuesta*

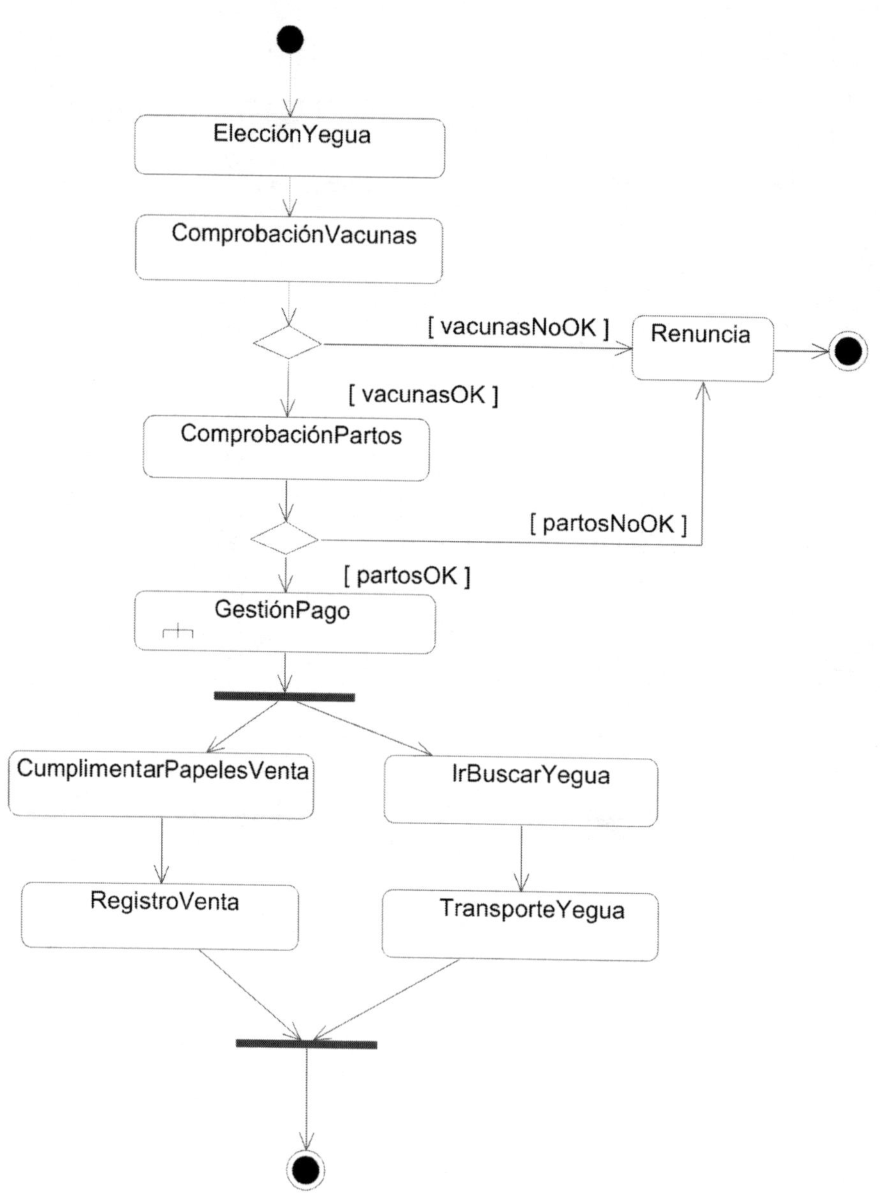


*Figura 9.22 - Ejemplo de inclusión de una actividad compuesta*

## 7. Las actividades de alternativa y de bucle

También es posible representar una alternativa o un bucle mediante una actividad compuesta especializada. La figura 9.23 muestra, en la sección superior, la actividad alternativa que comprende una comprobación y un cuerpo (body) y, en la sección inferior, la actividad de bucle que comprende una fase de inicialización (setup), una comprobación y un cuerpo (body).

La semántica de la actividad de alternativa es la siguiente: si la comprobación, que es una expresión lógica, se cumple, entonces se ejecuta el cuerpo. El bucle es del tipo "mientras que". Su semántica es la siguiente: en primer lugar se ejecuta la inicialización y a continuación, mientras se cumpla la condición, el cuerpo se ejecuta.

La actividad que se corresponde con la comprobación incluye un pin de salida de tipo `Boolean`. Este pin de salida sirve para transmitir el resultado de la comprobación a la actividad compuesta.

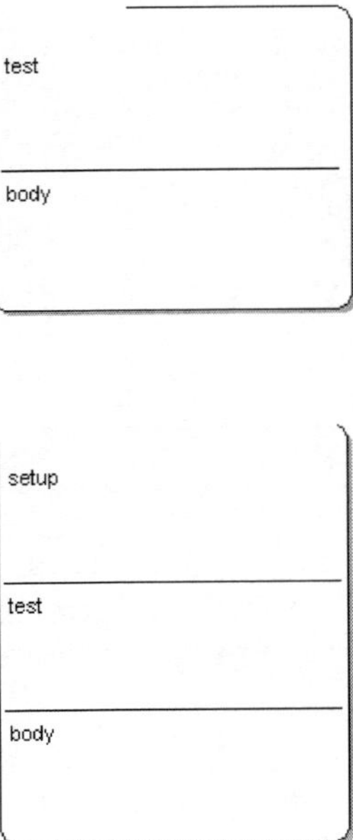


*Figura 9.23 - Actividades de alternativa y de bucle*

Ejemplo

El ejemplo de la figura 9.6 se representa en la figura 9.24 mediante una actividad de alternativa.

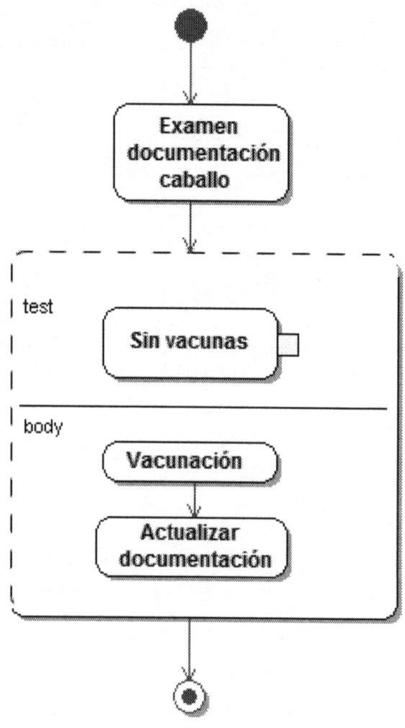


*Figura 9.24 - Ejemplo de actividad de alternativa*

Ejemplo

El ejemplo de la figura 9.21 se representa en la figura 9.25 mediante una actividad de bucle. Cabe destacar que la actividad de evaluación del precio se ha tenido que duplicar, un efecto habitual en el bucle "mientras que".

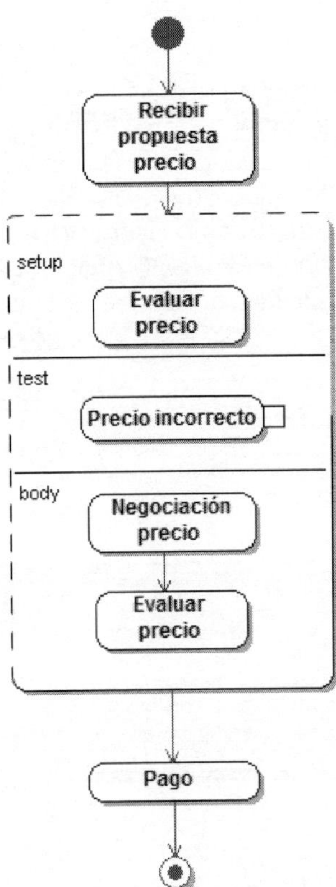


*Figura 9.25 - Ejemplo de actividad de bucle*

## 8. Las regiones de actividad interruptibles

Una región de actividad interruptible incluye un grupo de nodos de actividad cuya ejecución puede interrumpirse por una excepción. Esta excepción va a dirigir el flujo de control hacia una nueva actividad que va a recibir la información correspondiente a esta excepción sobre alguno de sus pines de entrada.

Ejemplo

Retomamos el ejemplo de la figura 9.9 que hemos simplificado en la figura 9.26 conservando principalmente la negociación del precio. Esta sección del diagrama de actividades forma, ahora, una región de actividad interruptible. Está dotada de una actividad de recepción de una señal, en este caso el abandono de la negociación (por motivos no detallados en el diagrama). La recepción de esta señal tiene como resultado producir una excepción que dirige el flujo de control hacia la actividad de cierre del dossier, actividad que recibe entonces la información correspondiente a la excepción en su pin de entrada.

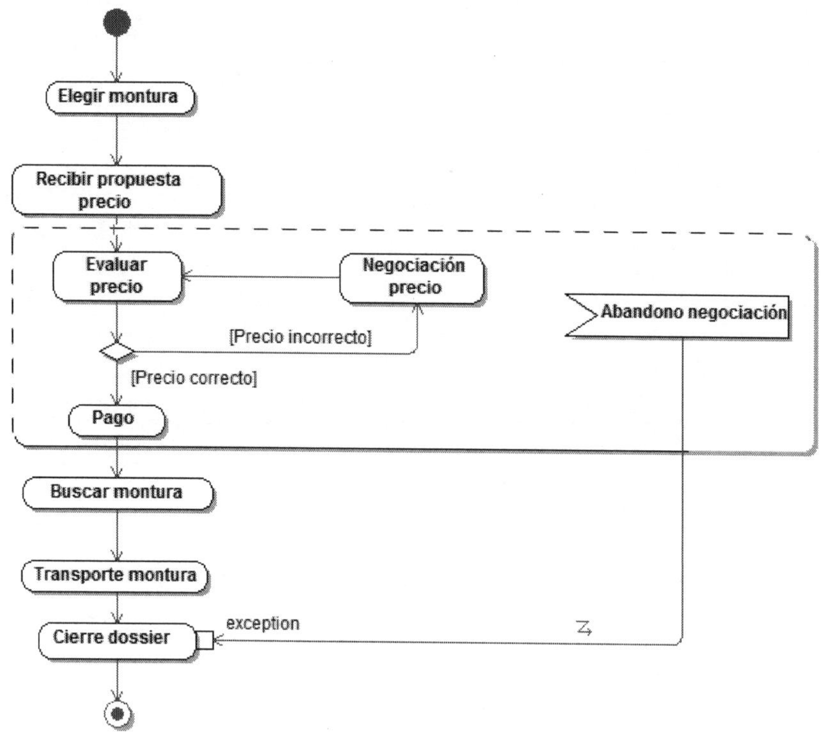


*Figura 9.26 - Ejemplo de región de actividad interruptible y de excepción*

## 9. Las regiones de expansión

Una región de expansión es una actividad compuesta cuya ejecución se repite para cada elemento de una colección transmitida sobre un pin de entrada especial. El resultado se transmite, a su vez, sobre un pin de salida especial que se corresponde a su vez con una colección. Dicha región se corresponde bien con un procesamiento iterativo, bien con un procesamiento en paralelo o bien con un procesamiento de tipo flujo (stream) sobre todos los elementos de la colección. Estos tres modos de procesamiento están fijados por los siguientes estereotipos:

- «`iterative`»: los elementos de la colección se tratan unos a continuación de los otros. Cada elemento se trata de manera secuencial por las distintas actividades de la región.
- «`parallel`»: los elementos de la colección se tratan en paralelo. Dentro de cada proceso, el elemento correspondiente se trata de manera secuencial por las diferentes actividades de la región.
- «`stream`»: los elementos se tratan en modo flujo por las distintas actividades de la región que se ejecutan en paralelo. En un momento dado, una actividad puede haber tratado más elementos que otra situada a continuación de la primera. Entonces, los elementos de la colección pueden situarse en estados de avance diferentes del procesamiento.

Ejemplo

La figura 9.27 muestra un diagrama de actividades relativo a la preparación de la documentación de un conjunto de caballos vendidos a un mismo comprador. La primera actividad consiste en preparar dicha documentación. A continuación, conviene actualizar la documentación de cada caballo por separado. Para mostrar el aspecto iterativo de esta actividad, se ha implementado una región de expansión. Recibe la lista de documentos a través de su pin de entrada. Para cada caballo, la documentación se transmite a la actividad de actualización a través de su pin de entrada. Esta actividad transmite a continuación, a través de su pin de salida, la documentación actualizada del caballo. Esta se agrega al resto de documentación que se envía, más adelante, a la actividad siguiente a través del pin de salida de la región de expansión. Esta transmite el resultado al cliente.

Cabe destacar que para simplificar el diagrama, no se han especificado los pines de salida de la actividad `Preparar lista documentación caballos vendidos` ni el pin de entrada de la actividad `Transmitir lista documentación caballos vendidos`.

Hay que destacar también que la actividad `Actualizar documentación caballo` no debe tratar toda la documentación, sino únicamente la documentación de un único caballo. Será, en tal caso, mucho más simple de detallar.

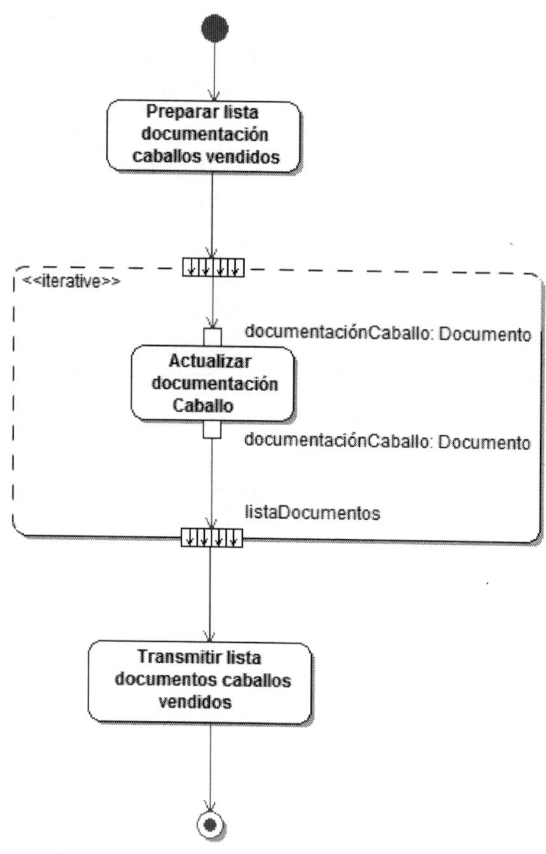


*Figura 9.27 - Ejemplo de región de expansión*

## 10. El diagrama de vista de conjunto de las interacciones

El diagrama de vista de conjunto de las interacciones es un diagrama de actividades en el que éstas pueden describirse mediante diagramas de secuencia. La figura 9.28 muestra la representación gráfica de ese tipo de diagramas.

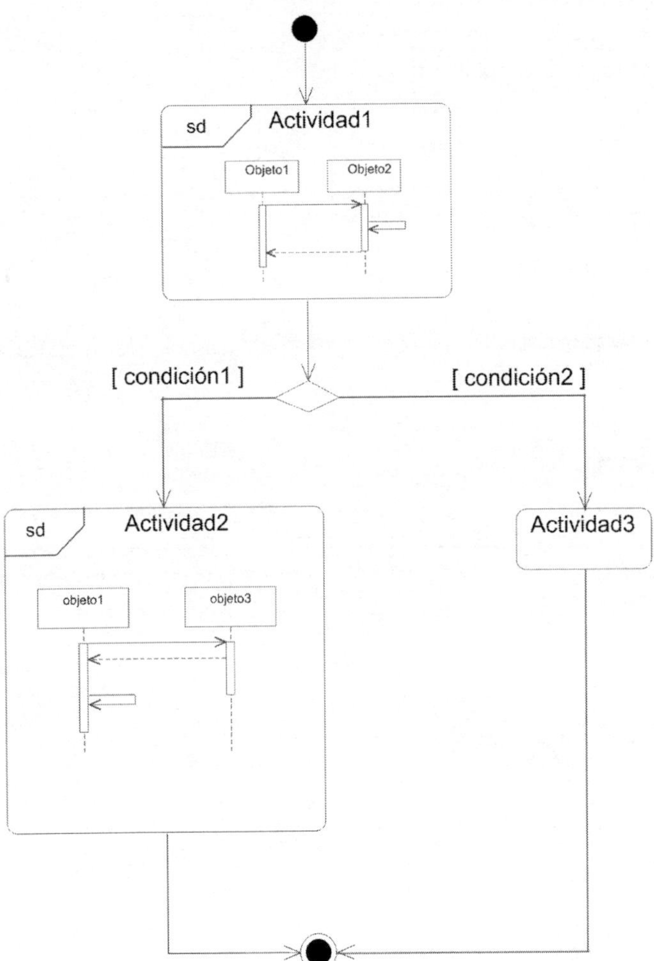


*Figura 9.28 - Diagrama de vista de conjunto de las interacciones*

## 11. Conclusión

El diagrama de actividades representa las actividades realizadas por uno o varios objetos. Puede corresponder a la descripción detallada de una actividad del diagrama de estados-transiciones o a la descripción de un método o de un programa, etc. También puede describir la actividad de un sistema o subsistema asignando las responsabilidades a los actores. El diagrama de actividades constituye también una buena opción para describir casos de uso.

## 12. Ejercicios

### 12.1 El espectáculo ecuestre

Construya el diagrama de actividades de compra de una entrada para un espectáculo ecuestre.

### 12.2 La apuesta trifecta

Construya el diagrama de actividades de comprobación de la caja de una taquilla de apuestas de trifecta (sólo la parte referente a la venta de boletos, sin tener en cuenta el pago de ganancias).

# Capítulo 10
# Modelado de la arquitectura del sistema

## 1. Introducción

En el presente capítulo, abordaremos las posibilidades de UML para modelar la arquitectura del sistema. Dicho modelado presenta dos aspectos:

- El modelado de la arquitectura del software y su estructuración en componentes;
- El modelado de la arquitectura material y la repartición física de los programas.

Estudiaremos la noción de componente de software. Un componente es una caja negra que ofrece servicios de software. Los servicios son descritos por una o varias interfaces del componente.

En el capítulo Modelado de objetos estudiamos la noción de interfaz que, como veremos, se aplica también a los componentes.

Recordemos que una interfaz es una clase abstracta que sólo contiene las firmas de método. La firma de un método se compone de su nombre y sus parámetros.

Los componentes también pueden depender de otros componentes para llevar a cabo los servicios que ofrecen. Esta dependencia se expresa en forma de una interfaz necesaria que describe los servicios deseados.

Se introduce la noción de puerto de un componente. Un puerto es un punto de interacción de un componente. Está vinculado con una o varias interfaces suministradas o requeridas.

El modelado de los componentes y sus relaciones se describe mediante el diagrama de componentes.

El modelado de la arquitectura material describe los nodos y sus vínculos e incluye la localización de los elementos de software dentro de los nodos en su forma física, llamada *artefact*. La descripción se efectúa mediante el diagrama de despliegue.

## 2. El diagrama de componentes

### 2.1 Los componentes

Un componente es una unidad de software que ofrece una serie de servicios a través de una o varias interfaces. Se trata de una caja negra cuyo contenido queda fuera del interés de los clientes. Está completamente encapsulado. La definición de los componentes recuerda a la definición de clases que implantan una o varias interfaces, como vimos en el capítulo Modelado de objetos. Una clase que implanta una o varias interfaces es un componente. Por el contrario, un componente no es necesariamente una clase. Las interfaces pueden implantarse dentro de los componentes mediante varias clases o lenguajes de programación puramente procedimentales como puede ser el lenguaje C.

La tecnología es otro de los aspectos de los componentes. Hoy en día existen muchas tecnologías de componentes. Una tecnología de componentes define, entre otras cosas, el lenguaje de programación de los clientes, el entorno de ejecución y la integración en la plataforma de software subyacente (Windows, Java, etc.). Los componentes que usan una tecnología se benefician de un estándar y, por tanto, se convierten en comercializables: podemos encontrarlos en los estantes de las tiendas.

Existen varias tecnologías de componentes:

- Los componentes COM y .NET;
- Los componentes Java: JavaBeans y Enterprise JavaBeans.

Los componentes pueden depender de otros componentes para realizar operaciones internas. En ese caso se convierten en clientes de esos otros componentes. Como cualquier cliente de un componente, no conocen su estructura interna. Por tanto, sólo dependen de las interfaces de los componentes de los cuales son clientes. Estas interfaces reciben el nombre de interfaces necesarias del componente *cliente*. Las interfaces que describen los servicios ofrecidos por un componente se denominan interfaces suministradas.

La notación gráfica de una interfaz suministrada es idéntica a la que representamos en el capítulo Modelado de objetos. Las interfaces necesarias se representan mediante un semicírculo y los componentes dentro de un rectángulo con el estereotipo «component». Este estereotipo puede ser reemplazado por el icono del componente. La figura 10.1 muestra la representación gráfica de un componente en dos formas, una con el estereotipo y otra con el icono.

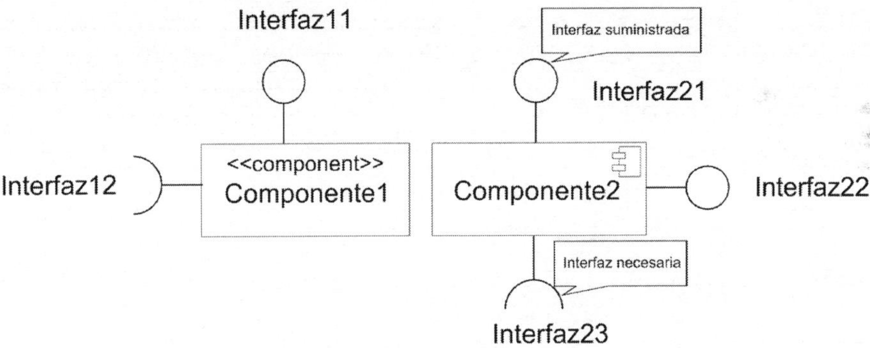


*Figura 10.1 - Representación gráfica de un componente y sus interfaces*

También es posible usar la relación de realización para las interfaces suministradas y la relación de dependencia para las interfaces necesarias. En la figura 10.2, vemos esta representación alternativa, que presenta la ventaja de detallar las firmas de métodos contenidos en las interfaces.

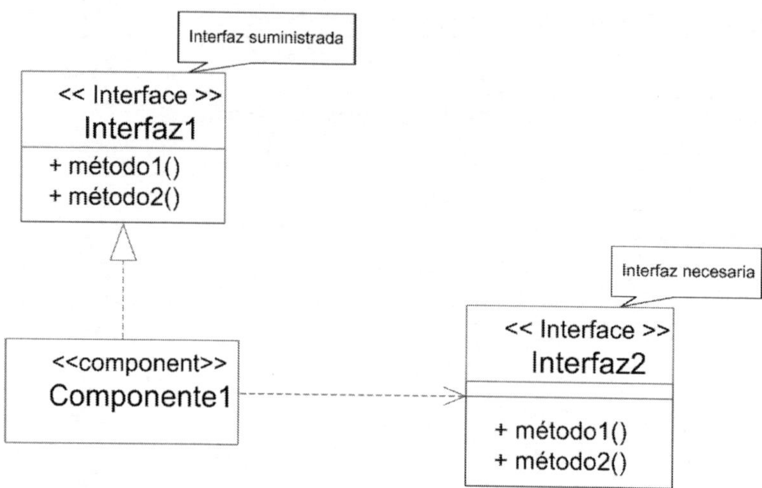


*Figura 10.2 - Representación alternativa de las interfaces*

<u>Ejemplo</u>

Un componente de gestión de un criadero de caballos suministra una interfaz para gestionar los caballos y una interfaz para gestionar las ventas. Además, requiere un componente de la base de datos. El componente se muestra en la figura 10.3.

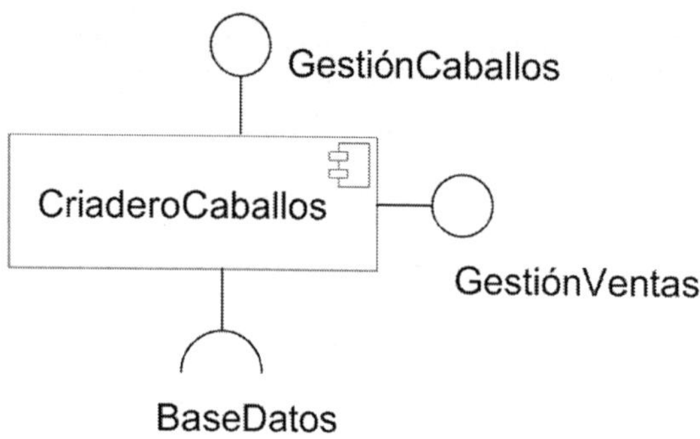


*Figura 10.3 - Ejemplo de componente*

## 2.2 Los puertos

Los componentes pueden integrar puertos, que son puntos de interacción con los objetos externos o, de manera interna, entre las partes del componente.

Cada puerto posee una o varias interfaces suministradas o requeridas. Estas definen las posibles interacciones del puerto. Cada interfaz puede ser bien una interfaz suministrada o bien una interfaz requerida.

Ejemplo

La figura 10.4 ilustra el componente de la figura 10.3 donde las interacciones entre este componente y los objetos externos están gestionadas mediante los puertos.

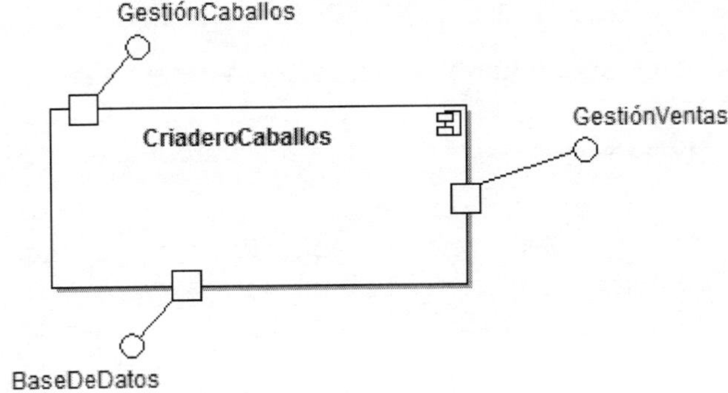


*Figura 10.4 - Ejemplo de componente dotado de puertos*

## 2.3 Los estereotipos de los componentes

Sabemos que un estereotipo se utiliza para especializar un elemento. Encontrará, a continuación, una lista de los principales estereotipos de componente.

`«specification»`: este estereotipo indica que se trata de un componente que especifica únicamente interfaces suministradas y requeridas.

«`implement`»: este estereotipo indica que se trata de un componente que no especifica ninguna otra interfaz, aunque introduce la implementación de otro componente cuyo estereotipo es «`specification`».

«`entity`»: el componente memoriza información persistente.

«`process`»: la ejecución del componente está basada en un proceso, un thread o transacciones.

«`subsystem`»: el componente implementa una parte de un sistema más importante, que puede estar, a su vez, descrita por un componente.

«`service`»: el componente posee una funcionalidad puramente funcional, sin estado.

## 2.4 La arquitectura del software por componentes

En la orientación a objetos, la arquitectura del software de un sistema está construida por un compendio de componentes vinculados por interfaces suministradas e interfaces necesarias. El diagrama de componentes describe esta arquitectura.

Los conectores que relacionan las interfaces requeridas con las interfaces suministradas se denominan conectores de ensamblado.

Ejemplo

El sistema de información de un criadero de caballos está formado por un compendio de componentes. La figura 10.5 muestra el diagrama de componentes de dicho sistema. Los componentes `VentanaGestiónCaballos` y `VentanaGestiónVentas` administran en la pantalla una ventana dedicada a la gestión de los caballos y otra dedicada a la gestión de las ventas de caballos, respectivamente. El componente `SistemaBaseDatos`, como su nombre indica, es un sistema de base de datos.

La figura 10.6 ilustra el mismo diagrama, pero utilizando la representación alternativa de la figura 10.2. Representa, también, los distintos puertos de los componentes.

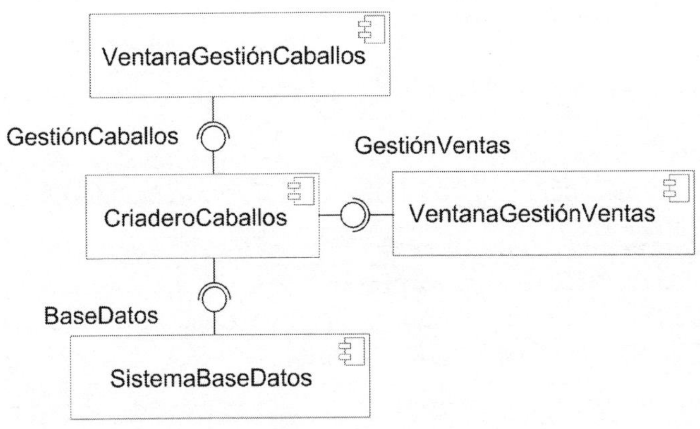


*Figura 10.5 - Ejemplo de diagrama de componentes*

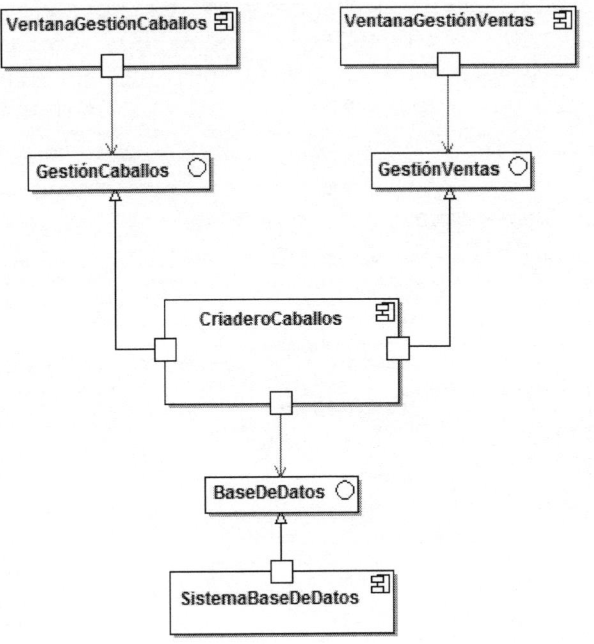


*Figura 10.6 - Ejemplo de representación alternativa del diagrama de componentes incluyendo los puertos*

## 3. El diagrama de despliegue

El diagrama de despliegue describe la arquitectura física del sistema. Está compuesto de nodos. Un nodo es una unidad material capaz de recibir y de ejecutar elementos de software. La mayoría de nodos son ordenadores. Los vínculos físicos entre nodos también pueden describirse en el diagrama de despliegue, corresponden a las ramas de la red.

Los nodos contienen elementos de software en su forma física, conocida como artefact. Los archivos ejecutables, las bibliotecas compartidas y los scripts son ejemplos de formas físicas de elementos de software.

Los componentes que constituyen la arquitectura del software del sistema se representan en el diagrama de despliegue mediante un artefacto que, con frecuencia, es un ejecutable o una biblioteca compartida.

La representación gráfica de los nodos, sus vínculos y los artefactos que contienen se muestra en la figura 10.7. El estereotipo «artefacto» sirve para precisar qué elemento es un artefacto. Puede representarse, también, mediante el icono de un documento.

**Observación**

*La palabra "artifact" es el término inglés para "artefacto".*

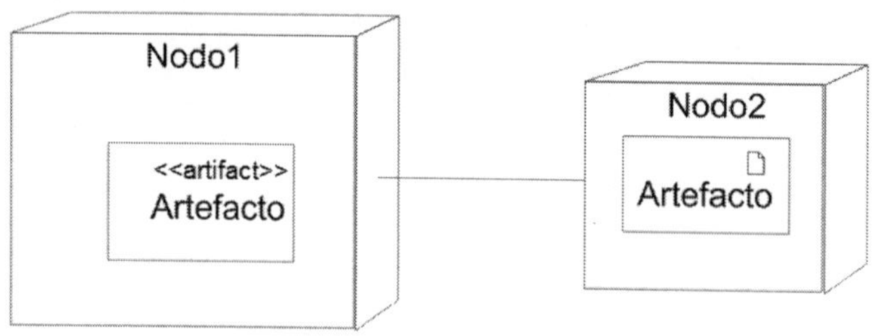


*Figura 10.7 - Representación gráfica de los nodos, sus vínculos y artefactos*

Ejemplo

La figura 10.8 muestra la arquitectura material del sistema de información de un criadero de caballos. Esta arquitectura está basada en un servidor y tres puestos clientes conectados al servidor mediante enlaces directos. El servidor contiene varios artefactos:

- Un ejecutable (.exe), forma física del componente de gestión de la base de datos;
- Un segundo ejecutable encargado de la gestión de los caballos;
- Un tercer ejecutable encargado de la gestión de las ventas;
- Una biblioteca compartida (.dll) de gestión de las máquinas de los diferentes usuarios.

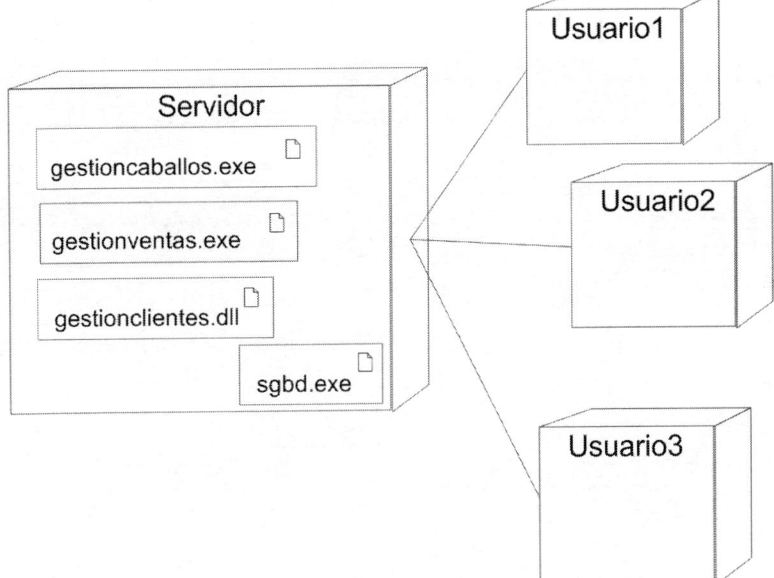


*Figura 10.8 - Ejemplo de diagrama de despliegue*

■ Observación

*También es posible representar la arquitectura de un sistema particular. UML ofrece la posibilidad de describir instancias de nodos o artefactos.*

## 4. Conclusión

El diagrama de componentes y el diagrama de despliegue poseen menos elementos que los diagramas estudiados en los capítulos precedentes. No obstante, resultan útiles para el ensamblaje y el despliegue del sistema.

# Capítulo 11
# El Metamodelo

## 1. Introducción

En este capítulo estudiaremos el metamodelado en UML. Empezaremos estudiando los perfiles, que son un soporte para enriquecer las capacidades de modelado de UML, especialmente en lo que respecta a la semántica, con el objetivo de adaptar UML:

- A plataformas específicas como Java, .NET, o EJB.
- A dominios específicos del usuario como el dominio de los équidos.

Los perfiles son soportes ligeros de extensión: introducen más construcciones en metamodelo de UML, pero no permiten modificar las ya existentes. Estas nuevas construcciones son principalmente los estereotipos, las tagged values (valores etiquetados) y las especificaciones. Las especificaciones se describen con lenguaje natural o con la ayuda del lenguaje OCL, abordado en el capítulo Modelado de objetos.

Un perfil se describe con un diagrama de perfil, el cual forma parte de la estructura de UML. Este introduce un tipo específico de empaquetado. Los empaquetados han sido estudiados en el capítulo Estructuración de los elementos de modelado.

Después se presentará el metamodelo de UML. Los metamodelos contienen todas las construcciones que describen los elementos UML y, en particular, aquellos que hemos estudiado en los capítulos precedentes. Un ejemplo de estas construcciones es la clase `Class` que describe las clases o incluso la clase `Interface` que describe las interfaces. Las clases son instancias de la clase `Class`, mientras que las interfaces son instancias de la clase `Interface`. Las clases del metamodelo se conocen como metaclases.

Para terminar, se presentará el MOF (*Meta Object Facility*) del OMG. El MOF tiene como objetivo introducir la noción de metametamodelo y más en profundidad la noción de metamodelo que se describe así misma. Se presentarán algunos metamodelos del MOF sin profundizar demasiado.

## 2. Los estereotipos

### 2.1 Las metaclases

Los estereotipos se definen como extensiones de una metaclase. Es conveniente, por tanto, que en un primer momento estudiemos la noción de metaclase. Una metaclase es una clase cuyas instancias son elementos de UML que a su vez poseen instancias. Citemos, a título de ejemplo, la metaclase `Class` cuyas instancias son clases, la metaclase `Interface`, cuyas instancias son interfaces y la metaclase `Association`, cuyas instancias son asociaciones entre dos clases.

En la documentación del metamodelo de UML, las metaclases se presentan como clases sin indicación explícita de su naturaleza de metaclase. Tomamos la decisión de dotarlas de un estereotipo «`Metaclase`» para facilitar la lectura de los diagramas. La figura 11.1 muestra la representación simplificada de la metaclase `Class` en UML, es decir, sin sus atributos, operaciones y asociaciones.

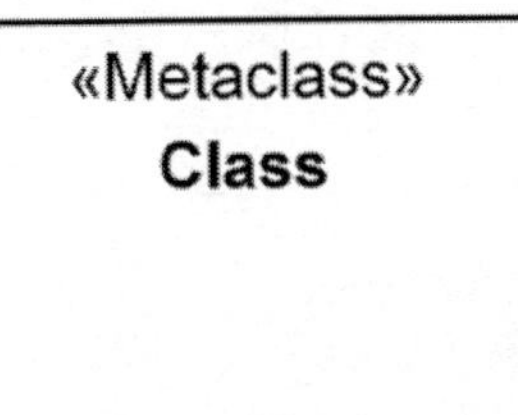


*Figura 11.1 - Representación simplificada en UML de la metaclase `Class`*

Las principales metaclases del metamodelo de UML son las siguientes:

| Metaclase | Descripción |
|---|---|
| `Association` | Metaclase concreta que describe las asociaciones, por ejemplo, entre dos instancias de la metaclase `Class`. |
| `Class` | Metaclase concreta que describe las clases. `Class` es una subclase de la metaclase `Classifier`. Introduce la descripción de las operaciones, atributos y roles. |
| `Classifier` | Metaclase abstracta que describe elementos que pueden ser especializados (introducción de la relación de especialización/generalización). |
| `Element` | Metaclase abstracta situada en la parte superior de la jerarquía de las metaclases del metamodelo UML. |
| `Interface` | Metaclase concreta que describe las interfaces que sólo poseen operaciones. `Interface` es una subclase de la metaclase `Classifier`. |
| `Operation` | Metaclase concreta que describe la firma de una operación. |
| `Package` | Metaclase concreta que describe un conjunto de instancias de subclases concretas de la metaclase `Element` (empaquetado). |
| `Property` | Metaclase concreta que describe un atributo o un extremo de asociación (rol) con uno o varios valores caracterizados. |

## 2.2 Las nociones de estereotipo y de asociación de extensión

### 2.2.1 Introducción

Los estereotipos son clases que extienden metaclases del metamodelo de UML dentro de un perfil. Introducen la terminología específica de una plataforma o de un dominio específico. Un estereotipo no puede utilizarse solo: existe únicamente si está asociado al menos a una metaclase. Esta asociación específica se conoce como asociación de extensión y se representa mediante una flecha que parte del estereotipo y señala hacia la metaclase extendida. La punta de la flecha es un triángulo negro completo, como se ilustra en el diagrama de perfil de la figura 11.2.

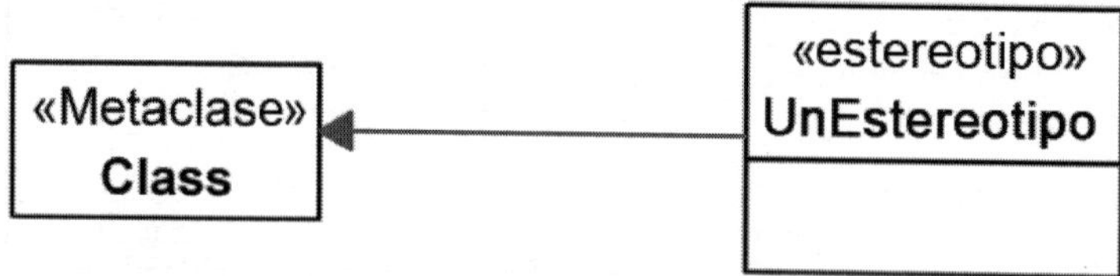


*Figura 11.2 - Representación en UML de un estereotipo que extiende la metaclase* `Class`

En esta figura el estereotipo se representa en forma de clase llamada `UnEstereotipo` que está provista del estereotipo «`estereotipo`». La metaclase extendida que se encuentra en el otro extremo de la asociación de extensión es `Class`. Las cardinalidades de esta asociación son:

– 1 en el extremo situado del lado de la metaclase;

– 0..1 en el extremo situado del lado del estereotipo.

De esta forma, cada instancia del estereotipo está vinculada a una instancia de la metaclase. Cada instancia de la metaclase está vinculada o no a una instancia del estereotipo.

La figura 11.3 muestra la creación y puesta en ejecución del estereotipo «`CaballoDeTiro`».

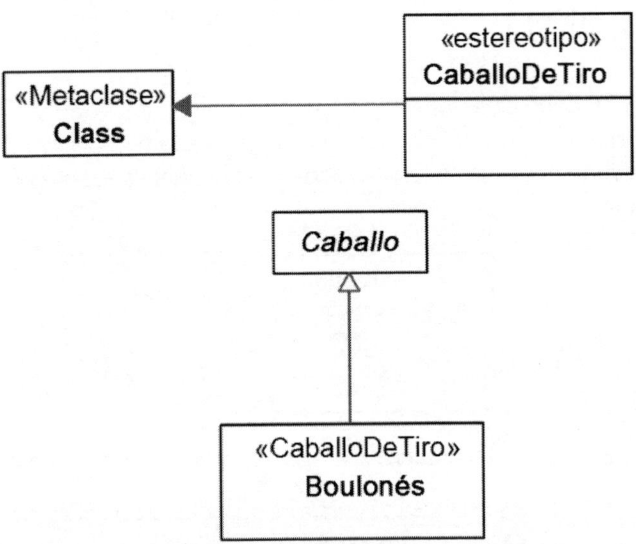


*Figura 11.3 - Definición y aplicación del estereotipo «`CaballoDeTiro`»*

La parte superior de la figura muestra el diagrama de perfil que introduce este estereotipo como extensión de la metaclase `Class`. La parte inferior muestra la aplicación de ese estereotipo en un diagrama de clases. La clase concreta `Boulonés` está provista del estereotipo «`CaballoDeTiro`» para especificar que el caballo de la raza Boulonés es un caballo de tiro. Esta clase es una instancia de la metaclase `Class` vinculada a una instancia del estereotipo «`CaballoDeTiro`».

**Observación**

*El perfil corresponde al nivel del metamodelo. En este ejemplo, incluye el estereotipo «`CaballoDeTiro`» que extiende la metaclase `Class` del metamodelo de UML. El diagrama de clases corresponde al nivel del modelo.*

### 2.2.2 Los estereotipos requeridos

Los estereotipos pueden ser requeridos por las metaclases. En ese caso, cada instancia de la metaclase debe estar asociada a una instancia del estereotipo. Para establecer esta modalidad, es preciso agregar la propiedad `{required}` en el extremo de la asociación de extensión situada del lado del estereotipo, tal y como se muestra en la figura 11.4.

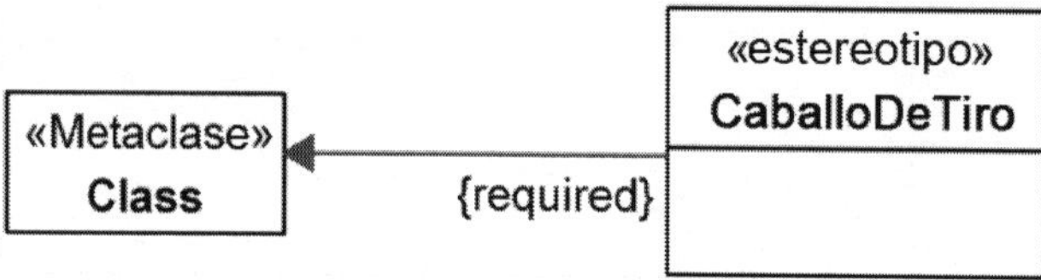


*Figura 11.4 - Definición del estereotipo requerido «`CaballoDeTiro`»*

Una vez aplicado el diagrama de perfil de la figura 11.4, todas las nuevas clases aparecerán provistas sistemáticamente del estereotipo «`CaballoDeTiro`». Siempre es posible crear otros estereotipos, como se ilustra en la figura 11.5.

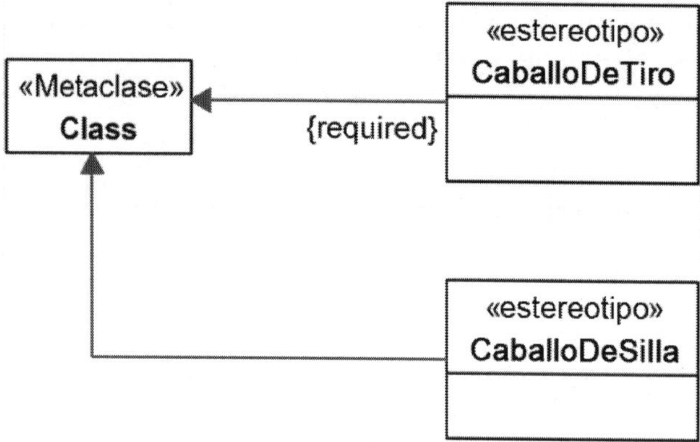


*Figura 11.5 - Definición del estereotipo requerido «`CaballoDeTiro`» y del estereotipo no requerido «`CaballoDeSilla`»*

Al proceder a la aplicación, el estereotipo «`CaballoDeTiro`» será requerido por todas las clases: La aplicación del perfil autoriza la creación de clases con los dos estereotipos o sólo con el estereotipo «`CaballoDeTiro`», como puede verse en la figura 11.6. El caballo normando de raza Cob se utiliza como caballo de tiro y como caballo de silla.

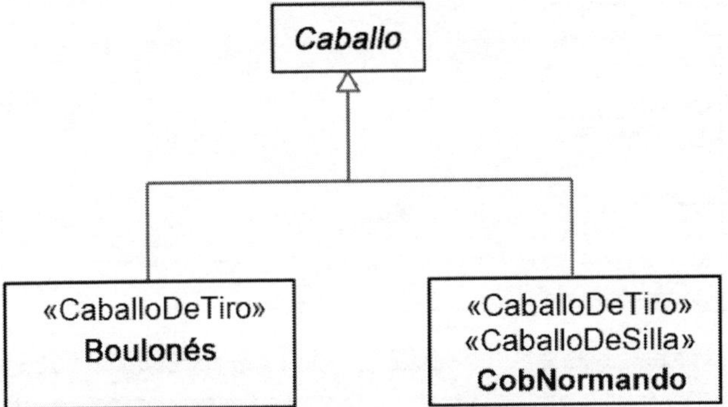


*Figura 11.6 - Aplicación del estereotipo requerido «`CaballoDeTiro`» y del estereotipo no requerido «`CaballoDeSilla`»*

### 2.2.3 La extensión de varias metaclases mediante un mismo estereotipo

Un estereotipo puede extender varias metaclases. Puede aplicarse entonces a las instancias de cada una de esas metaclases. La figura 11.7 ilustra esa extensión.

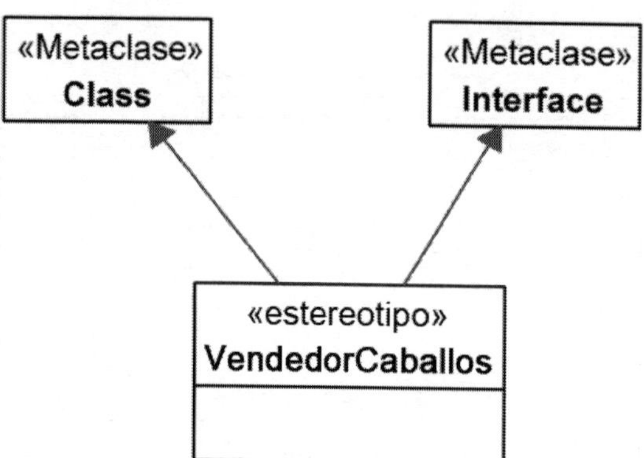


*Figura 11.7 - Estereotipo «`VendedorCaballos`» que extiende las metaclases `Class` e `Interface`*

El estereotipo «`VendedorCaballos`» extiende dos metaclases: `Class` e `Interface`. La aplicación de un perfil que contenga ese estereotipo conduce a la posibilidad de proveer de él a todas las clases o interfaces. Las clases o interfaces describen a vendedores especializados en la venta de caballos.

### 2.2.4 La generalización y la especialización de los estereotipos

Los estereotipos pueden especializarse mediante la relación de generalización/especialización. Esta última se aplica a los estereotipos de la misma forma que a las clases.

Los estereotipos pueden ser abstractos o concretos. Un estereotipo concreto puede instanciarse y, por tanto, aplicarse a un elemento. Un estereotipo abstracto no se puede instanciar: su finalidad es ser especializado para dar lugar a uno o varios estereotipos concretos.

La figura 11.8 muestra un ejemplo de estereotipo abstracto y especializado: «`DeporteEquino`» que extiende la metaclase `Class`.

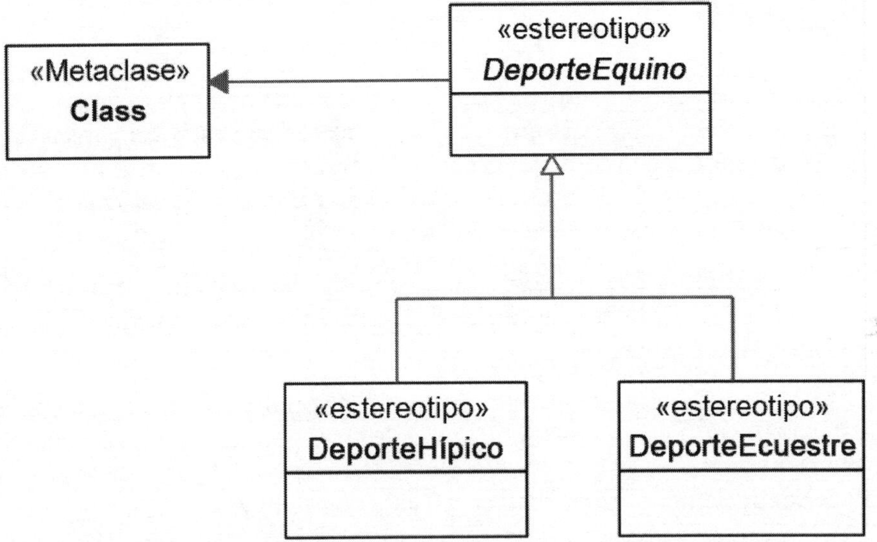


*Figura 11.8 - Estereotipo abstracto y especializado* «`DeporteEquino`»

El deporte equino se declina de dos formas: el deporte consagrado a las carreras de trote y galope y el deporte ecuestre consagrado a las demás formas de deporte equino cuya finalidad no es ganar una carrera. El estereotipo «`DeporteEquino`» se introduce como un estereotipo abstracto especializado por dos estereotipos concretos que corresponden a las dos formas descritas anteriormente. Sólo esos dos estereotipos pueden aplicarse a una clase que describa un deporte equino para cualificarla como deporte hípico o como deporte ecuestre.

**Observación**

*Conviene subrayar que la asociación de extensión con la metaclase `Class` se realiza únicamente a nivel del estereotipo abstracto «`DeporteEquino`». El extremo de esa asociación por el lado de ese estereotipo se hereda en los estereotipos especializados «`DeporteHípico`» y «`DeporteEcuestre`».*

## 3. Las tagged values (valores etiquetados)

### 3.1 Introducción

Un estereotipo puede introducir atributos como cualquier clase. En la terminología UML, ese tipo de atributos se llama tag (etiquetas) y las parejas (atributo, valor) se conocen como tagged value (valor etiquetado por el nombre del atributo). Cada tag de un estereotipo da lugar a una tagged value dentro del elemento UML provisto de ese estereotipo.

Como los atributos, los tag poseen un tipo. Sólo los tipos introducidos en el metamodelo (y, como más adelante veremos, en el perfil) pueden utilizarse para caracterizar un tag.

La figura 11.9 muestra un ejemplo de introducción del tag `precioMedio` en el estereotipo «`CaballoDeDeporte`» y de la tagged value correspondiente a ese tag en la clase `TrotadorFrancés` provista de ese estereotipo. Las tagged values de un elemento se indican como listas entre llaves.

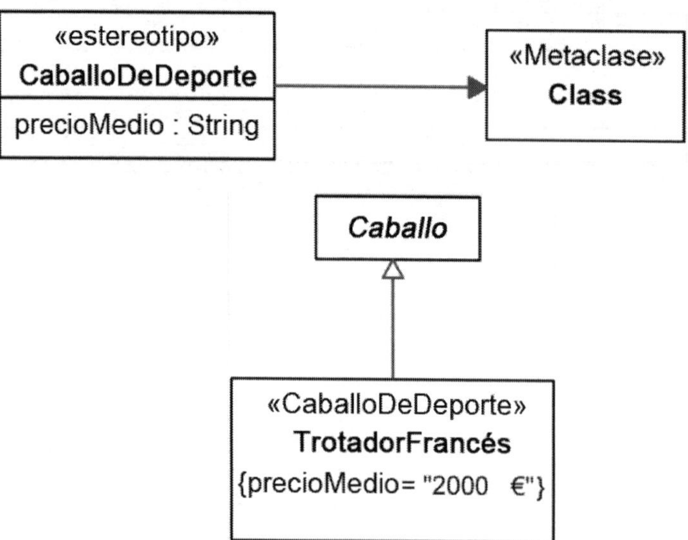


*Figura 11.9 - El tag `precioMedio` del estereotipo «`CaballoDeDeporte`»*

## 3.2 Las asociaciones entre estereotipos

Entre los estereotipos de un perfil es posible introducir asociaciones. Dichas asociaciones son en todo idénticas a las existentes entre las clases. Una asociación binaria entre dos estereotipos relaciona los elementos provistos del estereotipo situado en un extremo de la asociación con los elementos provistos del estereotipo situado en el otro extremo. La figura 11.10 ilustra una asociación de ese tipo entre los estereotipos «`CaballoDeDeporte`» y «`DeporteEquino`».

**Observación**

*Dado que el estereotipo «`DeporteEquino`» es abstracto y especializado, la asociación relaciona cualquier clase provista del estereotipo «`CaballoDeDeporte`» con clases provistas, bien del estereotipo «`DeporteHípico`», o bien del estereotipo «`DeporteEcuestre`».*

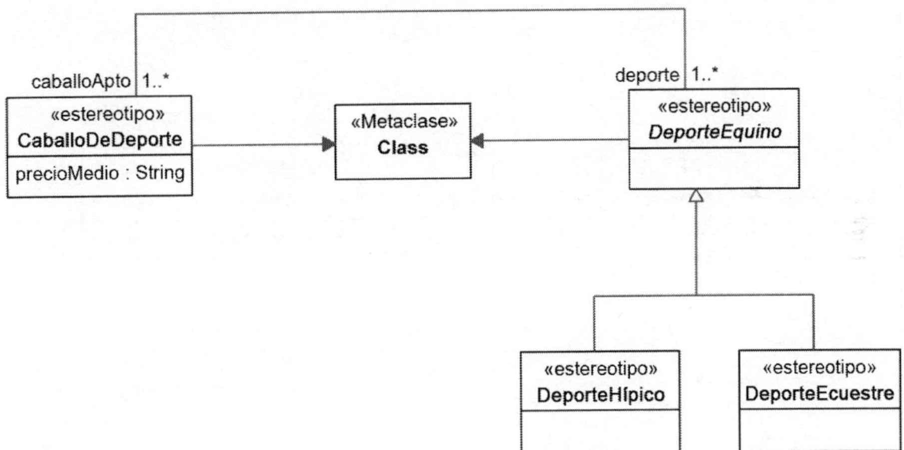


*Figura 11.10 - Asociación entre dos estereotipos*

La figura 11.11 muestra un diagrama de clases al que se ha aplicado el perfil de la figura 11.10. La clase `TrotadorFrancés` aparece provista del estereotipo «`CaballoDeDeporte`» y, por consiguiente, detenta dos tagged values: `precioMedio` de valor "2000 €" y `deporte`, cuyo valor es la clase `Trote`. La tagged value `sport` corresponde al rol con el mismo nombre que la asociación entre los estereotipos «`CaballoDeDeporte`» y «`DeporteEquino`», introducida en la figura 11.10. De manera similar, la clase `Trote` introduce la tagged value `caballoApto` cuyo valor es la clase `TrotadorFrancés`.

**Observación**

*Conviene bien señalar que la asociación vincula dos clases: `Trote` y `TrotadorFrancés`, y no las instancias de esas clases. Efectivamente, la asociación no es específica de estas clases, sino de los estereotipos que pone en conexión.*

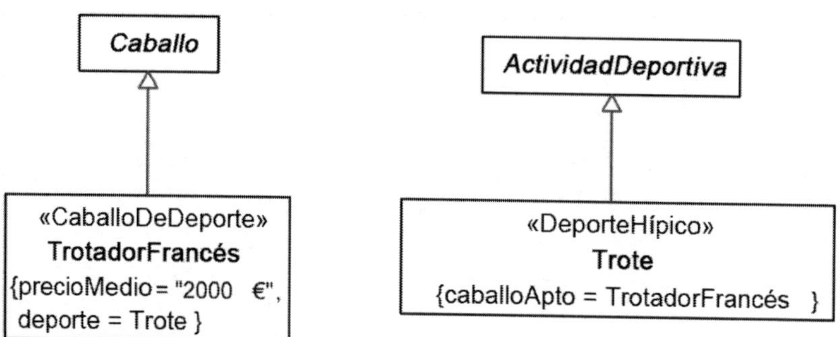


*Figura 11.11 - Aplicación de una asociación entre dos estereotipos*

# 4. Los demás elementos de un perfil

## 4.1 Las especificaciones

Un estereotipo puede también introducir especificaciones que se aplican a los elementos provistos de ese estereotipo. La figura 11.12 ilustra ese caso en el marco de un perfil específico del lenguaje Java. En efecto, en UML, es posible emplear la herencia múltiple de las clases mientras que en Java está prohibido. El estereotipo «`JavaClass`» introduce una especificación escrita en OCL que prohíbe la herencia múltiple.

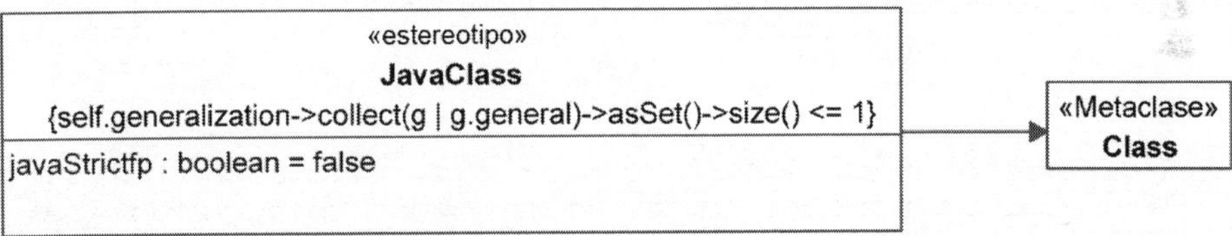


*Figura 11.12 - El estereotipo «`JavaClass`»*

Esta especificación escrita en OCL se apoya en la descripción de la relación de generalización/especialización en el metamodelo de UML introducida a nivel de la metaclase `Classifier`, sobreclase de la clase `Class`. Esta descripción en forma simplificada se ilustra en la figura 11.13, donde puede verse que los elementos generales de una instancia de `Classifier` son proporcionados por la expresión de ruta `self.generalization.general`. Dado que el rol `generalization` tiene como cardinalidad la cardinalidad múltiple *, es conveniente utilizar el operador `collect` para obtener todos los elementos generales bajo la forma de una colección, transformada después en un conjunto para eliminar los posibles duplicados. La especificación comprueba a continuación si el conjunto tiene un número de elementos inferior o igual a 1.

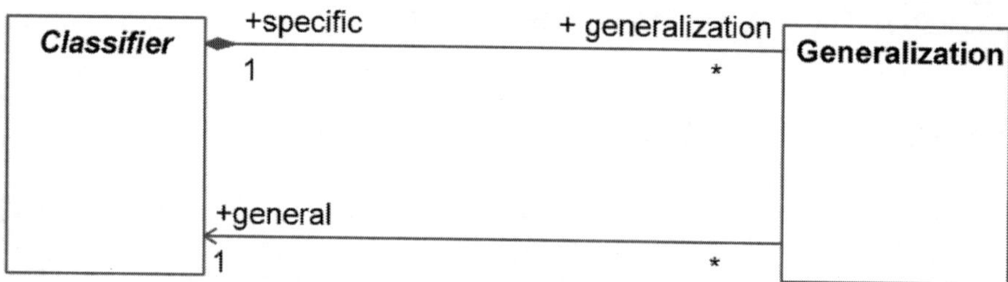


*Figura 11.13 - Descripción de la relación de generalización en el metamodelo*

Para completar la descripción de una clase del lenguaje Java en UML, se introduce el tag `javaStrictfp`. Sirve para indicar si la palabra clave `strictfp` ha sido especificada o no al definir la clase.

**Observación**

*La presencia de la palabra clave `strictfp` provoca la utilización de tipos reales IEEE con los métodos de cálculo asociados. Si la palabra clave no está, Java utiliza las operaciones de cálculo real presentes en algunos procesadores.*

## 4.2 Las clases, los tipos y las enumeraciones

Los perfiles también pueden introducir clases, tipos de datos (DataType), tipos primitivos y enumeraciones. Esos tipos sólo pueden utilizarse dentro del perfil ya que se introducen a nivel del metamodelo y no del modelo. Para usarlos a la vez en el perfil y en un diagrama de clases a nivel del modelo, es conveniente introducir los tipos en un empaquetado distinto que se puede importar al perfil y al diagrama de clases a la vez.

**Observación**

*Un tipo de datos es un tipo en el que la igualdad entre dos instancias reposa en la igualdad entre cada atributo de ambas instancias. Para las instancias de ese tipo no existe noción de identidad como la propia de los objetos. Un tipo primitivo es un tipo de dato cuyo valor es atómico, como los enteros, los reales y los boleanos.*

# 5. Los perfiles

## 5.1 La representación de un perfil

Los perfiles se representan con empaquetados de perfil, es decir, empaquetados provistos del estereotipo «`profile`» en los que se detallan todos los elementos que contienen así como las metaclases que extienden. La figura 11.14 ilustra un ejemplo de perfil llamado `CaballosDeporte`.

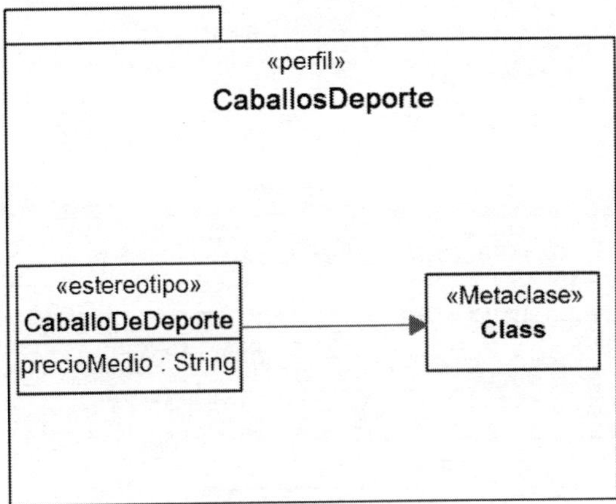


*Figura 11.14 - El perfil* `CaballosDeporte`

## 5.2 La relación de referencia

La relación de referencia permite importar una o varias metaclases desde un metamodelo hasta un perfil, donde se hacen visibles para cualquier modelo que aplique ese perfil. Es posible implícitamente importar en el perfil todas las clases del metamodelo. Otra posibilidad es seleccionar explícitamente las metaclases que deben importarse al perfil. Por último, es posible extender una metaclase sin importarla. En ese caso sólo son visibles las instancias extendidas por el estereotipo.

El primer caso, donde todas las metaclases del metamodelo UML aparecen implícitamente importadas por el perfil `Caballos`, puede verse en la figura 11.15.

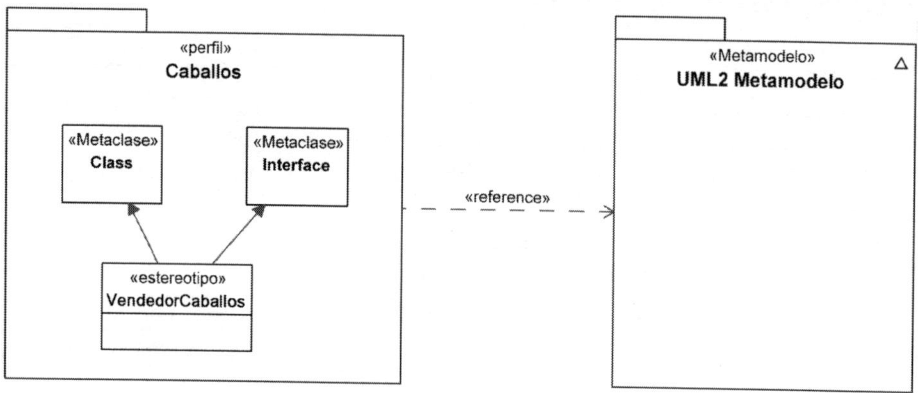


*Figura 11.15 - Relación de referencia con importación implícita*

El segundo caso, donde sólo se importan explícitamente en el perfil `Caballos` las dos metaclases `Class` e `Interface` del metamodelo UML, se ilustra en la figura 11.16. Las demás metaclases del metamodelo UML no son visibles. Las dos importaciones explícitas sobrecargan la importación explícita.

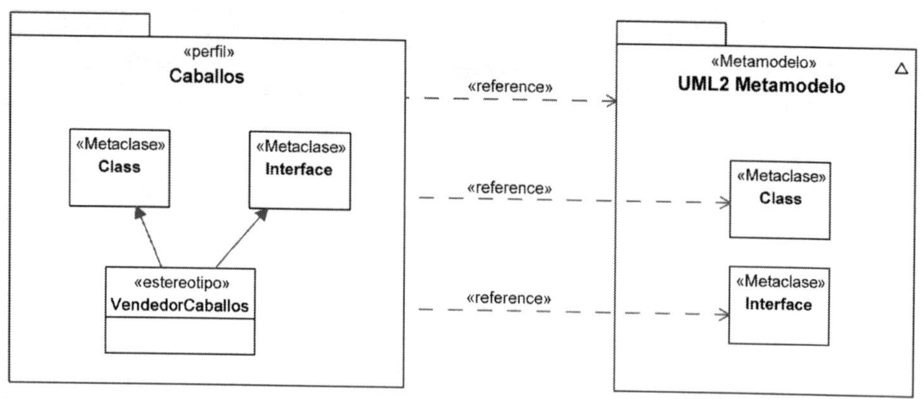


*Figura 11.16 - Relación de referencia con importación explícita*

La figura 11.17 ilustra un caso de importación explícita de la metaclase `Class` y una extensión explícita de la metaclase `Interface` por el estereotipo «`VendedorCaballos`». En lo referente a esta última metaclase, sólo las instancias extendidas mediante el estereotipo «`VendedorCaballos`» son visibles (las que no están extendidas o lo están por otro estereotipo no son visibles).

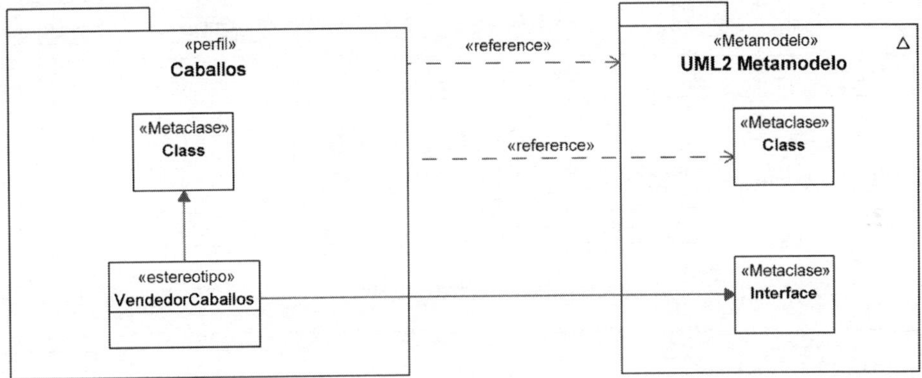


*Figura 11.17 - Relación de referencia con importación y extensión explícitas*

## 5.3 La aplicación de un perfil a un empaquetado

Un perfil se aplica a un empaquetado mediante la asociación de aplicación de perfil. De esa forma, todos los elementos del empaquetado pueden estar provistos de los estereotipos del perfil. Si la metaclase de los elementos ha sido extendida de forma obligada por un estereotipo, entonces los elementos deben estar provistos de ese estereotipo.

Es posible aplicar varios perfiles a un mismo empaquetado. En caso de conflicto entre los nombres, es conveniente usar el nombre del empaquetado como prefijo del nombre de los estereotipos.

La figura 11.8 ilustra la aplicación del perfil `CaballosDeporte` al empaquetado `CriaderoCaballos`. La clase `TrotadorFrancés` de ese empaquetado está provista del estereotipo «`CaballoDeporte`» introducido en el perfil `CaballosDeporte`.

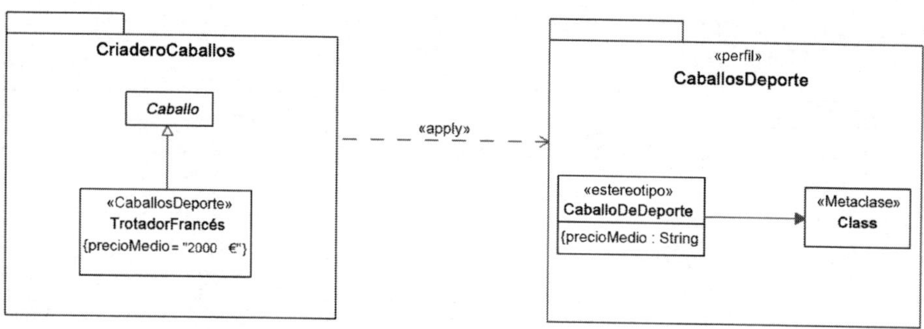


*Figura 11.18 - Aplicación del perfil* `CaballosDeporte` *al empaquetado* `CriaderoCaballos`

## 6. Un ejemplo de dominio: los équidos

Presentamos, a título de ejemplo, un modelo basado en el dominio de los équidos.

### 6.1 El perfil

El perfil se presenta en la figura 11.19 bajo la forma de un diagrama de perfil. Se introducen tres estereotipos concretos para extender la metaclase `Class` en el marco del modelado de los équidos: «`ÉquidoDeTiro`», «`ÉquidoDeSilla`» y «`ÉquidoDeDeporte`». La jerarquía de los estereotipos relativa al deporte equino está constituida por el estereotipo abstracto «`DeporteEquino`» especializado por los dos estereotipos concretos: «`DeporteHípico`» y «`DeporteEcuestre`». El estereotipo abstracto permite introducir la asociación `deporte/équidoApto`, cuyos vínculos conectan las instancias de sus dos subestereotipos concretos, con las instancias del estereotipo «`ÉquidoDeDeporte`». Por último, el estereotipo «`Alimentación`» extiende la metaclase `Asociación` introduciendo el tag `alimentaciónPrincipal`. Este estereotipo puede ser aplicado a cualquier asociación del modelo.

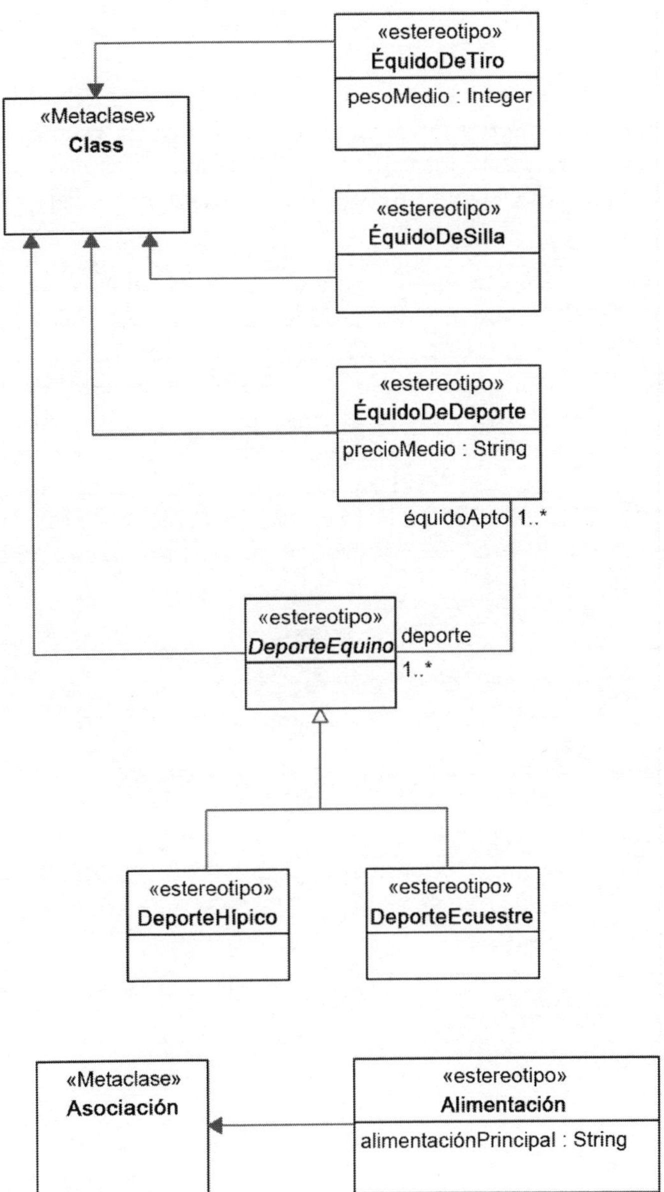


*Figura 11.19 - El perfil* `Équidos`

## 6.2 El modelo

El modelo se presenta en las figuras 11.20 y 11.21 bajo la forma de dos diagramas de clases. El diagrama de la figura 11.20 introduce varias clases entre las que se encuentran las clases `ComidaVegetal` y `Équido`. Estas dos clases están vinculadas por una asociación interobjetos provista del estereotipo «`Alimentación`».

El diagrama introduce también una clasificación de varios équidos de raza en función de su especie: caballo, asno o poney. Las clases que corresponden a un équido de raza están dotadas de uno de los tres estereotipos del perfil para determinar la categoría del équido. Las tagged values correspondientes a los estereotipos están provistas de uno o varios valores. Por ejemplo, en el caso de poney francés de silla, hay que observar que la tagged value `deporte` posee tres valores, a saber, un vínculo hacia la clase `Adiestramiento`, un vínculo hacia la clase `ConcursoCompletoEcuestre` y un vínculo hacia la clase `SaltoObstáculos`, los tres vínculos correspondientes a los tres deportes para los cuales ese poney es apto.

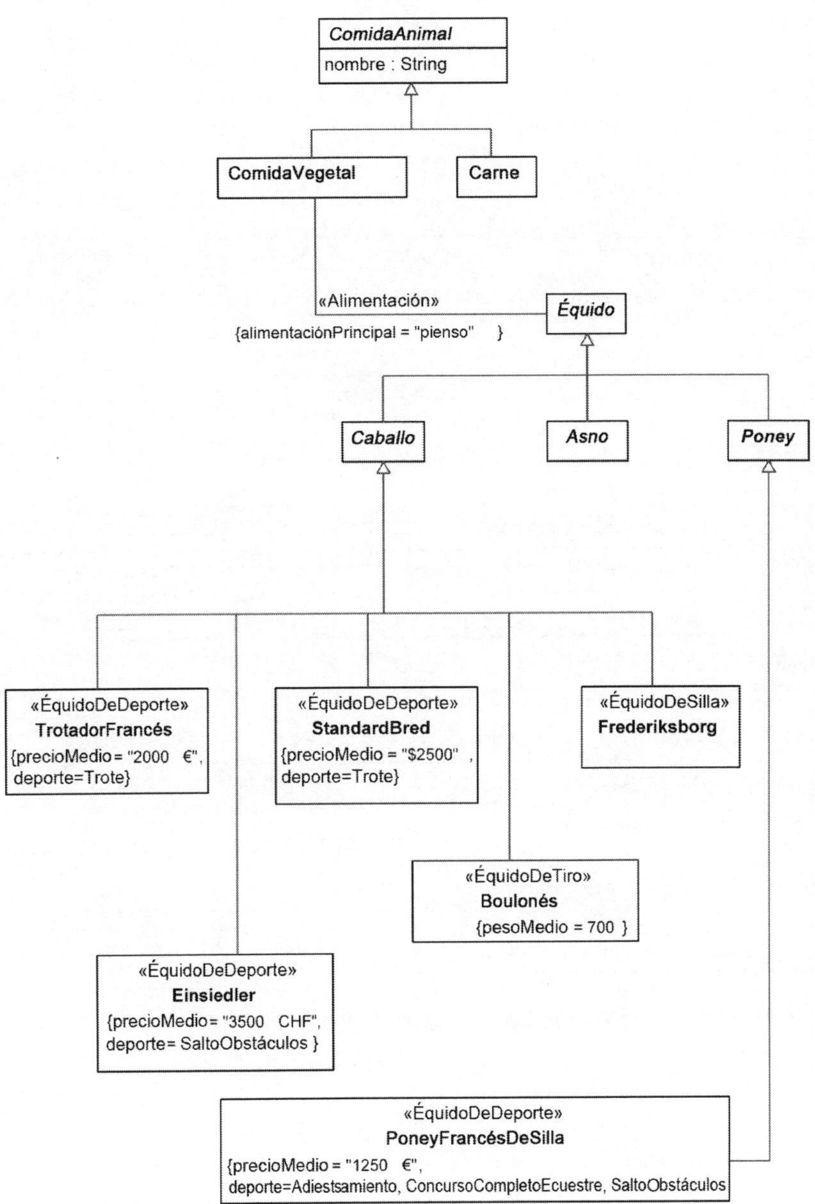


*Figura 11.20 - Primera parte del modelo* `Équidos`

El diagrama de la figura 11.21 muestra una clasificación de las diferentes actividades deportivas que un équido puede ejercer. Cada actividad concreta está provista del estereotipo «DeporteHípico», o del estereotipo «DeporteEcuestre». A nivel del tag équidoApto, es conveniente señalar los vínculos inversos en relación con los aparecidos en las clases de équidos del tag deporte. Por ejemplo, la clase SaltoObstáculos aparece vinculada a las clases PoneyFrancésDeSilla y Einsiedler. En efecto, si observamos la figura 11.20 podemos comprobar que esos dos équidos son aptos para el salto de obstáculos y que son los dos únicos de la clasificación de los équidos.

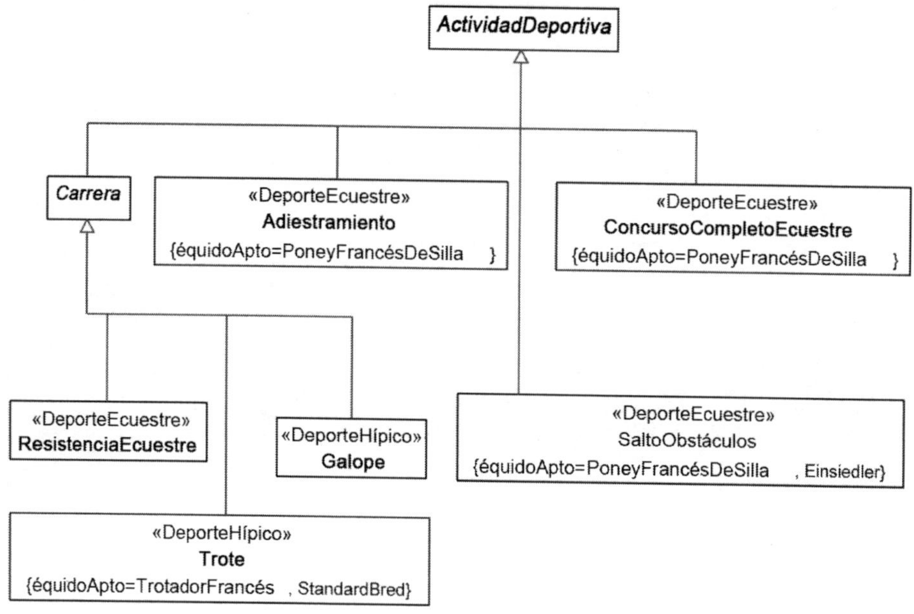


*Figura 11.21 - Segunda parte del modelo Équidos*

## 7. Ejemplo de perfil de plataforma: un perfil para EJB

La figura 11.22 ilustra un perfil de plataforma, a saber, la plataforma EJB (*Entreprise JavaBeans*). Este ejemplo de perfil extraído del documento de la OMG que describe la superestructura de UML introduce varios estereotipos:

- El estereotipo «`Bean`», que extiende la metaclase `Component`. Es abstracto y especializado por los dos subestereotipos «`Entity`» y «`Session`». Como «`Bean`» es un estereotipo requerido, cada instancia de la metaclase `Component` debe estar provista de alguno de estos dos subestereotipos. Este estereotipo introduce una especificación complementaria que prohíbe la generalización y, por consiguiente, la especialización de los beans. Esta especialización es comparable a la presentada anteriormente para imponer en Java la herencia simple de las clases.
- El estereotipo «`JAR`», que extiende la metaclase `Artifact`.
- Los dos estereotipos «`Remote`» y «`Home`», que extienden la metaclase `Interface`.

**Observación**

*La metaclase `Component` tiene como instancias los componentes abordados en el capítulo dedicado Modelado de la arquitectura del sistema, en el que se estudian igualmente los artefactos cuya metaclase es `Artifact`.*

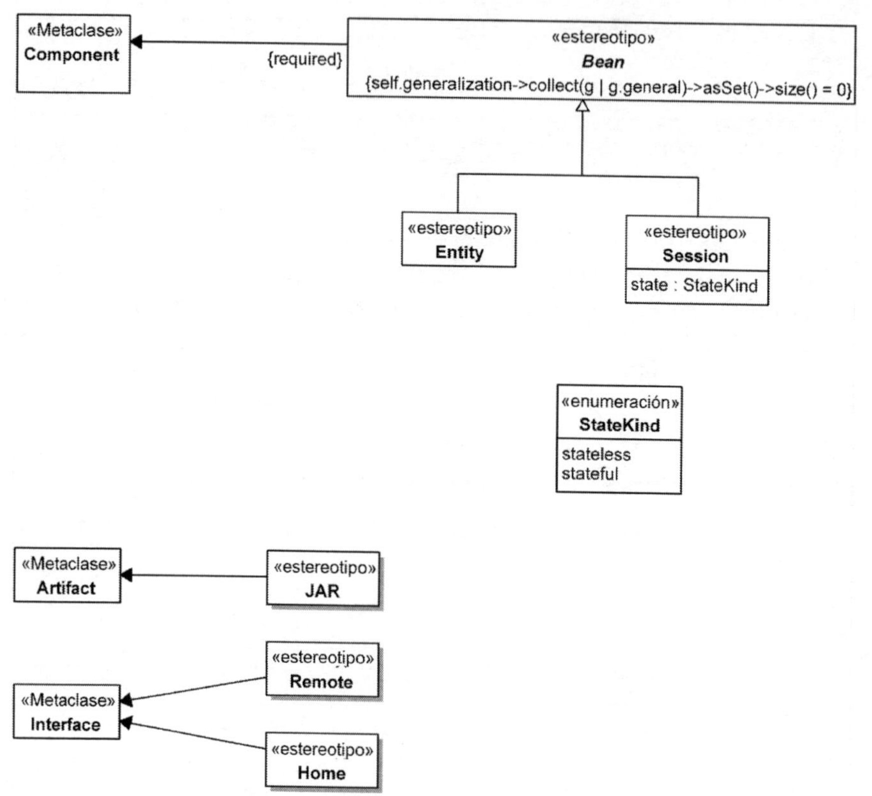


*Figura 11.22 - Un ejemplo de perfil EJB*

# 8. El metamodelo de UML

## 8.1 Presentación

En UML un modelo describe un domino a través de distintos diagramas. El metamodelo de UML describe un dominio particular: el propio UML. Por lo tanto, el modelo describe el conjunto de elementos de UML. Se trata de una descripción estática basada en elementos de los diagramas de clases y de objetos. El metamodelo forma parte de UML y se describe a sí mismo.

El metamodelo de UML contiene cientos de elementos. Es demasiado extenso para ser estudiado de manera exhaustiva en el marco de este libro. La figura 11.23 muestra el fragmento que hemos decidido estudiar. Se trata de la parte relativa a las clases y a las asociaciones. Este fragmento no muestra esta parte en su integralidad: las asociaciones como `nestingClass` y las clases como `Relationship` no están recogidas en el ejemplo, no se indican las restricciones, etc.

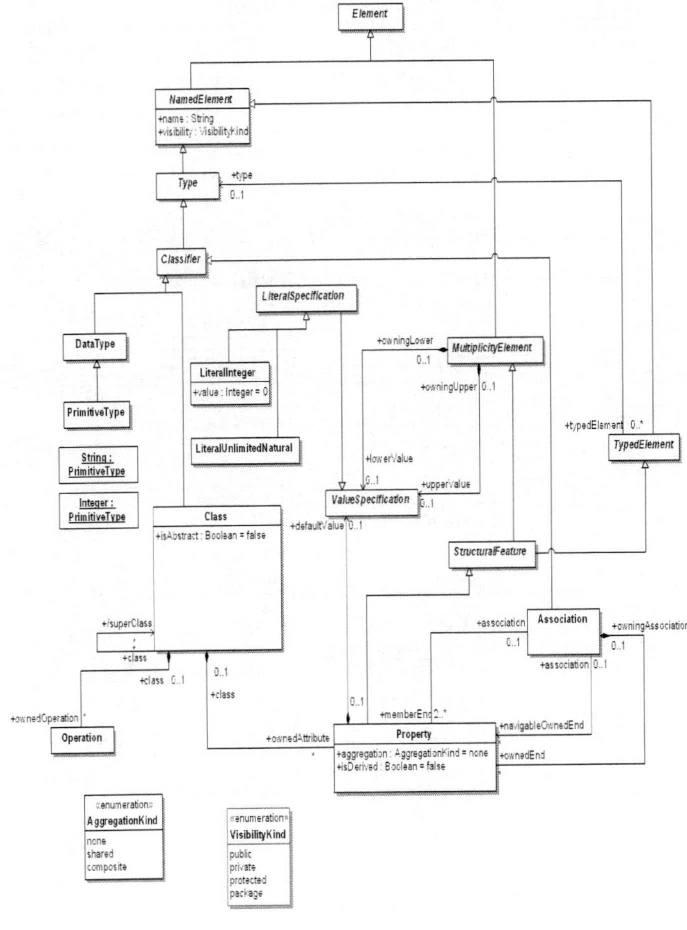


*Figura 11.23 – Fragmento del metamodelo UML*

Los elementos del metamodelo que aparecen en la figura 11.23 son los siguientes:

| Elemento | Descripción |
|---|---|
| AggregationKind | Enumeración que indica el tipo de agregación: ninguna agregación (none), baja composición (shared) o fuerte composición (composite). |
| Association | Metaclase concreta que describe las asociaciones. Cada extremidad está representada por una instancia de Property y vinculada al rol memberEnd. El rol ownedEnd representa las extremidades que pertenecen a la asociación. El rol navigableOwnedEnd representa las extremidades que pertenecen a la asociación y que son navegables. |
| Class | Metaclase concreta que describe las clases. Introduce la descripción de las operaciones y de las propiedades (atributos).<br>Esta metaclase introduce la asociación reflexiva class/superClass que es un subconjunto de la asociación de generalización introducida a nivel de la metaclase Classifier (subconjunto limitado solo a las clases). |
| Classifier | Metaclase abstracta que describe los elementos que pueden ser especializados (introducción de la relación de especialización/generalización). |
| DataType | Metaclase concreta cuyas instancias son de tipo de datos. Un tipo de datos es un tipo en el que se identifican las instancias por su valor. |

| Elemento | Descripción |
|---|---|
| `Element` | Metaclase abstracta situada en la cima de la jerarquía de las metaclases del metamodelo UML. |
| `LiteralInteger` | Metaclase concreta cuyas instancias representan un literal de tipo entero. |
| `LiteralSpecification` | Metaclase abstracta cuyas instancias de las subclases concretas representan un literal. |
| `LiteralUnlimitedNatural` | Metaclase concreta cuyas instancias representan el valor * en las cardinalidades. |
| `MultiplicityElement` | Metaclase abstracta cuyas instancias de las subclases concretas poseen valores múltiples.<br>La multiplicidad de esos valores está determinada por un intervalo cuya cardinalidad debe ser superior o igual a un límite inferior e inferior o igual a un límite superior. |
| `NamedElement` | Metaclase abstracta cuyas instancias de las subclases concretas poseen un nombre. |
| `Operation` | Metaclase concreta que describe la firma de una operación. |
| `PrimitiveType` | Metaclase concreta cuyas instancias son los tipos primitivos: `Boolean`, `Integer`, `String`, etc. |
| `Property` | Metaclase concreta que describe un atributo o una extremidad de asociación (rol) que posee uno o distintos valores caracterizados. |
| `StructuralFeature` | Metaclase abatracta que introduce un elemento estructurado y que puede ser especializado (instancia de `Classifier`). |

| Elemento | Descripción |
|---|---|
| `Type` | Metaclase abstracta cuyas instancias de las subclases concretas puede ser utilizadas como tipo. |
| `TypedElement` | Metaclase abstracta cuyas instancias de subclases concretas poseen un tipo. |
| `VisibilityKind` | Enumeración que indica el tipo de visibilidad (encapsulación): `public`, `private`, `protected` y `package`. |

## 9. Ejemplos

La figura 11.24 ilustra un diagrama de clases con dos clases (`Propietario` y `Caballo`) así como la asociación `pertenencia`.

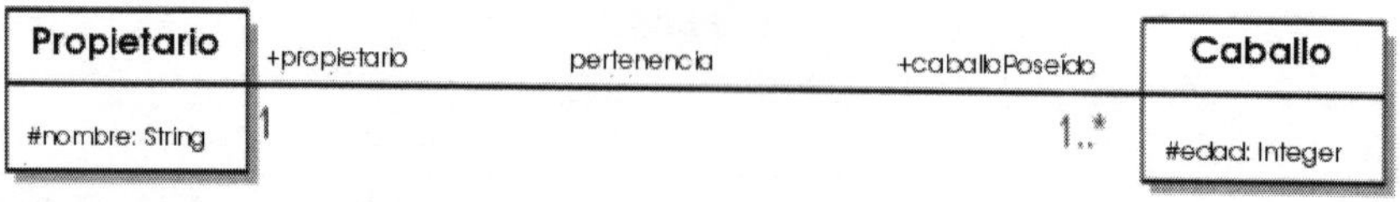

*Figura 11.24 – Ejemplo de diagrama de clases*

La figura 11.5 muestra la representación de ese diagrama de clases bajo la forma de un diagrama de objetos (instancias de metaclases del metamodelo).

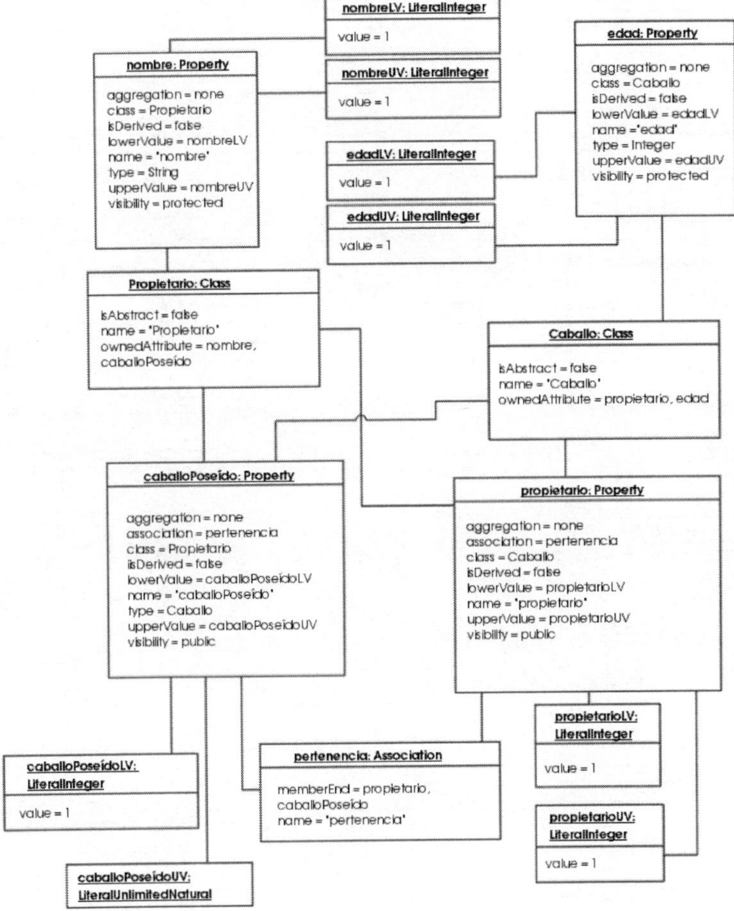


*Figura 11.25 – Representación bajo la forma de un diagrama de objetos*

Finalmente, la figura 11.26 nos muestra cómo el metamodelo de UML puede describirse a sí mismo. Hemos decidido describir un pequeño extracto del diagrama de la figura 11.23, es decir, la asociación reflexiva `class/superClass` que se aplica a la metaclase `Class`.

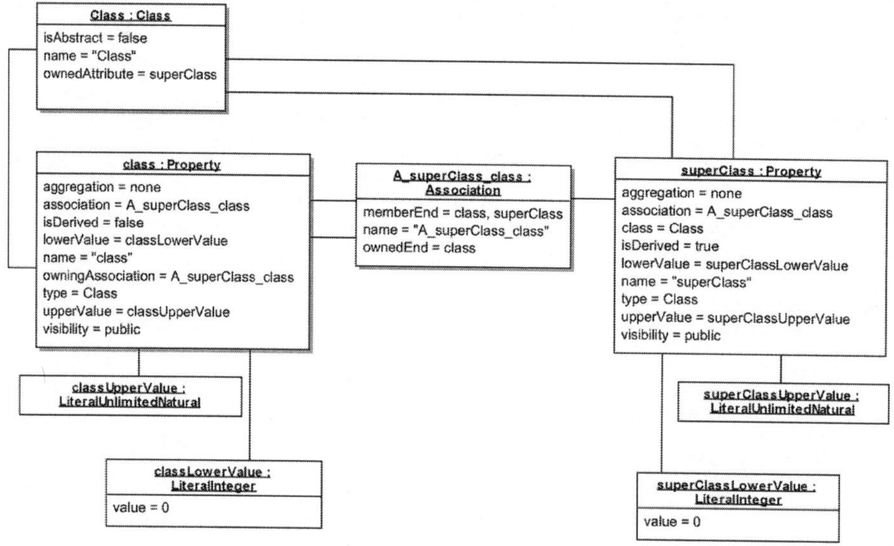


*Figura 11.26 – Asociación class/superClass bajo la forma de un diagrama de objetos*

## 10. Representación de los estereotipos en el metamodelo

La figura 11.27 muestra de manera simplificada cómo se introducen los estereotipos en el metamodelo.

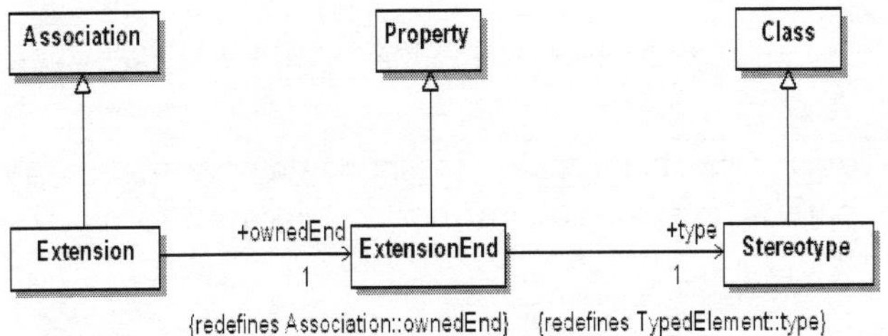


*Figura 11.27 – Porción del metamodelo UML relativo a los estereotipos*

La metaclase `Stereotype` se introduce como una subclase de la metaclase Class. Los estereotipos introducidos en los diagramas de clases son instancias de esta metaclase y, por lo tanto, son clases. Es por esto que todo estereotipo puede contener atributos (tags).

La asociación (extensión) que conecta un estereotipo con el elemento que se expande es una instancia de la metaclase `Extension`. Esta última es una subclase de la metaclase `Association`. La metaclase introduce restricciones sobre ese tipo de asociación:

- Por una parte, una de las extremidades que pertenecen a esta asociación está caracterizada por la metaclase `ExtensionEnd` cuyo tipo no puede ser otro que un estereotipo.
- Una extensión es una asociación binaria, descrita en la metaclase `Extension` por la especificación OCL siguiente:

```
inv: memberEnd->size() = 2
```

Por lo tanto, una extensión conecta un estereotipo con el elemento que expande por su otra extremidad. Esta no está especializada, pero tiene que enlazar la extensión a una metaclase, que se traduce por la restricción siguiente:

```
inv: metaclassEnd()->notEmpty() and metaclassEnd().type.oclIsKindOf(Class)
```

`metaclassEnd()` es una solicitud OCL que refleja la extremidad que no está caracterizada por el estereotipo.

La descripción del estereotipo y de la extensión introducida en el metamodelo corresponde a lo que ya hemos presentado al principio del capítulo.

## 11. Introducción al MOF

El MOF tiene como objetivo aportar una arquitectura estandardizada para describir los elementos de un metamodelo como el que acabamos de estudiar. Esta arquitectura debe ser independiente de la plataforma de software. Una arquitectura de este tipo da lugar a un metametamodelo, fruto de la modelización de un metamodelo.

El primer metametamodelo que hemos estudiado hasta ahora es el metamodelo de UML. De hecho, este metamodelo tiene como propiedad el describirse a sí mismo como hemos podido ver en la figura 11.26. Constituye una primera posibilidad de metamodelo de MOF. En la literatura del MOF, se le denomina simplemente como un metamodelo del MOF. En esta misma literatura, la descripción del metamodelo UML hecha por él mismo, como ha quedado ilustrado en la figura 11.26, se aplica en el marco de la perspectiva del MOF. Fuera de esta perspectiva, el metamodelo de UML solo se utiliza para describir los modelos UML que no introducen ningún metadato.

El uso del metamodelo UML al nivel del MOF no es adecuado: este modelo es demasiado importante para describir a otros modelos más simples, incluso a sí mismo. Por lo tanto, se han añadido dos metamodelos más simples al MOF, subconjuntos del metamodelo UML:

- El primero se llama EMOF (*Essential MOF*). Se obtiene aplicando un juego de especificaciones OCL al metamodelo UML. Se utiliza principalmente para describir los elementos de los lenguajes de programación y de XML.
- El segundo se llama CMOF (*Complete MOF*). Se obtiene también aplicando un juego de especificaciones al modelo UML. Su capacidad de descripción es superior a la de EMOF. Se utiliza para describir el metamodelo de UML. CMOF tiene la capacidad de describirse a sí mismo.

El último punto de esta introducción al MOF concierne al número de niveles de su arquitectura. La arquitectura del MOF está descrita generalmente como una arquitectura de cuatro niveles:

- Nivel M0, nivel que corresponde a los elementos del dominio, instancias de los elementos del nivel M1.
- Nivel M1, nivel que corresponde a la descripción del nivel M0: los elementos del nivel M1 son instancias del nivel M2. Esto es, por ejemplo, una modelización realizada en UML.
- Nivel M2, nivel que describe el nivel M1. Puede tratarse, por ejemplo, del metamodelo de UML.
- Nivel M3, nivel que describe el nivel M2. Tomemos por ejemplo el metamodelo CMOF del MOF.

El nivel M3 es el último nivel porque CMOF se describe a sí mismo.

Este número de niveles no es estático, pueden ser más o menos niveles. Si el metamodelo de UML hubiera sido utilizado para describirse a sí mismo en lugar de CMOF, la arquitectura hubiera tenido tres niveles.

## 12. Conclusión

En un primer momento, hemos estudiado los perfiles. El objetivo de estos es adaptar el metamodelo a un lenguaje de programación como Java, a una plataforma de software como EJB o a un ámbito específico como el de los équidos. Los tres ejemplos que hemos presentado en este capítulo demuestran lo fácil y rápido que es implementar perfiles (igual que las clases y los empaquetados template) incluso sin tener un gran conocimiento del metamodelo.

Después, hemos estudiado con más detalle el metamodelo UML que describe UML en su totalidad y especialmente los perfiles. Este metamodelo tiene la capacidad de describirse a sí mismo. Aunque se hubiera podido constituir un metametamodelo del MOF para describir otras arquitecturas, el OMG ha preferido introducir metamodelos más simples: EMOF y CMOF que son subconjuntos del metamodelo de UML.

# Anexo 1: Arquitectura MDA: la herramienta DB-MAIN

## 1. Introducción

En este anexo, y dentro del contexto del MDA, procederemos a presentar DB-MAIN, una herramienta CASE (*Computer Aided Software Engineering* o ingeniería de software asistida por ordenador) orientada a objetos y destinada a concebir sistemas de información y, más concretamente, bases de datos relacionales. DB-MAIN se desarrolló en la Universidad de Namur. Actualmente está comercializado por la sociedad REVER de Charleroi.

DB-MAIN ofrece un proceso de diseño descendente: análisis de los requisitos, con la posibilidad de describir casos de uso y diagramas de actividades UML; diseño del esquema en un ámbito conceptual, lógico o físico, e integración de esquemas. El ámbito conceptual de DB-MAIN corresponde al modelo *objeto* de UML o al modelo entidad-asociación ampliado a la herencia. El nivel lógico corresponde al modelo relacional de los datos. El nivel físico es el del lenguaje SQL, propio del SGBDR (Sistema de Gestión de Base de Datos Relacional). DB-MAIN incluye también otros modelos lógicos y físicos como pueden ser IDS/2, IMS, archivos estándar o XML.

Si el modelador opta por trabajar en el ámbito conceptual, DB-MAIN realiza automáticamente la transformación al ámbito lógico (relacional) y después al físico (SQL). Esta transformación automática se inscribe en el contexto del planteamiento MDA presentado en el capítulo A propósito de UML.

Recordemos que MDA recomienda la realización de sistemas independientemente de la plataforma física y sus aspectos tecnológicos. MDA introduce el PIM (*Platform Independent Model*, modelo independiente de la plataforma), y el PSM (*Platform Specific Model*, modelo específico de la plataforma). El paso del PIM al PSM debe hacerse de manera automatizada o semiautomatizada.

En la presente obra abordaremos, sobre todo, el aspecto MDA de DB-MAIN, escogiendo como PIM el modelo *objeto* de UML y como PSM el modelo relacional. Estudiaremos de qué manera DB-MAIN transforma las clases, las asociaciones y las relaciones de herencia.

**Observación**

*DB-MAIN presenta otras características como pueden ser la técnica retroactiva o reverse engineering (análisis de un esquema en el ámbito físico), la migración, la integración de bases de datos o la tolerancia de XML. Le invitamos a que consulte la Web de DB-MAIN, que podrá encontrar en la siguiente dirección: www.db-main.be*

## 2. Transformación del modelo objeto en modelo relacional

### 2.1 Transformación de las clases

En el esquema relacional las clases se convierten en tablas (también llamadas relaciones).

En DB-MAIN es posible especificar que uno o varios atributos de una clase constituyan una clave primaria, es decir, un identificador único de las instancias. Dos instancias distintas de una clase no pueden presentar los mismos valores para ese atributo o conjunto de atributos. Al producirse la transformación, los atributos constituyen la clave primaria de la tabla generada.

**Observación**

*Los métodos no se tienen en cuenta ya que se trata de una transformación a un PSM que únicamente gestiona datos.*

La figura A.1 muestra un diagrama de clases en DB-MAIN. Los atributos que forman la clave primaria aparecen subrayados. La figura A.2 muestra el diagrama transformado en esquema relacional, donde las claves aparecen con el prefijo `id`. El prefijo `acc`, por su parte, significa que las claves primarias sirven para acceder a las líneas de la tabla.

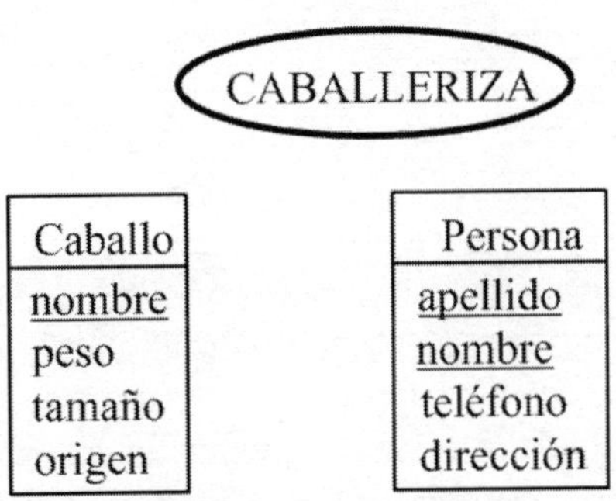


*Figura A.1 - Diagrama de clases UML en DB-MAIN*

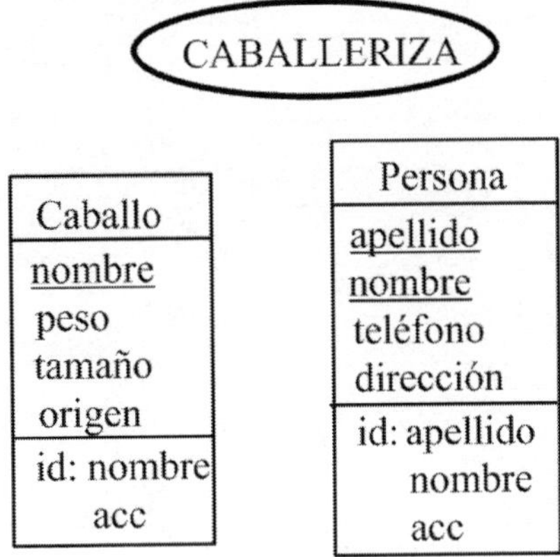


*Figura A.2 - Transformación en esquema relacional*

**Observación**

*El término instancia se reserva a las clases. El término utilizado para las tablas es fila (row en inglés), o n-tupla (tuple en inglés) en las exposiciones teóricas.*

**Observación**

*DB-MAIN ofrece también la posibilidad de introducir claves secundarias en el ámbito de las clases. Estas claves secundarias se convierten en claves secundarias de la tabla generada.*

## 2.2 Transformación de las asociaciones

### 2.2.1 Las claves extranjeras

En el modelo relacional, las claves primarias se usan como soporte para construir las asociaciones. Para que una línea de una tabla A pueda hacer referencia a una línea de una tabla B, se introduce una clave extranjera en la tabla A. Esta clave extranjera está formada por atributos que toman los mismos valores que los atributos de la clave primaria de la tabla B. El valor de la clave extranjera debe corresponder con uno de los valores de la clave primaria para una de las líneas de la tabla B.

### 2.2.2 Asociaciones con cardinalidad 0..1 ó 1..1 en uno de sus extremos

Las asociaciones con cardinalidad 0..1 ó 1..1 en un extremo se traducen en la introducción de una clave extranjera en la tabla situada en el extremo opuesto.

La figura A.3 muestra esta transformación. El prefijo `ref` sirve para especificar las claves extranjeras.

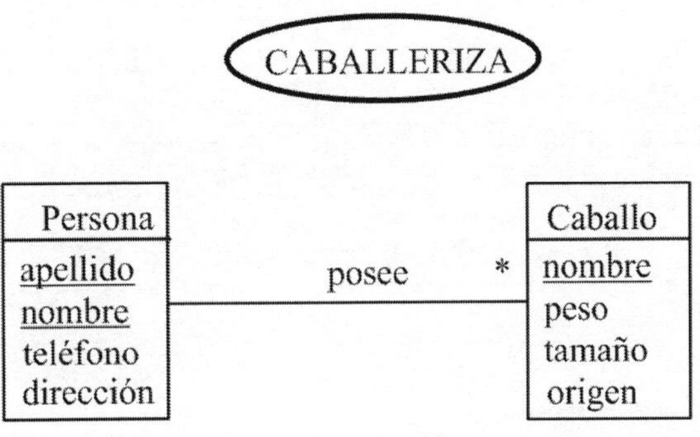


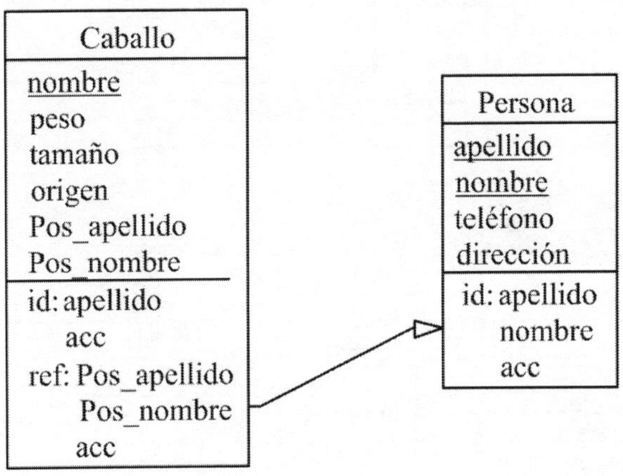


*Figura A.3 - Transformación de una asociación con cardinalidad 1*

### 2.2.3 Otras asociaciones

Las demás asociaciones (con cardinalidad máxima en los dos extremos superior a uno) precisan de la creación de una tabla suplementaria para ser transformadas en el esquema relacional.

Ésta está formada por dos claves extranjeras, cada una de ellas correspondiente a la clave primaria de las tablas situadas en los extremos.

La figura A.4 muestra la transformación mediante un ejemplo. La tabla suplementaria `monta` contiene los mismos atributos que las claves primarias de las dos tablas situadas en los extremos de la asociación. Estos atributos sirven para constituir las claves extranjeras de la tabla suplementaria. Las claves extranjeras forman también el identificador de la tabla suplementaria.

Dado que hay dos atributos que se designan con la palabra `nombre`, DB-MAIN ha agregado automáticamente un prefijo al atributo introducido en la clase `Caballo`.

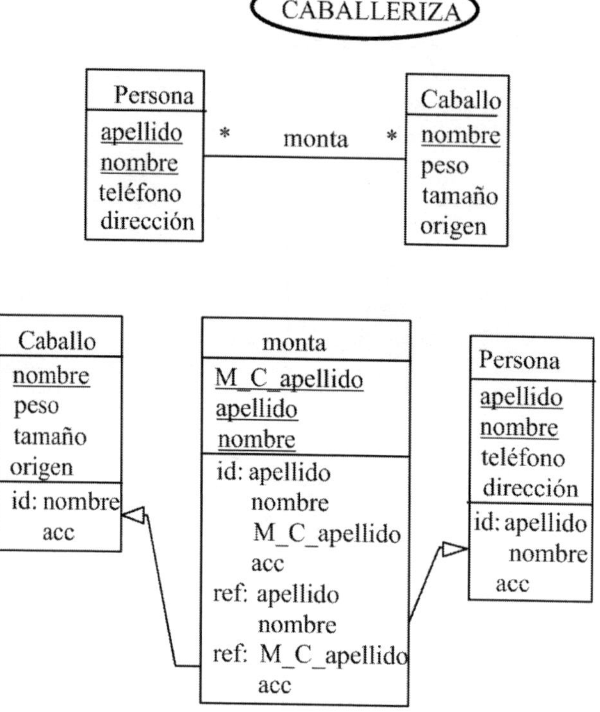


*Figura A.4 - Transformación de una asociación con cardinalidades múltiples*

## 2.3 Transformación de la herencia

### 2.3.1 Mecanismo de transformación

La relación de herencia se transforma en una asociación cuya clave primaria se sitúa en la tabla correspondiente a la superclase, y las claves extranjeras correspondientes a esta clave primaria se colocan en las tablas correspondientes a las subclases.

La figura A.5 muestra la transformación de la relación de herencia mediante un ejemplo.

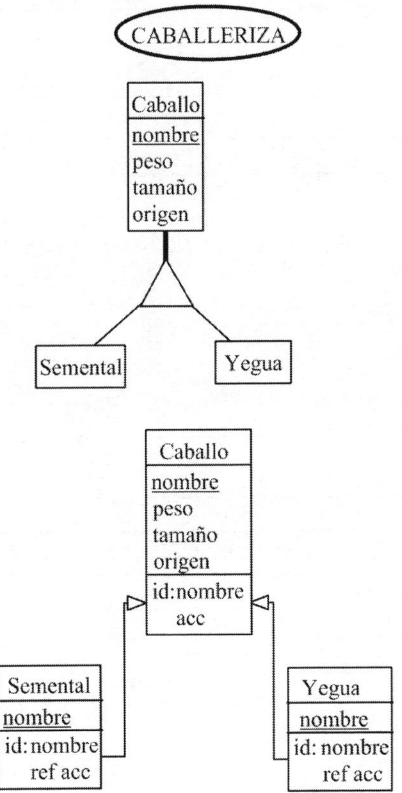


*Figura A.5 - Transformación de la relación de herencia*

Una instancia de una subclase da lugar a una línea de la tabla derivada de dicha subclase. La línea hace referencia a la línea que le corresponde en la tabla de su superclase. Las tablas proponen tantas claves extranjeras de ese tipo como superclases posean. Para recuperar el conjunto de los valores de la instancia, es preciso recurrir a una operación de unión. Por ese motivo, la transformación no resulta demasiado práctica en las jerarquías complejas.

### 2.3.2 Especificaciones vinculadas a la relación de herencia

En el capítulo Modelado de objetos vimos que dentro de las subclases pueden expresarse cuatro especificaciones:

- La especificación `{incomplete}` significa que el conjunto de subclases está incompleto y que no cubre la superclase.
- La especificación `{complete}` significa que el conjunto de subclases está completo y cubre la superclase.
- La especificación `{disjoint}` significa que las subclases no tienen ninguna instancia en común.
- La especificación `{overlapping}` significa que las subclases pueden tener una o varias instancias en común.

Estas cuatro especificaciones ofrecen cuatro posibilidades diferentes, detalladas en el cuadro de la página siguiente. En dicho cuadro también podemos encontrar el nombre y el símbolo de la especificación en DB-MAIN. El símbolo aparece dentro del triángulo que representa la relación de herencia.

| Especificaciones UML | Tipo de especificación | Símbolo DB-MAIN |
|---|---|---|
| `{incomplete}` `{overlapping}` | ninguna especificación en DB-MAIN | ausencia de símbolo |
| `{incomplete}` `{disjoint}` | disyunción | símbolo: D |
| `{complete}` `{overlapping}` | cobertura | símbolo: C |
| `{complete}` `{disjoint}` | partición | símbolo: P |

Para gestionar las especificaciones, DB-MAIN introduce una serie de atributos que sirven de vínculo entre la superclase y las subclases. Luego agrega una especificación en el vínculo para expresar la especificación entre subclases:

- La disyunción entre subclases se expresa mediante la especificación relacional `excl`: como máximo uno de los atributos que sirven de vínculo toma un valor.
- La cobertura de la superclase por sus subclases se expresa mediante la especificación relacional `at-lst-1`: como mínimo uno de los atributos que sirven de vínculo toma un valor.
- La partición de la superclase por sus subclases se expresa mediante la especificación relacional `exact-1`: exactamente uno de los atributos que sirven de vínculo toma un valor.

La figura A.6 representa un ejemplo de partición. Las subclases `Semental` y `Yegua` constituyen una partición de la superclase `Caballo`. Sólo uno de los atributos `Semental` y `Yegua` presentes en la clase `Caballo` toma un valor. De esta forma, toda instancia de `Caballo` es obligatoriamente una instancia de `Yegua` o una instancia de `Semental`.

En SQL, el generador estándar produce código que exige al programador de aplicación una gestión explícita de los atributos en función de la configuración de las subclases. El generador paramétrico (hasta ahora para Oracle) produce los componentes (views, triggers, check) que asumen plenamente las especificaciones y las operaciones de mutación (es decir, de cambio de clase de una instancia).

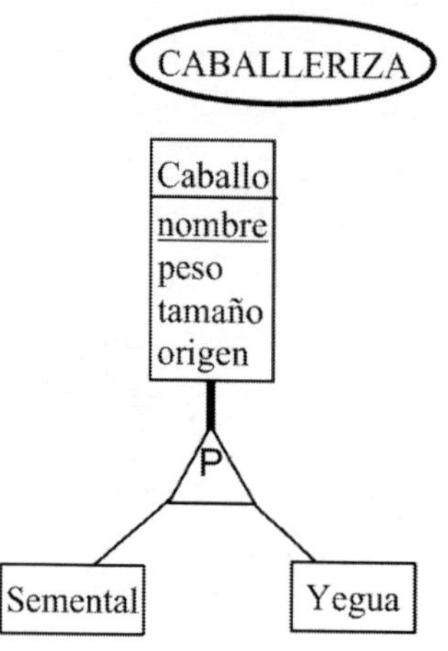


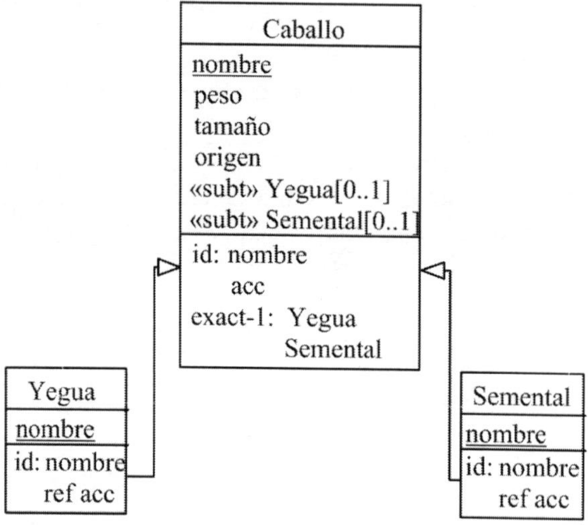


*Figura A.6 - Transformación de una partición*

## 2.4 Conclusión

DB-MAIN es una herramienta CASE que se inscribe en el contexto del planteamiento MDA. El PIM puede ser el modelo objeto de UML o el modelo entidad-asociación ampliado a la herencia. El PSM es el modelo relacional, que puede transformarse automáticamente en SQL. Existen otros PSM tales como los archivos estándar o los esquemas XML. La ventaja de DB-MAIN es que realiza la transformación de manera exhaustiva, sobre todo tomando en cuenta las especificaciones vinculadas a la herencia. Señalemos también que DB-MAIN ofrece el paso inmediato del modelo objeto de UML al modelo entidad-asociación y viceversa.

Como ya indicamos en el capítulo A propósito de UML, la finalidad de MDA es ofrecer una transformación automática del PIM en PSM. Recordemos las principales ventajas de MDA:

- El diseño se realiza a un nivel más abstracto, cosa que permite centrarse en exclusiva en la especificación sin tener que preocuparse de las imposiciones del código.
- El hecho de centrarse sólo en la realización del PIM supone un verdadero incremento de la productividad.
- Los aspectos semánticos se especifican de manera más explícita que si estuvieran anegados de código, hecho que garantiza una mejor legibilidad de la propia semántica.
- Toda semántica debe especificarse en el PIM para que el PSM sea válido. Por consiguiente, el PIM debe ser exacto y riguroso imperativamente.
- La generación automática del PSM desde el PIM reduce sobremanera la necesidad de recurrir al retrodiseño y aporta transportabilidad con respecto al objetivo.
- El problema que suponía tener que actualizar la documentación del modelo al efectuar modificaciones en el código queda resuelto. La documentación funcional está compuesta en gran parte por el PIM.
- La obligación de diseñar el PIM impone la realización de la fase de modelado. En general, esta fase no siempre se toma en cuenta en el sector industrial, más interesado en la producción, es decir, en la producción del código. MDA aporta al modelado un incremento muy significativo de la productividad.

# Anexo 2: Corrección de los ejercicios

## 1. Capítulo Modelado de los requisitos

### 1.1 El hipódromo

Un hipódromo ofrece a sus clientes la posibilidad de asistir a las carreras y de realizar apuestas.

¿Cuáles son los actores que interactúan con estos servicios?

El espectador, el apostador y el cliente, que es a la vez espectador y apostador.

Construya el diagrama de casos de uso.

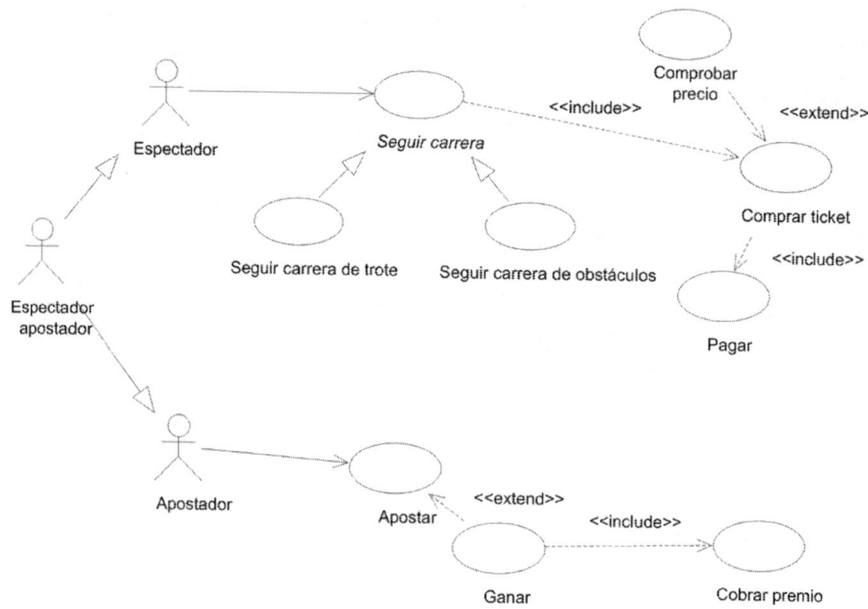


## 1.2 El club ecuestre

Un club ecuestre pone a disposición de los clientes establos para guardar los caballos y ofrece cursos de equitación y paseos. Sólo los socios tienen acceso a los cursos y a los servicios de establo. Los demás clientes tienen la posibilidad de participar en los paseos y de convertirse en socios.

¿Cuáles son los actores que interactúan con estos servicios?

El monitor, el palafrenero, el animador, el socio y el cliente. El socio y el cliente son actores primarios. El monitor, el palafrenero y el animador son actores secundarios.

Construya el diagrama de casos de uso.

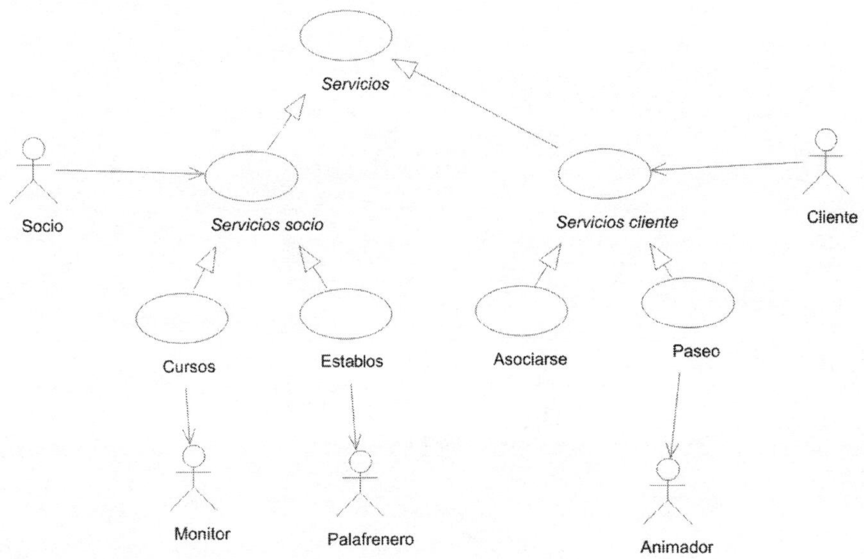


## 1.3 El tiovivo de caballos de madera

Un tiovivo de caballos de madera ofrece a sus clientes la posibilidad de dar una vuelta en él previo pago de una cantidad de dinero.

¿Cuáles son los actores vinculados a este servicio?

El cliente y el cajero. El cliente es un actor primario y el cajero un actor secundario.

Construya el diagrama de casos de uso.

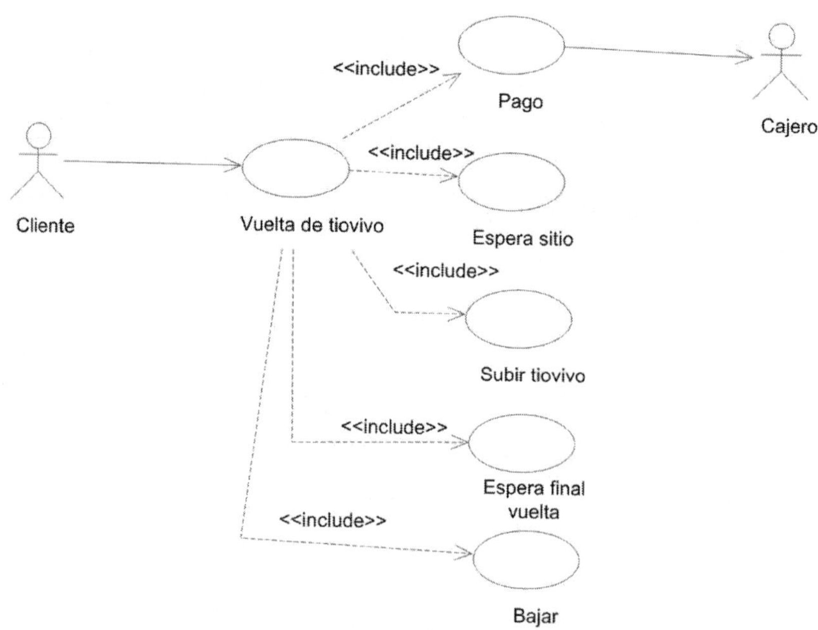


Dé la representación textual correspondiente al diagrama.

| Caso de uso | Vuelta de tiovivo |
|---|---|
| Actor primario | Cliente |
| Sistema | Tiovivo de caballos de madera |
| Participantes | Cliente, Cajero |
| Nivel | Objetivo del actor principal |
| Condición previa | El tiovivo funciona |
| Operaciones | |
| 1 | Pago |
| 2 | Esperar un sitio |
| 3 | Subir al tiovivo |

| Caso de uso | Vuelta de tiovivo |
|---|---|
| 4 | Esperar a que acabe la vuelta |
| 5 | Bajar |
| Extensiones | |
| 1.A | ¿El cliente tiene bastante dinero? |
| 1.A.1 | Si sí, continuar |
| 1.A.2 | Si no, salir |
| 2.A | ¿La espera es demasiado larga? |
| 2.A.1 | Si sí, continuar |
| 2.A.2 | Si no, salir |

## 2. Capítulo Modelado de la dinámica

### 2.1 El hipódromo

Construya el diagrama de secuencia de compra de una entrada para una carrera de caballos.

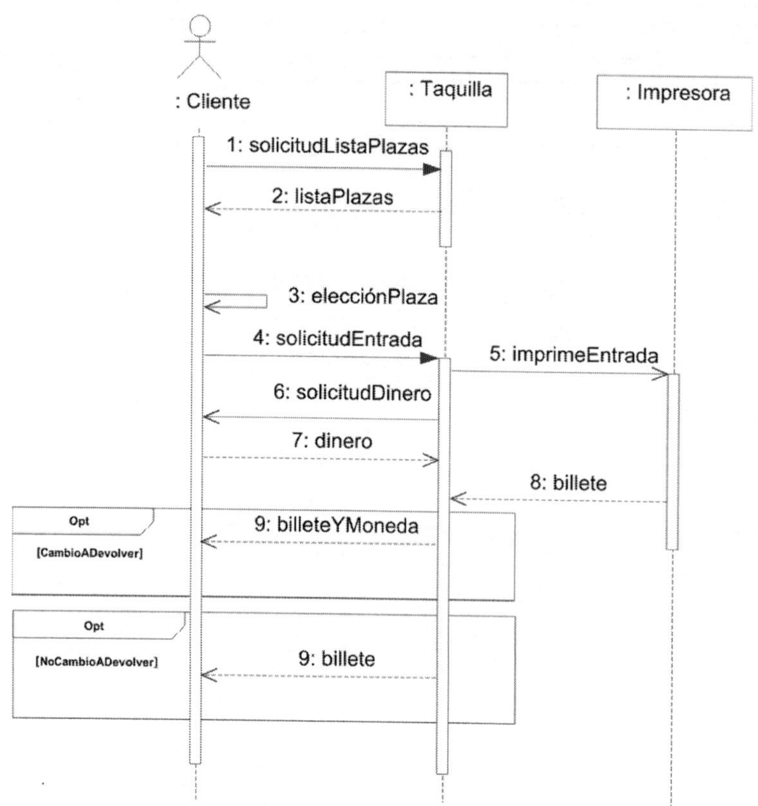


¿Cuáles son los objetos del sistema descubiertos así?

La taquilla y la impresora.

## 2.2 La central de compra de caballos

Construya el diagrama de secuencia de un pedido de productos en la página Web de la central de compra de caballos.

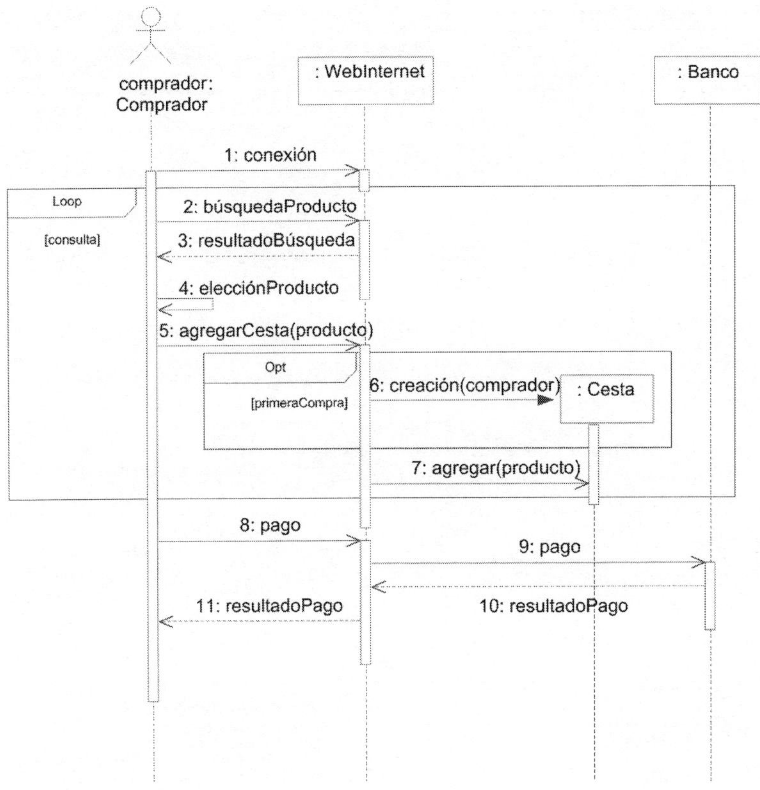


**Observación**

*El diagrama de secuencia no incluye la entrega. Ésta puede ser objeto de otro diagrama de secuencia.*

¿Cuáles son los objetos del sistema descubiertos así?

La página Web y la cesta. El banco es un actor secundario.

# 3. Capítulo Modelado de objetos

## 3.1 La jerarquía de los caballos

Tenemos las clases `Yegua`, `Semental`, `Potro`, `Potranca`, `Caballo`, `CaballoMacho` y `CaballoHembra`, así como las asociaciones `padre` y `madre`. Establezca la jerarquía de clases haciendo figurar en ella ambas asociaciones.

Utilice las especificaciones `{incomplete}`, `{complete}`, `{disjoint}` y `{overlapping}`.

Introduzca la clase `Manada`. Establezca la asociación de composición entre esta clase y las clases ya introducidas.

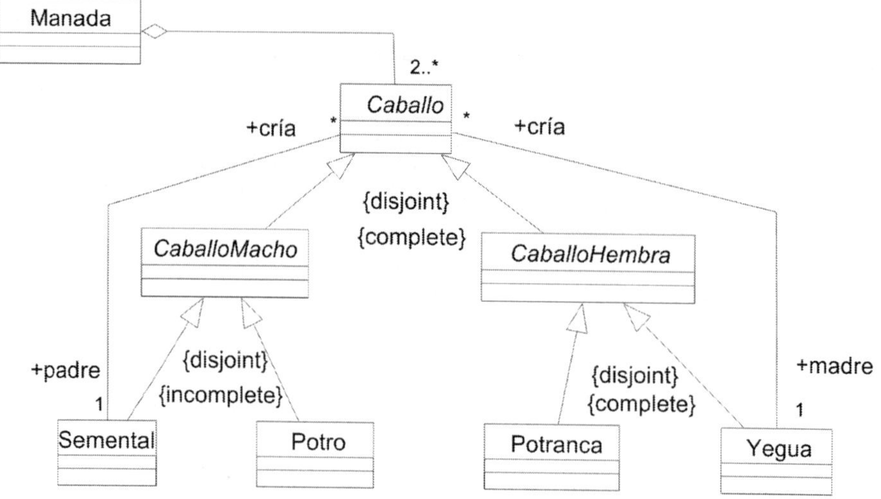

**Observación**

*Las clases `Semental` y `Potro` no cubren la clase `CaballoMacho`, ya que existen los caballos castrados.*

## 3.2 Los productos para caballos

Modele los aspectos estáticos del texto siguiente en forma de diagrama de clases.

Una central de caballos vende diferentes tipos de productos para caballos: productos de mantenimiento, alimentación, equipamiento (para montar el caballo), herraje.

Un pedido contiene una serie de productos y especifica la cantidad de cada uno de ellos. En caso necesario se puede elaborar un presupuesto antes de pasar el pedido. Si alguno de los productos no está en stock, a petición del cliente, el pedido puede dividirse en varias entregas. Cada entrega da lugar a una factura.

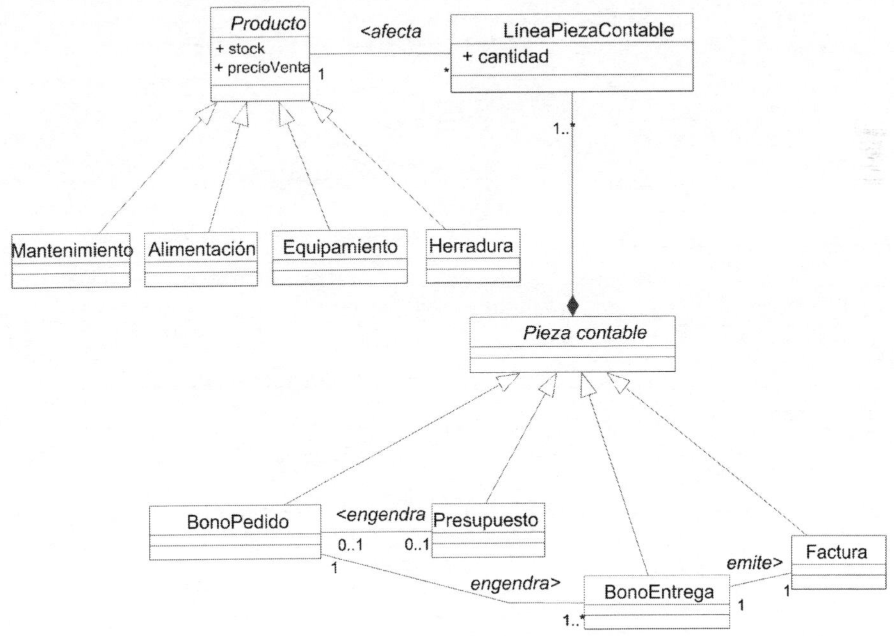

# 4. Capítulo Modelado del ciclo de vida de los objetos

## 4.1 El ticket de apuesta trifecta

¿Por qué estados puede pasar un ticket de apuesta trifecta?

Los estados de un ticket de apuesta pueden ser: `Sin cumplimentar`, `Cumplimentado`, `Validado`, `Perdedor`, `Ganador`, `Pagado`.

Construya el diagrama de estados-transiciones de una instancia de la clase `Ticket`.

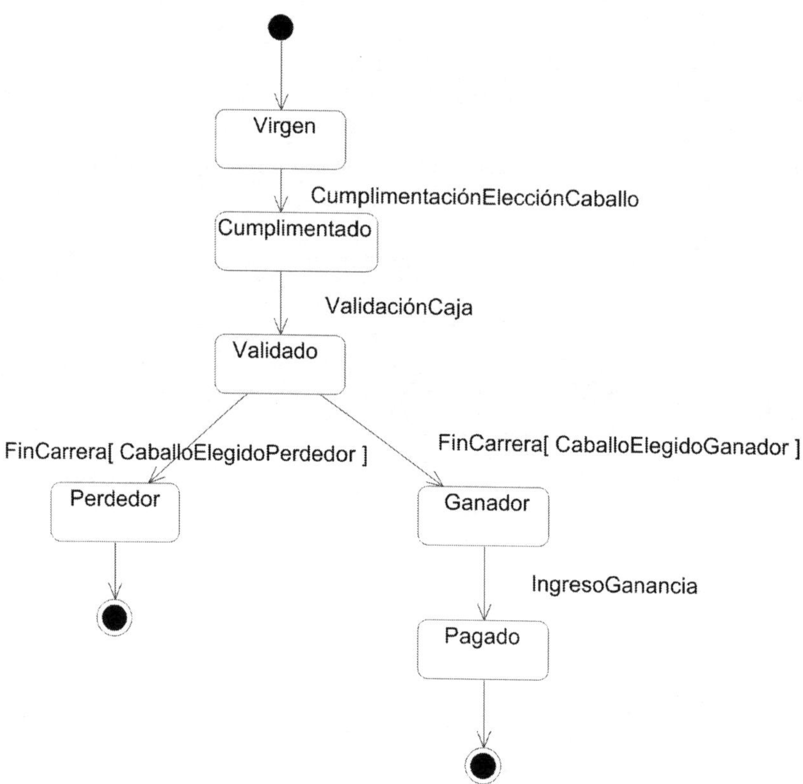

## 4.2 La carrera de caballos

¿Por qué estados puede pasar una carrera de caballos?

Los estados de una carrera de caballos pueden ser: `EsperaCaballos`, `EsperaSalida`, `Carrera en curso`, `Llegada`, `Nula`.

Construya el diagrama de estados-transiciones de una instancia de la clase `Carrera`.

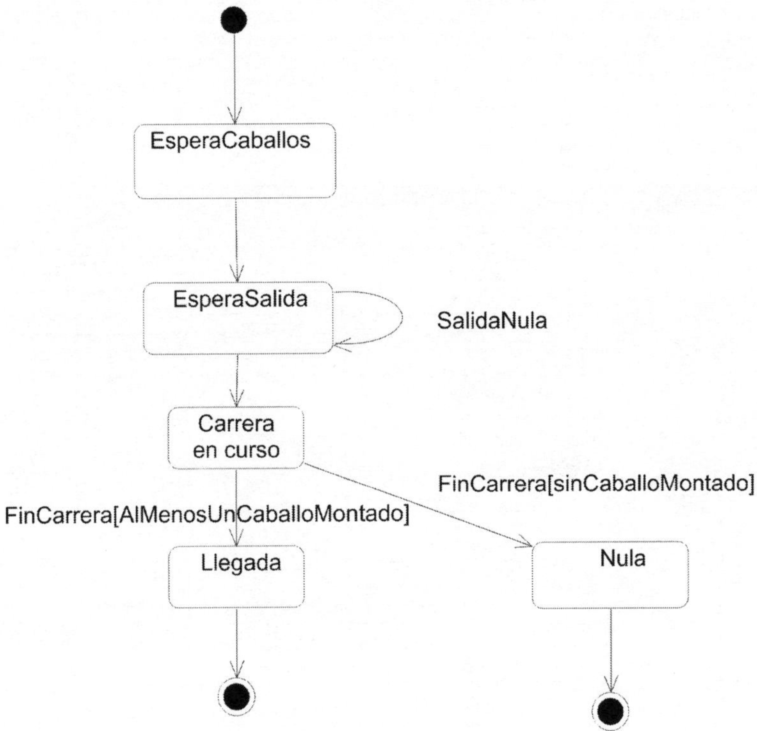

## 4.3 El tiovivo de madera

Describa los diferentes estados posibles de un tiovivo de caballos de madera y construya su correspondiente diagrama de estados-transiciones.

Los diferentes estados posibles de un tiovivo de madera son: En parada, en funcionamiento o en parada de emergencia (tras una alerta). Mientras está en el estado de parada, puede estar lleno (antes de una vuelta) o vacío (después de una vuelta, cuando ya se han bajado todos los niños).

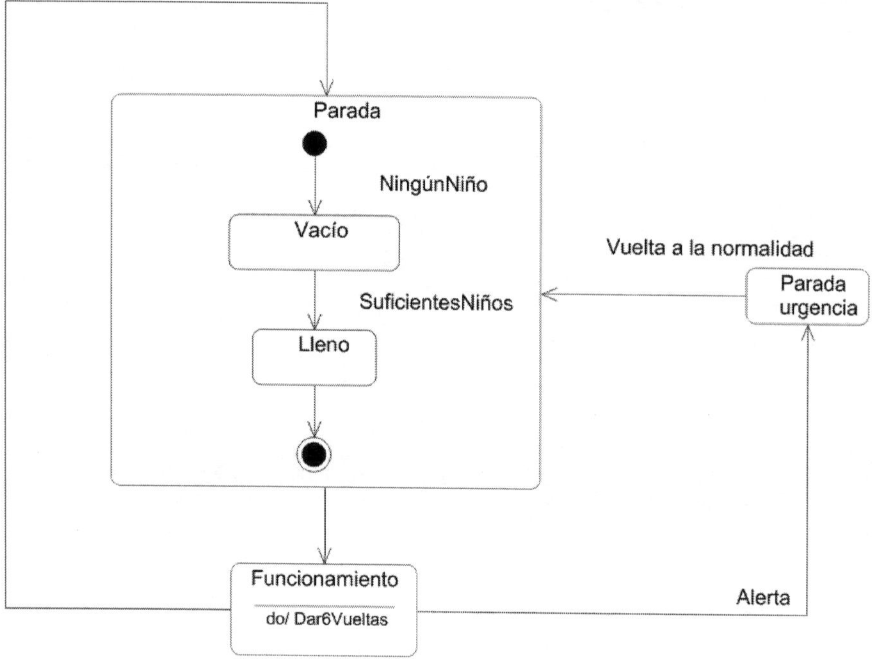

# 5. Capítulo Modelado de las actividades

## 5.1 El espectáculo ecuestre

Construya el diagrama de actividades de compra de una entrada para un espectáculo ecuestre.

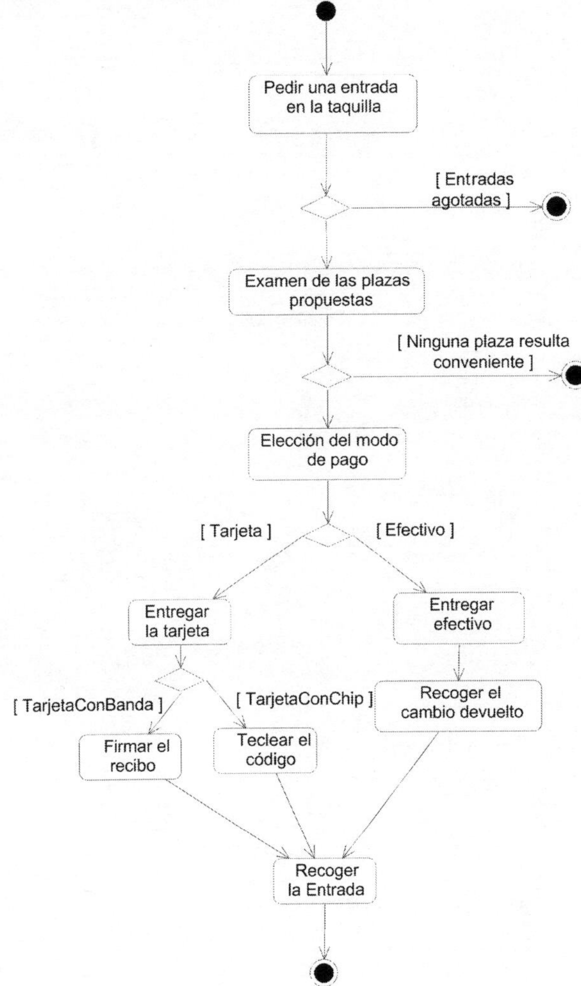

## 5.2 La apuesta trifecta

Construya el diagrama de actividades de comprobación de la caja de una taquilla de apuestas de trifecta (sólo la parte referente a la venta de boletos, sin tener en cuenta el pago de las ganancias).

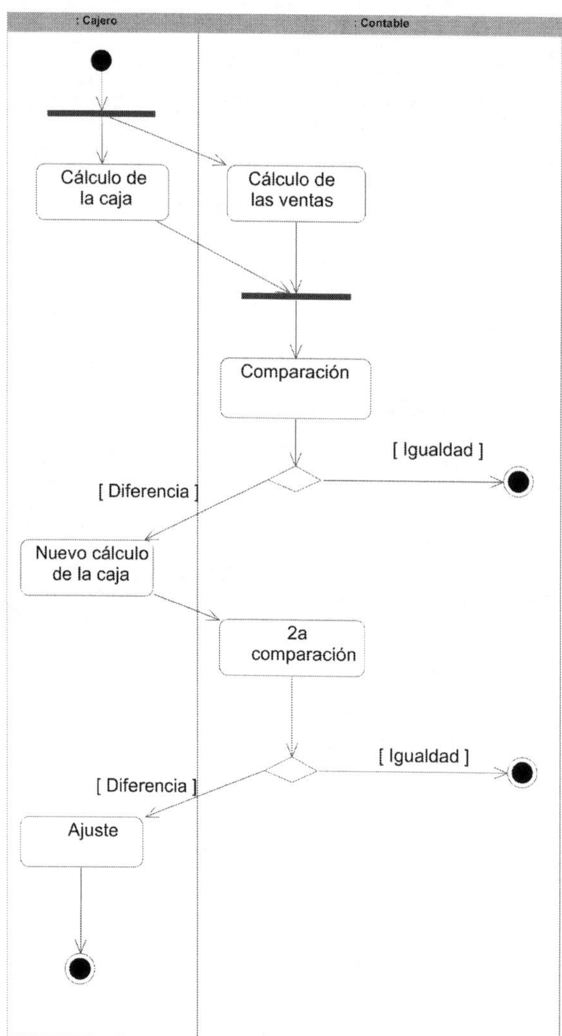

# Anexo 3: Glosario

**Actividad**

Una actividad es una serie de acciones. Una acción consiste en asignar un valor a un atributo, crear o destruir un objeto, efectuar una operación, invocar a un método de otro objeto o del propio objeto, etc.

**Actividad compuesta**

El contenido de una actividad compuesta está formado por otras actividades.

**Actor**

Un actor representa a un usuario de un caso de uso en su papel dentro del sistema. El nombre del actor es el nombre del papel.

Debemos distinguir dos categorías de actores:

- Los actores primarios, para los cuales el objetivo del caso de uso es esencial y constituye un objetivo del actor.
- Los actores secundarios, para los cuales el objetivo del caso de uso no es esencial si bien interactúan con él.

### Agregación o composición débil

La agregación es la asociación que une un objeto compuesto a sus componentes. Se denomina débil por dos motivos: los componentes pueden pertenecer a otros objetos compuestos y la destrucción del objeto compuesto no comporta la destrucción de sus componentes.

### Alternativa

En un diagrama de secuencia, la alternativa es uno de los operadores de un fragmento combinado. Está asociada a una condición. Si la condición se cumple, el contenido del marco se ejecuta.

En un diagrama de actividades, la alternativa sirve para seleccionar la actividad siguiente. Las ramas de la alternativa se configuran con condiciones de guarda que se excluyen.

### Artefacto

Un artefacto es la forma física de un elemento de software. Un archivo ejecutable, una biblioteca compartida o un script son ejemplos de formas físicas de un elemento de software.

### Asociación entre objetos

Una asociación entre objetos es un conjunto de vínculos entre las instancias de dos o más clases. Se describe en el diagrama de clases.

### Asociación reflexiva

Una asociación reflexiva une entre sí las instancias de una clase.

### Atributo calculado

El valor del un atributo calculado viene dado por una función basada en el valor de otros atributos.

### Atributo de clase

Un atributo de clase está vinculado a la clase misma y no a cada una de las instancias. Estos atributos son compartidos por todas las instancias de la clase.

**Bucle**

En un diagrama de secuencia, el bucle es uno de los operadores de un fragmento combinado. Consiste en una ejecución repetida del contenido del marco hasta que la condición final se cumpla o hasta que se alcance un número máximo de repeticiones.

**Calificación**

Una asociación puede calificarse en un extremo para reducir la cardinalidad máxima en el extremo opuesto. El valor del calificador se toma en cuenta para determinar el número de vínculos.

**Calle** (o **partición**)

Una calle agrupa todas las actividades bajo responsabilidad de un mismo objeto.

**Cardinalidad mínima o máxima**

La cardinalidad se fija en uno de los extremos de una asociación. La cardinalidad mínima (o máxima) permite establecer el número mínimo (o máximo) de instancias a las que está vinculada una instancia de la clase situada en el extremo opuesto de la asociación.

**Caso de uso**

Un caso de uso describe las interacciones entre un usuario y el sistema.

En los casos de uso con objetivo del usuario, esta serie de interacciones está vinculada a un objetivo funcional del usuario.

En los casos de uso de subfunción, la serie de interacciones está destinada a ser incluida en otro caso de uso.

**Ciclo de vida**

El ciclo de vida de un objeto es el conjunto de sus estados y de las transiciones que los unen.

### Clase

Las clases están formadas por conjuntos de objetos similares con los mismos atributos y métodos. La representación común a estos objetos se define en el ámbito de la clase.

Las clases concretas definen modelos completos y poseen instancias directas.

Las clases abstractas definen modelos abstractos y no poseen instancias directas. Estas clases, en tanto que superclases, sirven para factorizar atributos y métodos comunes de varias clases concretas.

Las clases-asociaciones son a la vez asociaciones y clases cuyas instancias son los elementos de la asociación. De esta forma, los elementos pueden estar dotados de atributos o de operaciones.

Una clase template es un modelo de clases vinculado por una relación de enlace (binding) a sus clases instanciadas.

### Componente

Un componente es una unidad de software que ofrece servicios a través de una o varias interfaces. Es una caja negra cuyo contenido no interesa a sus clientes.

### Composición

La composición (o composición fuerte) es la asociación que vincula a un objeto con sus componentes. Decimos que es fuerte por dos motivos: los componentes no pueden pertenecer a otros objetos compuestos y la destrucción del objeto compuesto comporta la destrucción de sus componentes.

### Condición de guarda

Las condiciones de guarda se utilizan en los diagramas de comunicación, de estados-transiciones y de actividades. Son condiciones para enviar un mensaje, traspasar la transición o encadenar las actividades respectivamente.

### Diagrama de actividades

Este tipo de diagrama describe las actividades de uno o de varios objetos así como sus encadenamientos.

**Diagrama de casos de uso**

Describe el conjunto (o subconjunto) de casos de uso y de los actores de un sistema así como las asociaciones que los unen.

**Diagrama de clases**

Describe el conjunto (o subconjunto) de clases e interfaces de un sistema así como las asociaciones que los unen.

**Diagrama de componentes**

Muestra la estructuración en componentes de software de un sistema.

**Diagrama de comunicación**

Describe las interacciones entre un conjunto de objetos mostrando, de manera espacial, los envíos de mensajes que se producen entre ellos.

**Diagrama de despliegue**

Describe la arquitectura material del sistema.

**Diagrama de empaquetado**

Este tipo de diagrama es una agrupación de elementos de modelado.

**Diagrama de estados-transiciones**

Muestra el conjunto de estados del ciclo de vida de un objeto separados por transiciones.

**Diagrama de objetos**

Muestra, en un momento determinado, las instancias creadas y sus vínculos cuando el sistema está activo.

**Diagrama de perfil**

Describe los elementos de extensión del metamodelo como los estereotipos, los tagged values, las especificaciones, etc.

**Diagrama de secuencia**

Describe las interacciones entre un conjunto de objetos mostrando los envíos de mensajes que se producen entre ellos de manera secuencial.

### Diagrama de timing

El diagrama de timing muestra los cambios de estado de un objeto en función del tiempo.

### Diagrama de vista de conjunto de las interacciones

El diagrama de vista de conjunto de las interacciones es un diagrama de actividades en el que cada actividad puede ser descrita por un diagrama de secuencia.

### Elemento de una asociación

Un elemento de una asociación es un vínculo entre las instancias de las clases situadas en los extremos de la misma.

### Empaquetado

Un empaquetado es una agrupación de elementos de modelado: clases, componentes, casos de uso, otros empaquetados, etc.

Un empaquetado template es un modelo de empaquetados vinculado por una relación de enlace (binding) a sus empaquetados instanciados.

### Encadenamiento de actividades

Un encadenamiento de actividades es un vínculo desde una actividad de origen a una actividad de destino. Se traspasa al concluir la actividad de origen.

### Encapsulación

Consiste en ocultar la estructura y el comportamiento internos y propios del funcionamiento del objeto. Esta ocultación puede ser completa (encapsulación privada), no aplicarse a las subclases (encapsulación protegida) o no aplicarse a las clases del mismo empaquetado (encapsulación de empaquetado).

### Envío de mensajes

Véase *Mensaje*.

### Escenario

Un escenario es una instancia de un caso de uso con todas las alternativas establecidas.

### Especialización

La especialización es la relación que vincula a una superclase con una de sus subclases.

La especialización se aplica también a los casos de uso.

### Especificaciones sobre la relación de herencia

Existen cuatro especificaciones sobre la relación de herencia entre una superclase y sus subclases:

- `{incomplete}`: las subclases son incompletas y no cubren la totalidad de la superclase, es decir, las instancias de las subclases son un subconjunto de las instancias de la superclase.
- `{complete}`: las subclases son completas y cubren la totalidad de la superclase.
- `{disjoint}`: las subclases no tienen ninguna instancia en común.
- `{overlapping}`: las subclases pueden tener una o varias instancias en común.

### Estado

Los estados de un objeto corresponden a momentos de su ciclo de vida. Mientras permanecen en un estado, los objetos pueden realizar una actividad o bien esperar una señal procedente de otros objetos.

### Estereotipo

Un estereotipo es una palabra clave usada para explicitar la especialización de un elemento. Los estereotipos se escriben entre comillas.

### Fragmento combinado

Un fragmento combinado es una parte de un diagrama de secuencia asociado a un operador que determina la modalidad de ejecución. Las principales modalidades son la opción, la alternativa y el bucle.

### Generalización

La generalización es la relación que une a una subclase con su superclase (o con alguna de las superclases, en caso de herencia múltiple).

La generalización también se aplica a los casos de uso.

### Granulado

El granulado de un objeto representa el tamaño del mismo. Un objeto de tamaño pequeño es un objeto de granulado fino o grano pequeño. Un objeto voluminoso es un objeto de granulado considerable o de grano grueso.

### Herencia

La herencia es la propiedad que hace que una subclase se beneficie de la estructura y del comportamiento de su superclase.

Cuando una subclase posee varias superclases hablamos de herencia múltiple.

### Instancia

Una instancia de una clase es un elemento del conjunto de objetos de la clase.

### Interfaz

Una interfaz es una clase abstracta que sólo contiene las firmas de métodos. La firma de un método está formada por su nombre y sus parámetros.

Una interfaz suministrada describe los servicios ofrecidos por un componente. Una interfaz necesaria describe los servicios que un componente espera de otro componente del cual es cliente.

### Línea de vida

Dentro de un diagrama de secuencia, la línea de vida muestra las acciones y reacciones de una instancia así como los periodos durante los cuales está activa.

### Marco de interacción

Un marco de interacción describe, mediante un diagrama de secuencia, parte de la dinámica de un sistema. Los marcos de interacción se introdujeron con el objetivo de realizar una descripción modular de la dinámica global de un sistema.

### MDA

MDA (*Model-Driven Architecture* o arquitectura dirigida por modelos) es una propuesta de la OMG cuyo objetivo es diseñar sistemas basados sólo en el modelado del dominio, independientemente de la plataforma.

### Mensaje

Los mensajes se envían a los objetos para activarlos y provocar la ejecución del método del mismo nombre. Los envíos de mensajes son llamadas al método.

Los mensajes pueden enviarse de manera asincrónica. En ese caso, el que realiza la llamada espera a que concluya la ejecución del método del objeto receptor para continuar su ejecución.

También pueden enviarse de manera sincrónica. En ese caso el que realiza la llamada continúa la ejecución inmediatamente después del envío del mensaje.

### Metamodelo

Un metamodelo es un modelo que describe el conjunto de los elementos de un lenguaje. Por ejemplo, el metamodelo de UML describe el conjunto de los elementos de UML.

### Método

Los métodos son conjuntos de instrucciones que toman valores en la entrada y modifican los valores de los atributos o producen un resultado.

El conjunto de métodos de una clase describe el comportamiento de las instancias de la misma.

### Método de clase

Los métodos de clase están vinculados a la propia clase, y no a una instancia. Se invocan a través de la clase, y no a través de una de sus instancias.

### MOF

El MOF (*Meta Object Facility*) es una arquitectura estandardizada para describir los elementos de un metamodelo como el metamodelo de UML.

**Navegación**

La navegación de una asociación determina el sentido del recorrido de la misma.

**Nodo**

Un nodo es una unidad material capaz de recibir y ejecutar elementos de software.

**Objeto**

Los objetos son entidades identificables del mundo real. En el modelo UML, los objetos son instancias de una clase.

**OCL**

OCL (*Object Constraint Language* o lenguaje de especificaciones orientadas a objetos) es un lenguaje destinado a expresar las especificaciones en un diagrama de clases en forma de condiciones lógicas.

**OMG**

El OMG (*Object Management Group*) es un consorcio formado por más de 800 sociedades y universidades cuyo objetivo es promover las tecnologías orientadas a objetos.

**Partición**

*Véase Calle.*

**PIM**

El PIM (*Platform Independent Model* o modelo independiente de la plataforma) es el modelo de diseño de la arquitectura MDA.

**Polimorfismo**

El polimorfismo es la diferencia de comportamiento existente entre las subclases de una misma superclase para métodos del mismo nombre.

**Proceso**

Un proceso es un conjunto de operaciones que toman datos en entrada y producen nuevos datos.

### Proceso Unificado

El Proceso Unificado es un proceso de diseño y evolución de software basado en UML.

### PSM

El PSM (*Platform Specific Model* o modelo específico de la plataforma) es el modelo destino de la arquitectura MDA.

### Relación de extensión

La relación de extensión permite enriquecer un caso de uso mediante un caso de uso de subfunción. Dicho enriquecimiento es opcional.

### Relación de inclusión

La relación de inclusión permite enriquecer un caso de uso mediante un caso de uso de subfunción. Dicho enriquecimiento es obligatorio.

### Relación de realización

La realización de una interfaz, es decir, la implantación de sus métodos se confía a una o a varias clases concretas, subclases de la interfaz. La relación de herencia existente entre una interfaz y una subclase de implantación se conoce como relación de realización.

Esta relación existe asimismo entre una interfaz y un componente que implanta sus métodos.

### Relación entre empaquetados

Existen tres relaciones entre empaquetados:

- La relación de importación consiste en importar en el empaquetado de destino un elemento del empaquetado de origen. El elemento forma parte, en este caso, de los elementos visibles del empaquetado de destino.
- La relación de acceso consiste en acceder desde el empaquetado de destino a algún elemento de un empaquetado de origen. El elemento no forma parte, en este caso, de los elementos visibles del empaquetado de destino.

– La relación de fusión entre un empaquetado de origen y un empaquetado de destino expresa que el contenido del empaquetado de origen es resultado de la fusión entre su contenido inicial y el contenido del empaquetado de destino.

### Tipo

El tipo puede ser una clase o un tipo estándar. Los tipos estándar se designan como sigue:

– `Integer` para el tipo de los enteros.
– `String` para el tipo de las cadenas de caracteres.
– `Boolean` para el tipo de los boleanos.
– `Real` para el tipo de los reales.

### Transición

Una transición es un vínculo orientado entre dos estados que expresa el hecho de que el objeto puede pasar del estado inicial de la transición al estado final.

### UML

UML (*Unified Modeling Language* o lenguaje unificado de modelado) es un lenguaje gráfico destinado a modelar sistemas y procesos.

# Anexo 4: Léxico

## 1. Español-inglés

| Abstracto | *Abstract* |
|---|---|
| Actividad | *Activity* |
| Actividad compuesta | *Composite activity* |
| Actor | *Actor* |
| Agregación (o composición débil) | *Aggregation (or weak composition)* |
| Alternativa | *Choice* |
| Artefacto | *Artifact* |
| Asociación reflexiva | *Reflexive association* |
| Atributo calculado | *Derived attribute* |
| Atributo de clase | *Class attribute* |
| Boleano | *Boolean* |
| Bucle | *Loop* |
| Cadena de caracteres | *String* |
| Calificación | *Qualification* |
| Calificador | *Qualifier* |
| Calle o partición | *Swimlane* |

| Cardinalidad mínima, máxima | *Minimal, maximal multiplicity* |
|---|---|
| Caso de uso | *Use case* |
| Ciclo de vida | *Lifecycle* |
| Clase | *Class* |
| Columna | *Column* |
| Componente | *Component* |
| Composición (fuerte) | *(Strong) composition* |
| Condición de guarda | *Guard condition* |
| Dependencia | *Dependency* |
| Diagrama de actividades | *Activity diagram* |
| Diagrama de caso de uso | *Use case diagram* |
| Diagrama de clases | *Class diagram* |
| Diagrama de componentes | *Component diagram* |
| Diagrama de comunicación | *Communication diagram* |
| Diagrama de despliegue | *Deployment diagram* |
| Diagrama de empaquetado | *Package diagram* |
| Diagrama de estados-transiciones | *Statechart diagram or state diagram* |
| Diagrama de estructura compuesta | *Composite structure diagram* |
| Diagrama de interacción | *Interaction diagram* |
| Diagrama de objetos | *Object diagram* |
| Diagrama de perfil | *Profile diagram* |
| Diagrama de secuencia | *Sequence diagram* |
| Diagrama de timing | *Timing diagram* |
| Diagrama de vista de conjunto de las interacciones | *Interaction overview diagram* |
| Empaquetado | *Package* |
| Encadenamiento de actividades | *Activity edge* |
| Encapsulación | *Encapsulation* |

| Entero | *Encapsulation* |
|---|---|
| Envío de mensaje | *Message sending* |
| Escenario | *Scenario* |
| Especialización | *Specialization* |
| Especificación de la relación de herencia | *Inheritance relationship constraint* |
| Estado | *State* |
| Estereotipo | *Stereotype* |
| Falso | *False* |
| Fila | *Row* |
| Fragmento combinado | *Combined fragment* |
| Generalización | *Generalization* |
| Granulado | *Granularity* |
| Herencia | *Inheritance* |
| Instancia | *Instance* |
| Interfaz | *Interface* |
| Lenguaje de especificaciones orientadas a objetos (OCL) | *Object Constraint Language (OCL)* |
| Lenguaje unificado de modelado (UML) | *Unified Modeling Language (UML)* |
| Línea de vida | *Lifeline* |
| Marco de interacción | *Interaction frame* |
| MDA (arquitectura guiada por modelos) | *MDA (Model-Driven Architecture)* |
| Mensaje | *Message* |
| Metamodelo | *Metamodelo* |
| Método | *Method* |
| Método de clase | *Class method* |

| Modelo específico de la plataforma (PSM) | *Platform-Specific Model (PSM)* |
|---|---|
| Modelo independiente de la plataforma (PIM) | *Platform-Independent Model (PIM)* |
| Navegación | *Navigation* |
| Nodo | *Node* |
| Objeto | *Object* |
| Perfil | *Profile* |
| Polimorfismo | *Polymorphism* |
| Proceso | *Process* |
| Proceso Unificado | *Unified Process (UP)* |
| Relación de extensión | *Extension relationship* |
| Relación de inclusión | *Inclusion relationship* |
| Relación de realización | *Realisation relationship* |
| Si | *If* |
| Si no | *Else* |
| Sistema | *System* |
| Tipo | *Type* |
| Transición | *Transition* |
| Verdadero | *True* |
| Vínculo (entre objetos) | *Link (between objects)* |

## 2. Inglés-español

| *Abstract* | Abstracto |
|---|---|
| *Activity* | Actividad |
| *Activity diagram* | Diagrama de actividades |
| *Activity edge* | Encadenamiento de actividades |

| | |
|---|---|
| *Actor* | Actor |
| *Aggregation (or weak composition)* | Agregación (o composición débil) |
| *Artifact* | Artefacto |
| *Boolean* | Boleano |
| *Choice* | Alternativa |
| *Class* | Clase |
| *Class attribute* | Atributo de clase |
| *Class diagram* | Diagrama de clases |
| *Class method* | Método de clase |
| *Column* | Columna |
| *Combined fragment* | Fragmento combinado |
| *Communication diagram* | Diagrama de comunicación |
| *Component* | Componente |
| *Component diagram* | Diagrama de componentes |
| *Composite activity* | Actividad compuesta |
| *Composite structure diagram* | Diagrama de estructura compuesta |
| *Composition (strong composition)* | Composición (fuerte) |
| *Dependency* | Dependencia |
| *Deployment diagram* | Diagrama de despliegue |
| *Derived attribute* | Atributo calculado |
| *Else* | Si no |
| *Encapsulation* | Encapsulación |
| *Extension relationship* | Relación de extensión |
| *False* | Falso |
| *Generalization* | Generalización |
| *Granularity* | Granulado |
| *Guard condition* | Condición de guarda |
| *If* | Si |

| | |
|---|---|
| *Inclusion relationship* | Relación de inclusión |
| *Inheritance* | Herencia |
| *Inheritance relationship constraint* | Especificación de la relación de herencia |
| *Instance* | Instancia |
| *Integer* | Entero |
| *Interaction diagram* | Diagrama de interacción |
| *Interaction frame* | Marco de interacción |
| *Interaction overview diagram* | Diagrama de vista de conjunto de las interacciones |
| *Interface* | Interfaz |
| *Lifecycle* | Ciclo de vida |
| *Lifeline* | Línea de vida |
| *Link (between objects)* | Vínculo (entre objetos) |
| *Loop* | Bucle |
| *MDA (Model-Driven Architecture)* | MDA (Arquitectura guiada por modelos) |
| *Message* | Mensaje |
| *Message sending* | Envío de mensaje |
| *Method* | Método |
| *Multiplicity (minimal, maximal multiplicity)* | Cardinalidad mínima, máxima |
| *Navigation* | Navegación |
| *Node* | Nodo |
| *Object* | Objeto |
| *Object Constraint Language (OCL)* | Lenguaje de especificaciones orientadas a objetos (OCL) |
| *Object diagram* | Diagrama de objetos |
| *Package* | Empaquetado |

| | |
|---|---|
| *Package diagram* | Diagrama de empaquetado |
| *Platform-Independent Model (PIM)* | Modelo independiente de la plataforma (PIM) |
| *Platform-Specific Model (PSM)* | Modelo específico de la plataforma (PSM) |
| *Polymorphism* | Polimorfismo |
| *Process* | Proceso |
| *Profile* | Perfil |
| *Profile diagram* | Diagrama de perfil |
| *Qualification* | Calificación |
| *Qualifier* | Calificador |
| *Realisation relationship* | Relación de realización |
| *Reflexive association* | Asociación reflexiva |
| *Row* | Fila |
| *Scenario* | Escenario |
| *Sequence diagram* | Diagrama de secuencia |
| *Specialization* | Especialización |
| *State* | Estado |
| *Statechart diagram (or state diagram)* | Diagrama de estados-transiciones |
| *Stereotype* | Estereotipo |
| *String* | Cadena de caracteres |
| *Swimlane* | Calle o partición |
| *System* | Sistema |
| *Timing diagram* | Diagrama de timing |
| *Transition* | Transición |
| *True* | Verdadero |
| *Type* | Tipo |
| *Unified Modeling Language (UML)* | Lenguaje unificado de modelado (UML) |

| | |
|---|---|
| *Unified Process (UP)* | Proceso Unificado |
| *Use case* | Caso de uso |
| *Use case diagram* | Diagrama de caso de uso |

# Anexo 5: Notación gráfica

## Diagrama de actividades

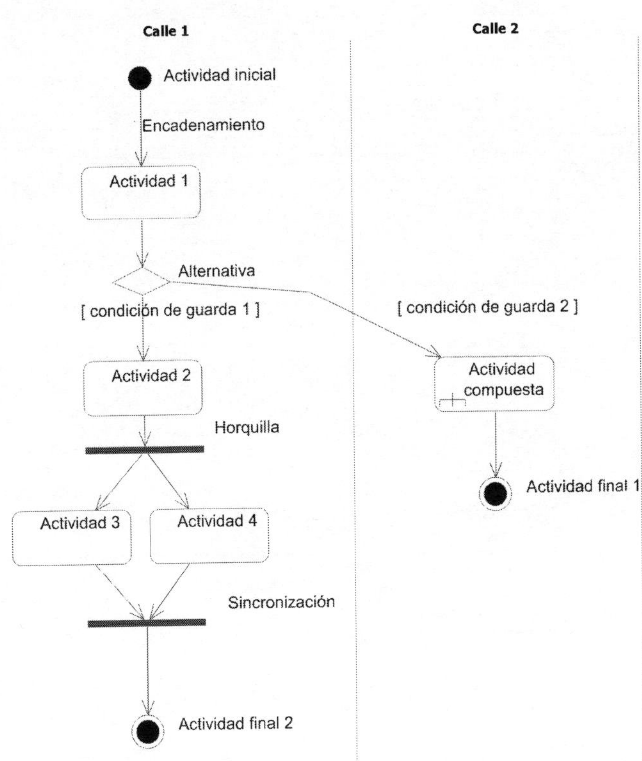

## Diagrama de casos de uso

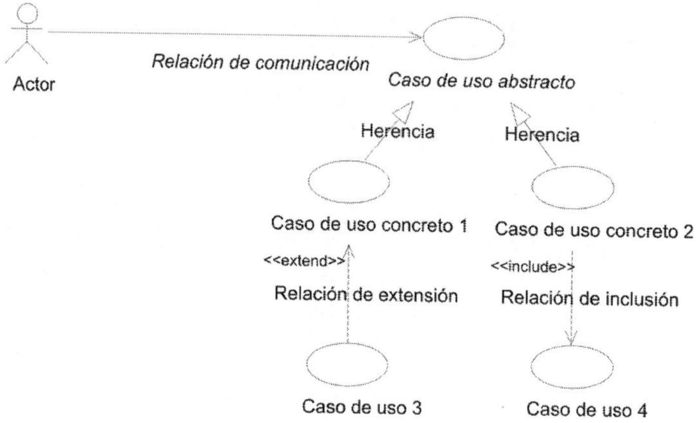


## Diagrama de clases

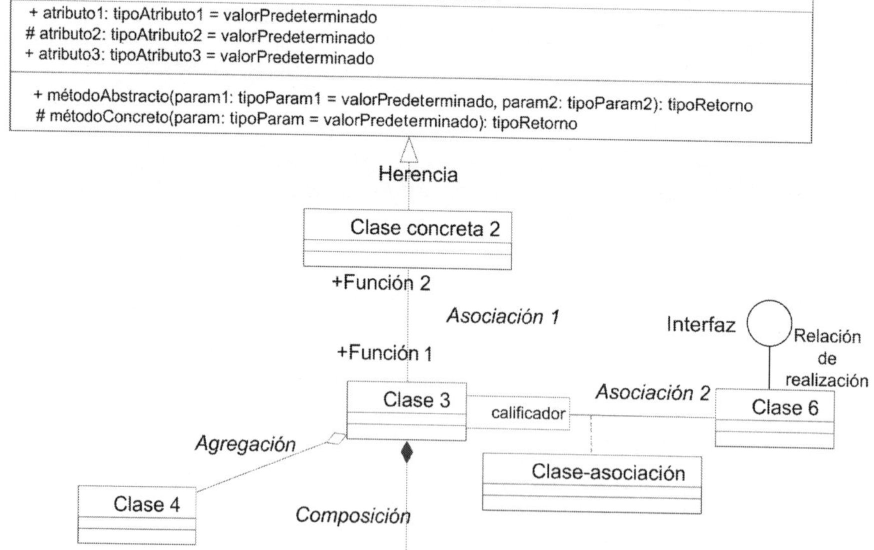

## Diagrama de comunicación

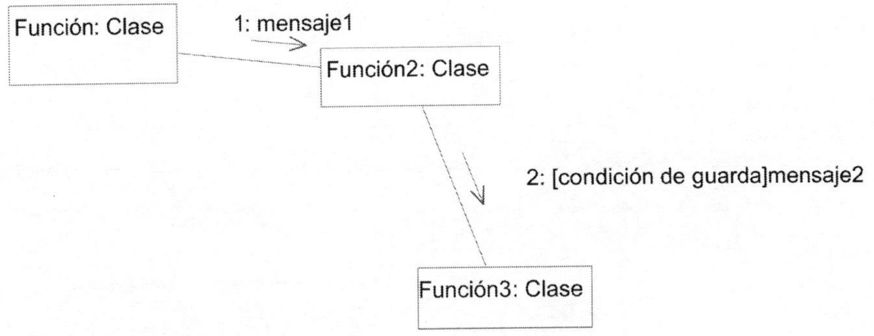


## Diagrama de componentes

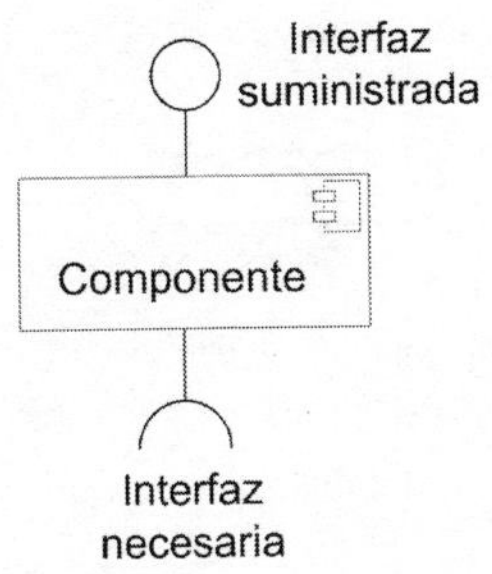


## Diagrama de despliegue

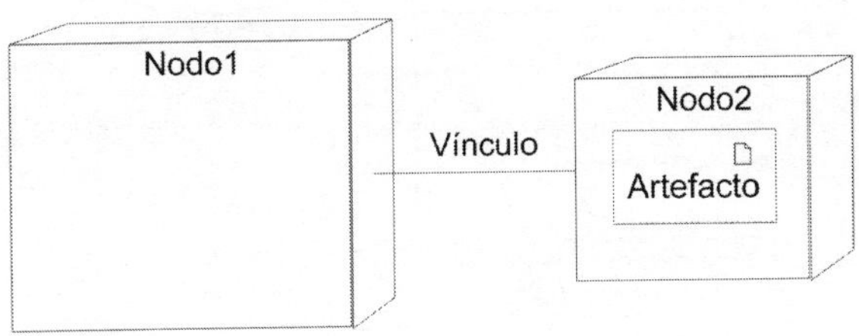

## Diagrama de estados-transiciones

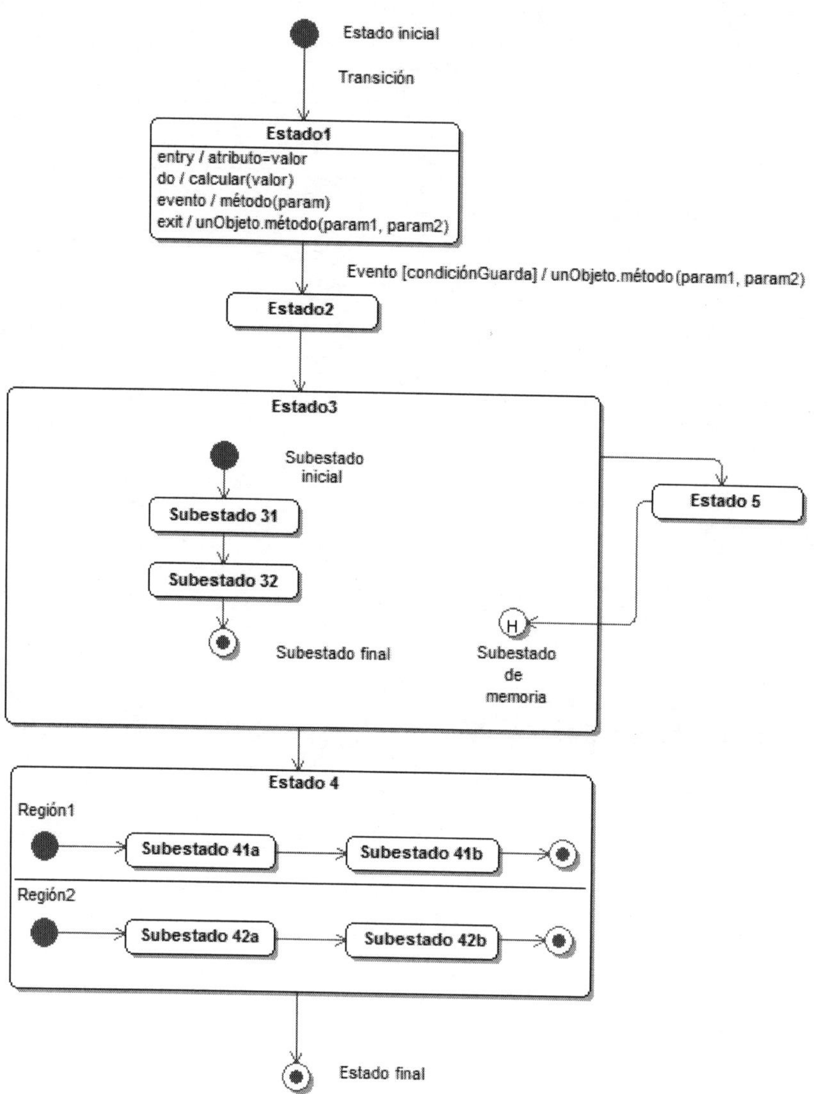

### Diagrama de secuencia

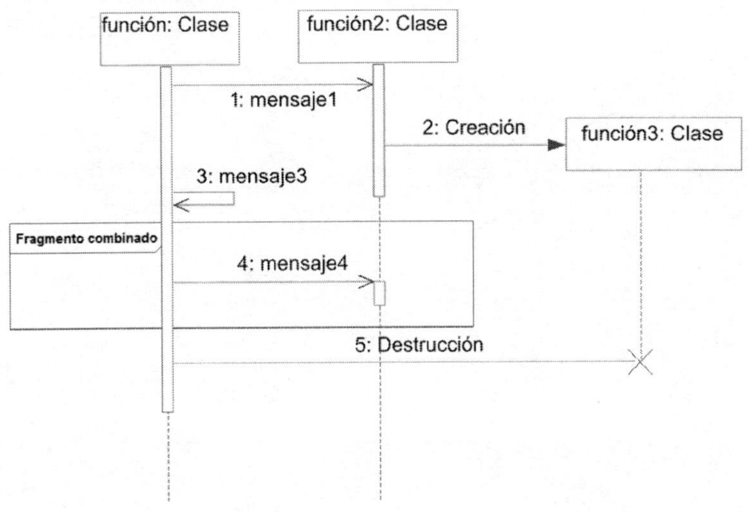

# Anexo 6: Bibliografía


Alistair Cockburn, *Rédiger des cas d'utilisation efficaces*, Eyrolles, 1999.

Anneke Kleppe, Jos Warmer, Wim Bast, *MDA Explained: The Model-Driven Architecture - Practice and Promise*, Addison-Wesley, 2003.

Ivar Jacobson, Grady Booch, James Rumbaugh, *Le Processus unifié de développement logiciel*, Eyrolles, 2000.

James Rumbaugh, Ivar Jacobson, Grady Booch, *Unified Modeling Language Reference Manual, Second Edition*, Addison-Wesley, 2004.

Jos Warmer, Anneke Kleppe, *The Object Constraint Language: Getting Your Models Ready for MDA, Second Edition*, Addison-Wesley, 2003.

Kendal Scott, *Fast Track UML 2.0*, Apress, 2004.

Object Management Group, *OMG Unified Modeling Language (OMG UML), Unified Modeling Language 2.5.1, formal*/17-12-05.

Stephen J. Mellor, Kendall Scott, Axel Uhl, Dirk Weise, *MDA Distilled*, Addison-Wesley, 2004.

Stephen J. Mellor, Marc J. Balcer, Stephen Mellor, Marc Balcer, *Executable UML: A Foundation for Model-Driven Architecture*, Addison-Wesley, 2002.

Tim Weilkiens and Bernd Oestereich, *UML 2 Certification Guide: Fundamental & Intermediate Exams*, The MK/OMG Press, 2006.

## B

# D



# E

# F

## G



## H



## I



## L



## M

# N



# O



# P

# R

# S



# T

## U



## V

Para poder acceder durante un año
a la versión online de este libro,
envíenos su justificante de compra a

**librodigital@ediciones-eni.com**

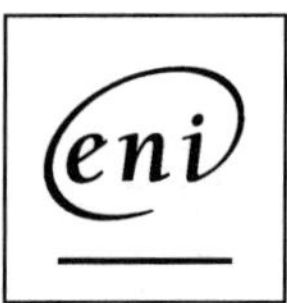